braumüller

HANS BÜRGER

SELBSTVER STÄNDLICH IST NICHTS MEHR

Sinnfindung in Zeiten von Arbeitsverknappung, Künstlicher Intelligenz und Pandemien

braumüller

Aus Gründen der Lesbarkeit wurde in diesem Buch darauf verzichtet, geschlechtsspezifische Formulierungen zu verwenden. Der Autor möchte jedoch ausdrücklich festhalten, dass die gebrauchten maskulinen Formen für beide Geschlechter zu verstehen sind.

Bibliografische Information der Deutschen Nationalbibliothek
Die Deutsche Nationalbibliothek verzeichnet diese Publikation in der
Deutschen Nationalbibliografie; detaillierte bibliografische Daten
sind im Internet über http://dnb.d-nb.de abrufbar.

1. Auflage 2020
© 2020 by Braumüller GmbH
Servitengasse 5, A-1090 Wien
www.braumueller.at

Grafik Seite 96: basierend auf https://www.sinnforschung.org/wp-content/
uploads/2010/10/lebe_grafik-1.jpg
Bild Seite 216: © wikimedia commons, public domain
Druck: EuroPB, Dělostřelecká 344, CZ 261 01 Příbram
ISBN 978-3-99100-311-3

Für Taddeo und Benno

INHALT

Vorwarnung

Das ist kein Buch für Philosophen.

Sie wissen schon alles.

Nur sagen sie es uns nicht.

Einige von ihnen schon —
nur denen hören wir meist nicht zu.

Wenn wir die Philosophie als den uns permanent innewohnenden Wunsch nach Erkenntnis über den Sinn des Lebens definieren und den damit verbundenen Herausforderungen für jeden von uns, ist dann nicht nahezu *jeder* Zweifler ein „Philosoph"?

„Nein, ist er nicht", meint der deutsche Philosoph Wolfram Eilenberger. Und er begründet es auch. Wer gar nichts „Neues" denkt und nur wiederholt, der ist kein Philosoph.

Und deshalb: Das ganz Neue werden Sie hier nicht finden. Allerdings neue Zugänge, Überlegungen und Gedankengänge von zwei Seiten, einerseits aus dem journalistischen und andererseits dem ökonomischen Blickwinkel.

Und so darf der Autor Sie zu einer kleinen Reise auf der Suche nach Zutaten für ein zufriedenstellendes Leben einladen – unter Berücksichtigung politischer und ökonomischer Aspekte.

Über die Arbeit und den
Sinn eines Buches über den Sinn

Begonnen hatte alles im hohen Alter von 33 Jahren. Jemand hatte das Buch „Sofies Welt" unter den Weihnachtsbaum gelegt. Obwohl eigentlich als Buch für Kinder und Jugendliche gedacht, konnte einen dieses Kultbuch auch als Erwachsenen ins Staunen versetzen. Mehr als 40 Millionen Exemplare in fast 60 Sprachen sollen verkauft worden sein, der Anteil der erwachsenen Leser soll den der jüngeren bei Weitem übersteigen. Denn was ist im Leben schöner, intensiver und auf die momentane Stimmung wirkmächtiger als das – nur fälschlicherweise ausschließlich der Kindheit zugeschriebene – Staunen.

Wir haben es nur verlernt, weil wir uns zu oft ablenken lassen. Der Blick auf einen Baum mit Hunderten leuchtenden Herzchen am Wiener Christkindlmarkt ist eben bei gleichzeitigem Blick nach unten – auf das Smartphone – schwierig.

Das Staunen sollte aber wieder in unseren Alltag zurückkehren. Und nicht die Ansichten unseres gehetzten Arbeitslebens auf die Kinder übertragen werden, wie folgende Anekdote zeigt.

Es war im Frühjahr vor einiger Zeit. Mein älterer Sohn war eben neun Jahre alt geworden, und die Vorentscheidung, welches Gymnasium er auswählen solle, beschäftigte die ganze Familie. Er bat unter anderem die 14-jährige Schwester eines Klassenfreundes um Rat, die ihm eine bekannte Privatschule in Wien empfahl. Ich wollte es genauer wissen und fragte das junge Mädchen und ihren Vater, ob denn der Ruf stimme, der dieser Schule vorausseile. Streng, reiche Eltern und eher schnöselig. Das Mädchen antwortete sofort: „Überhaupt nicht, es ist wirklich eine Schule fürs Leben." – „Warum?", fragte ich nochmals nach, und die Antwort erstaunt mich bis heute: „Dort kann man die tollsten Netzwerke für sein Berufsleben aufbauen."

Dieser Satz lässt mich seitdem nicht mehr los. Was geht einer 14-Jährigen, die am Ende der späteren Kindheit an das Netzwerken denkt, wohl durch den Kopf? Wobei sie da nicht Freundschaftskreise zum Austausch von Musiktiteln oder Videofilmen im Hinterkopf hat. Nein, es geht ihr darum, berufliche Netzwerke für die Zeit nach dem Studium zu flechten, also für eine Zeit rund zehn Jahre später, wenn sie dann vielleicht 24 Jahre alt ist und wohl längst einen akademischen Titel vorweisen kann.

Was passiert da gerade in der westlichen Wohlstandsgesellschaft? Wie werden Kinder in diesem 21. Jahrhundert erzogen? Was ist und wofür steht Bildung? Ist Bildung tatsächlich nur noch *Aus*bildung? Und dient Bildung mittlerweile nur mehr als reines Werkzeug zum beruflichen Erfolg?

Abseits dieser philosophischen Nachdenklichkeit noch eine ganz andere Frage: Was werden all jene Menschen in nicht mehr ferner Zukunft machen, wenn die Arbeit geht? Weg von uns. Schritt für Schritt. In Richtung Roboter, in Richtung Künstliche Intelligenz. Seit Beginn des 21. Jahrhunderts warnen Psychologen, Philosophen und Soziologen vor dieser Entwicklung. Was macht der Mensch, wenn ihm die Arbeit davonläuft? Wirklich ernst genommen wurden die Warner nicht. Jede neue technische Entwicklung habe schließlich immer noch neue, wenn auch komplexere, Aufgabengebiete geschaffen, denn ausschließlich Arbeitsplätze vernichtet. Das ewige Gejammer sei kontraproduktiv, und die meisten Skeptiker seien ohnehin zu faul, um sich durch effiziente Fortbildung an die neue Arbeitswelt anzupassen.

Zynismus pur. Und zudem immer unrichtiger. Denn ab dem dritten Jahrzehnt des neuen Jahrtausends wird je nach Studie jeder fünfte bis zumindest jeder dritte oder bis 2050 sogar jeder zweite Arbeitsplatz, wie wir ihn bis dato kennen, verloren gehen. Ob bis 2040 oder 2050, das will niemand genau prognostizieren, aber meine Kinder und die heute vierzehnjährige Netzwerkerin werden mittendrin stecken. Im Beruf – oder in einer anderen Welt.

Und um diese Welt soll es in diesem Buch gehen. Ich verstehe es als Fortsetzung meiner ersten drei Bücher: „Wie Wirtschaft die Welt bewegt", „Der vergessene Mensch in der Wirtschaft" und „Wir werden nie genug haben". Als eine Art Fortsetzung deshalb, weil mich als

Absolvent eines Volkswirtschaftsstudiums *eine* Frage schon immer beschäftigt hat: Warum wirtschaften und wachsen wir in immer schnellerem Tempo, wenn Wohlstandsgesellschaften schon relativ viele Güter *haben?* „Sättigungstendenzen – Ursache dauerhafter Nachfrageschwäche?" betitelte ich meine Diplomarbeit. Heute würde ich die Frage viel breiter anlegen. Was macht der Kapitalismus, wenn immer weniger mitmachen? Sei es aus Mangel an Einkommen (trifft noch immer auf rund 95 Prozent der Haushalte zu), aus Mangel an Lust auf den Konsum oder aus Mangel an Zeit.

Der durchschnittliche Deutsche kann heute rund 10.000 Dinge sein Eigen nennen. Von der Stecknadel bis zum Auto. Rund acht von zehn neuen Produkten schaffen es nicht mehr auf den Markt und wenn, dann nur ganz kurz. Dann sind sie wieder weg. Die Entwicklungskosten bleiben im Unternehmen, meist werden Mitarbeiter gekündigt oder – im schlimmsten Fall – muss die Firma zusperren. Im letzten Jahrhundert traf es etwa den Monoski. Kaum war er da, war er von den Breitensportpisten auch schon wieder verschwunden.

Oder ein Beispiel aus jüngerer Zeit: Der ruhelose Zappelphilipp auf zentral gelagerten Kugeln, besser bekannt als „Fidget Spinner". Erfunden wurde er eigentlich von der US-Amerikanerin Catherine Hettinger im Jahr 1993 – allerdings verzichtete sie wegen Erfolglosigkeit beim Anbieten an Spielzeug-Verkaufsketten zwölf Jahre später auf die Erneuerung des bestehenden Patents. Zehn Jahre lang hätte sie noch durchhalten müssen. Denn plötzlich wollten alle Kinder Handkreisel. Ohne Vorwarnung. Aber natürlich nicht nur einen Fidget Spinner, sondern mindestens zehn verschiedene Modelle. Ende 2016 kürte das Forbes Magazine das Ding zum *„Must-Have Office Toy For 2017".* Die Zahl der Hersteller explodierte weltweit. Kein Spielgeschäft der Welt, kein Touristenshop zwischen Peking und Pisa, keine Straßenverkäufer zwischen Wien und Berlin wagten es, keine Handkreisel anzubieten. Beim ersten Verkaufsrückgang begannen die Geräte in anderen Farben, Formen und teils mit angehängten kleinen Gewichten zu glänzen. Als auch das nichts mehr half, erzeugten manche Fidget Spinner beim Drehen bestimmte Muster, leuchteten im Dunkeln oder blitzten in der

Nacht. Zwei Jahre später waren sie verschwunden oder um einen Euro in Billigläden zu erstehen. Dem Spiel Pokémon GO, bei dem Scharen von Kindern und Erwachsenen in Büschen virtuelle Gestalten suchen, ist es ähnlich ergangen.

Die Zeit, sich täglich mit Gegenständen zu beschäftigen, ist bei vielen von uns aufgebraucht. Weitgehend von Schlaf, Kommunikation und Arbeit ersetzt. Den Schlaf haben wir in den vergangenen 200 Jahren von acht auf sechs Stunden reduziert, das Kommunikationstempo seit 1825 ver-10-Millionen-facht. Bleibt nur noch die Arbeit.

Was machen wir also, wenn auch sie geht. Was bleibt uns dann? Für die meisten von uns, so hat man es uns einige Jahrhunderte lang gelehrt, ist es vor allem sie, die Sinn stiftet. Wer nicht arbeitet, ist nicht. Und hat letztlich auch kein Recht, in Zufriedenheit zu leben. Oder wie Apostel Paulus der Gemeinde Thessaloniki verkündete (Kap 3, Vers 10): *Wer nicht arbeiten will, soll auch nicht essen.*

Was man mit Falschinterpretationen alles anrichten kann. Denn der Apostel Paulus wollte mit diesem Satz in seinem zweiten Brief an die Thessalonicher keineswegs die Faulheit attackieren. Auch wenn es die Kirche jahrhundertelang so weitergegeben hat. Paulus meinte eigentlich das Gegenteil. Er verstand diese Aussage als Angriff auf jene Reichen, die andere Menschen für sich arbeiten ließen und nur faulenzten. Damit sollte ein klares Nein zur Sklaverei ausgedrückt und diese Hierarchie in der Gemeinschaft der Christen aufgelöst werden, etwa beim gemeinsamen Essen. Es sollten eben nicht die einen auf das Essen warten, das die anderen zubereitet hatten, sondern: Wer nicht gearbeitet hatte, sollte auch nicht mitessen dürfen. Im Grunde war das ein Aufruf zur sozialen Gleichberechtigung und Gerechtigkeit.

Abgesehen von diesem „historischen" Einwand wird Faulheit wohl bei wenigen ein echtes Lebensziel sein. Kaum jemand wird sich zeit seines Lebens freiwillig ausschließlich zwischen Bett und Küche bewegen wollen. Fällt die Arbeit einmal tatsächlich weg oder auch nur zu einem großen Teil des bisher gewohnten Umfanges, wird für viele in der westlichen Welt auch der Sinn wegfallen. Auch wenn sie das anderen gegenüber nur selten zugeben werden.

Familie, Gesundheit, eine gesunde Umwelt und der Weltfrieden – deshalb bin ich hier, so werden zwar in den letzten Jahrzehnten Fragebögen ausgefüllt, aber im sozialen Vergleich sind es dann doch der Beruf, die hierarchische Ebene in diesem sowie Einkommen, Immobilie, Auto, Urlaubsdestinationen, Kleidung und das nicht länger als vor einem halben Jahr erworbene Smartphone, die zählen.

Das wäre in vielen Fällen wohl anders, würden wir – auch mit unserer Familie – auf einer einsamen Insel leben. Sobald der soziale Wettbewerb hinzukommt, ist es mit der Inselmentalität schon wieder vorbei. Tatsächlich schaffen in den letzten Jahren immer mehr Menschen die Fokussierung auf Glück, Lebenszufriedenheit und Sinn – auch mitten im sozialen Wettbewerb –, aber dennoch sind diese Aus- und Umsteiger in ihren selbst fabrizierten Holzhütten im Wald oder in Kleinhäuschen in Kreta nach wie vor in einer verschwindend kleinen Minderheit. Da nützen auch die seit der Jahrtausendwende gefühlt jährlich 1000 neuen Ratgeber zum Rückzug – am besten gleich ganz in sich selbst – wenig bis nichts.

Es wird jedem von uns – vor allem jenen, die am Anfang oder mitten im Arbeitsprozess stecken – nichts anderes übrig bleiben, als sich mit sich selbst darüber im Klaren zu werden, was kommt, wenn die Lohnarbeit geht.

Was kommen soll.

Was geschieht, wenn die direkte Abhängigkeit vom Arbeitgeber wegfällt. Was auf den ersten Blick nur zu Erleichterung führen kann, gestaltet sich auf den zweiten Blick allerdings viel komplexer. Geldlohn gegen zeitlich begrenzte Zurverfügungstellung von körperlicher oder geistiger Arbeitskraft schafft auch Sicherheit, halbwegs stabile Rahmenbedingungen im wackeligen Weltgefüge und die Möglichkeit zum sozialen Aufstieg.

Arbeitgeber oder gar Selbstversorger, wie sie zum Teil in der Dritten Welt noch immer gang und gäbe sind, müssen sich diese Fragen nicht stellen, was dennoch nicht bedeutet, dass sie das „Wozu das alles?" nicht auch zusehends beschäftigt.

Womit wir uns dem Untertitel dieses Buches annähern. Der Suche nach *Sinn* in einer kapitalistischen Welt, der immer mehr die Arbeit ausgeht. Oder: Sinn statt (nur) Gewinn. Gemeint ist selbstverständlich nicht nur der Unternehmensgewinn. Sondern das, was wir im herkömmlichen Sprachgebrauch neben dem Gewinn in Firmen darunter verstehen: Gewinn von mehr Gütern, Gewinn von sozialem Aufstieg oder Prestigegewinn (durch die Anschaffung von Kleidung, Smartphone, Auto, etc. – vorausgesetzt, das Produkt wird von anderen oder professionellen Marketingstrategen gerade jetzt als wirklich „in" gebrandet).

Was wird sein, wenn Gewinn in diesem Sinne, beziehungsweise präzise formuliert: permanenter Gewinn*zuwachs*, nicht mehr möglich ist? Wenn uns das Gegenteil treffen wird? Weniger Arbeitsvolumen in der westlichen Welt, also weniger Nachfrage nach dem Produktionsfaktor menschliche Arbeitskraft, weniger Wirtschaftswachstum oder überhaupt kein Wachstum, was aber die feststehende Basis des Kapitalismus ist. Aber ohne Wachstum kein Kapitalismus. Warum das eigentlich so ist, werfen Sie ein?

Nur ein paar Zeilen dazu. Ein Unternehmen, das am Beginn steht, braucht neben Eigenkapital in der Regel auch Fremdkapital, und das nicht zu wenig. Es braucht also einen Kredit- und/oder einen Eigenkapitalgeber. Der verlangt Zinsen und/oder einen Teil des späteren Gewinns. Das gilt nicht nur bei Erstinvestitionen, sondern auch bei Erweiterungsinvestitionen. Eine neue Firma arbeitet also auf Pump und muss ab einem gewissen Zeitpunkt dauerhaft Gewinne garantieren können, damit Banken und Investoren bereit sind, Kapital vorzuschießen. Dauerhafter Gewinn bedeutet dauerhaftes Wachstum. Wäre der Kapitalismus ein Kreislauf, bei dem man nach jeder Periode wieder am Anfang landen würde, würden die privaten Unternehmen immer nur das einnehmen, was sie vorher an Löhnen und Investitionen eingesetzt hätten. Es entstünde dann eben *keine* Entlohnung des Kapitals, und keine Bank der Welt würde jemals wieder einen Vorschuss leisten. So oder so ähnlich, aber natürlich umfangreicher und detaillierter wird Kapitalismus auf Hunderten

Seiten und in unzähligen Büchern definiert – dass es Kritiker ganz anders sehen und durchaus eine Ökonomie ohne Wachstum für realistisch halten, ist wieder eine andere Geschichte.

Auch eine andere Geschichte sind die Grenzen, die unser Planet dem ewigen Wachstum auf immer drastischere Weise entgegenhält. Ob nun die ökologischen Zäune, der in seinen Möglichkeiten begrenzte Mensch selbst, weil er mit dem Tempo des Lebens nicht mehr mithalten kann und ihm nicht nur Geld, sondern auch Zeit fehlt, um weitere Güter überhaupt noch konsumieren, geschweige denn genießen zu können, oder die immer weitgehender eingesetzte Digitalisierung der Arbeitswelt, Roboter oder Künstliche Intelligenz, wir werden uns schon aus diesen Gründen überlegen müssen, was der Mensch mit sich anfängt, wenn er in dieser neuen Welt seinen Platz finden will.

Wie also könnte er theoretisch auch leben? Gäbe es ein Leben mit mehr Sinn statt Tempo? Hat es überhaupt einen Sinn, ein „So ginge es auch"-Modell in der reinen Theorie zu beschreiben?

Hätte der Autor diese Fragen nach langem Überlegen letztendlich nicht doch mit „Ja, es hat einen Sinn" beantwortet, wäre dieses Buch nicht entstanden. Und so hat er einige neue, vor allem aber teils jahrtausendealte Lebensweisheiten wieder ausgegraben, zusammengefasst und daraus theoretische Lebensmöglichkeiten gebastelt.

Das Buch wurde also geschrieben. Von Ende 2018 bis März 2020. Und dann kam Corona.

Zeitgleich mit der Fertigstellung des Buches wurden in Österreich die *sehr* weitgehenden Ausgangsbeschränkungen beschlossen. Und schon nach wenigen Tagen wurde das für das Buch skizzierte Menschenbild – entworfen für eine Zeit, wenn die Arbeit als *ein* oder bei vielen *der* Lebenssinn wegfällt – Realität.

Plötzlich hatten alle Zeit. Zeit für sich, für die Familie, für Freunde, für Nachbarn. Eine Höflichkeit im Umgang miteinander war nicht Ausnahme, sondern fast schon Regel. Und die Menschen taten Dinge, die sie nach eigenen Aussagen, Jahre oder gar Jahrzehnte aufgeschoben hatten. Sie schlenderten durch die Natur, bastelten mit den Kindern oder suchten am Dachboden nach Juwelen.

Im letzten Kapitel soll darauf auch näher eingegangen werden, nicht auf die schreckliche COVID-19-Pandemie an sich, aber auf das, was dieser erzwungene Rückzug, der verordnete Stillstand, in uns allen ausgelöst hat.

Die Frage „Wozu das alles?" – und damit wieder zurück zum ursprünglichen *Sinn* dieses Buches – erlebt seit Ende des vorangegangenen Jahrhunderts eine Renaissance. Zunächst in der Glücksforschung. In immer mehr Ländern wurde und wird versucht, mittels viel zu langer Fragebögen das Lebensglück zu erfragen, stets gipfelnd in der Parole: „Wir müssen Bhutan werden." Das buddhistisch gelenkte Königreich am Rand des Himalaya gilt weithin als weltweites Zentrum des Glücks, und seit den 1960er-Jahren wird das Bruttonationalglück in diesem Land in der Verfassung festgeschrieben. Sinngemäß heißt es dort: Nur eine Regierung, die für ihr Volk Glück schaffen kann, hat eine Existenzberechtigung. Tut sie das nicht, hat sie keinen Grund, zu regieren.

Auch die Ratgeberliteratur sprengte alle Rahmen des großen Glücks, das in nicht immer seriösen Varianten auf Zehntausenden Seiten niedergeschrieben wurde.

Doch dann ging dem Glück die Luft aus.

Glück sei nicht alles im Leben, warnten plötzlich die Philosophen. Ein Berufszweig, der Jahrzehnte geschwiegen und sich in die Denkerzimmer der theoretischen Philosophie, meist in Universitäten, zurückgezogen hatte, wagte sich wieder an die breite Öffentlichkeit. Die Philosophie erlebt in ihrer Ausprägung der praktischen Philosophie seit einigen Jahren ein unglaubliches Comeback. Ob die aus Deutschland stammenden Richard David Precht, Wilhelm Schmid, Albert Kitzler, Rüdiger Safranski, ob die Österreicher Robert Pfaller oder Konrad Paul Liessmann oder der Schweizer Philosoph Peter Bieri, ihnen allen geht es nicht mehr ums Glück allein. Es ist „das gute Leben", das thematisch ihre an Universitäten allerdings sehr kritisch beäugten Publikationen dominiert, wie auch das seit Jahren in Frankreich und dann auch in Deutschland erscheinende *Philosophie Magazin* und andere neue Philosophie-Schwerpunkte in Zeitungen meist die „Lebenskunst" in den Mittelpunkt stellen.

Was ist ein „gutes Leben"?

Eine der ältesten Fragen der Philosophie. Älter ist nur die Frage: Was ist der Sinn von allem?

Die Antwort ist so einfach wie banal: Weise leben.

Und das Schöne daran. Es ist schon alles gedacht. Vielleicht nicht wirklich alles. Aber fast alles. Zum Teil vor dreitausend Jahren.

Braucht es also *neue* Weisheiten? Nein, sagt der Philosoph Albert Kitzler: „Denn die Funktionsweise unserer Seele ist in den letzten 3000 Jahren im Wesentlichen unverändert geblieben."[1] Keiner von uns müsse das Rad immer wieder neu erfinden (wobei dieser Spruch erst rund 40 Jahre alt ist, das Rad selbst mindestens fünf Jahrtausende), man müsse auch die Lebensweisheiten nicht immer neu erdenken.

In diesem Buch soll es deshalb auch, oder vielleicht vor allem, um die vielen kleinen und großen Ideen und Anregungen weiser Menschen gehen, die manches im Leben im wörtlichen Sinne *leichter* machen könnten. Die Philosophie bekommt im dritten Jahrzehnt des 21. Jahrhunderts immer stärkeren Rückenwind auf ihrem Weg in die immer mehr von Unzufriedenheit geprägte menschliche Gedankenwelt. Und das ist gut so. Nein, nicht das gedankliche und zu oft verbalisierte Raunzen, sondern die Befassung der modernen Philosophie damit – im Gewand der praktischen Philosophie, jenem Teilbereich der Philosophie, wie ihn Aristoteles geprägt hat. Es soll also um die konkrete Anwendung von Philosophie gehen in Fragen der Ethik, des Rechts, der Politik, auch der Ökonomie und der Medizin. In der Volkswirtschaftslehre sagen die sogenannten neoklassischen Professoren – in ihrer politischen Ausformung: die Neoliberalen –, dass man mikroökonomische Betrachtungen, wie wir sie eben getroffen haben, auf die Makroökonomie übertragen könne. Denn so wie sich der Homo oeconomicus, der stets rational handelnde Modellmensch in der Gleichgewichtswirtschaft, auf den Märkten bewege, so könne man das auch auf eine gesamte Volkswirtschaft umlegen. Oder weniger ökonomisch formuliert: So wie die Leute sind, so funktioniert dann auch ein ganzer Staat.

Dass das nicht stimmt, haben viele Wirtschaftswissenschaftler und Denker aufgezeigt und gut begründet. Der Wichtigste unter

ihnen: John Maynard Keynes. So sei etwa ein Sparparadoxon auszu-
machen. Spart *ein* Mensch, so mag das für ihn gut sein, weil ihm in
der Zukunft mehr Geld für eine geplante größere Anschaffung zur
Verfügung steht. Sparen jedoch plötzlich alle, also die Wirtschaftsteilnehmer eines gesamten Landes, geht der Gesamtkonsum dramatisch zurück und damit das gesamte Volkseinkommen. Dann fallen
beide – der Gesamtkonsum und die Gesamtersparnis.

Steht jemand in einer Theatervorstellung mitten im Zuschauer-
raum plötzlich auf, ist es gut für ihn, weil er dann besser sieht. Machen das alle, sehen alle schlecht.

Um *diese* Betrachtungen von John Maynard Keynes soll es in diesem Buch aber nicht gehen. Ich möchte vielmehr der Frage nachgehen, was wir aus der Sinnforschung und aus der Weisheitsforschung
nicht nur für den Einzelnen lernen können, sondern auch, welche
Antworten sich vor allem für die Politik ergeben könnten.

Und schon lande ich neuerlich bei John Maynard Keynes, denn
schon acht Jahre vor seinem Hauptwerk „The General Theory of
Employment, Interest and Money“ hat er 1928 in Cambridge eine
sehr bedeutende und in den letzten Jahren oft zitierte Rede über eine
mögliche Welt in hundert Jahren gehalten. Daraus wurde 1930 eine
Vorlesung mit dem Titel „Wirtschaftliche Möglichkeiten für unsere
Enkelkinder“, die im Oktober desselben Jahres in zwei Folgen in der
Zeitschrift *The Nation and Athenaeum* abgedruckt wurde.

Die Prognosekraft dieses kleinen Essays ist unglaublich und beein-
druckend. Zwei Aussagen gleich vorweg: Der Lebensstandard 2030
werde bis zu achtmal so hoch sein wie heute (also damals, 1930) und
wegen des rasant ansteigenden technischen Fortschritts werde man
in der Lage sein, alle Tätigkeiten in der Landwirtschaft, im Bergbau
und im Produzierenden Gewerbe mit „einem Viertel der menschlichen Anstrengungen von heute“ durchzuführen. Auch dann, wenn
diese hohe Geschwindigkeit die Menschen schmerzen werde. Man
sei schon heute „von einer neuen Krankheit befallen, deren Namen
einige Leser möglicherweise noch nicht gehört haben, von der sie
aber in den nächsten Jahren noch viel hören werden, nämlich der

technologischen Arbeitslosigkeit"[2]. Damit meinte der Ökonom, Mathematiker, Politikberater und Politiker im Jahre 1930 (!) jene Arbeitslosigkeit, die entsteht, „weil unsere Entdeckung von Mitteln zur Einsparung von Arbeit schneller voranschreitet als unsere Fähigkeit, neue Verwendungen für Arbeit zu finden"[3].

2030 werde laut Keynes das weltwirtschaftliche Problem im Großen und Ganzen gelöst sein, und die Menschen könnten sich der Muße und Freizeitgestaltung hingeben. Ganz konkret prognostizierte der Philosoph, der Keynes auch ist, eine Drei-Stunden-Schicht als täglich notwendige Arbeitszeit oder eine 15-Stunden-Woche.

Ich denke, das wird sich nicht mehr ganz ausgehen – bis 2030.

Was uns aber nicht daran hindern soll, schon heute die Frage zu stellen – und zwar unabhängig davon, ob wir irgendwann 21 oder viele von unseren Kindern und Enkeln 24 Stunden in der Woche arbeiten und den Rest „arbeitslos" zu befüllen haben: Was genau hat denn dann SINN? Welche Handlungen geben uns einen Lebenssinn? An dieser Stelle sei die nicht sehr *sinn*volle Übersetzung von „That makes sense" mit „Das macht Sinn" erwähnt, nicht nur weil es schlicht und einfach falsches Deutsch ist. Sinn ist nicht machbar. Nicht erzeugbar.

Eine Tätigkeit hat Sinn oder keinen Sinn. Und Sinn ist da oder nicht da.

Man kann ihn suchen, vielleicht erkennen, bestimmte Dinge können auch einen Sinn ergeben, herstellbar ist er nicht. Warum *fragen* wir überhaupt nach dem Sinn? Hat es Sinn, nach dem Sinn zu fragen?

„Fällt dir nichts Sinnvolleres ein?", war noch eine der nettesten Antworten von Freunden, Bekannten und Kollegen, als ich ihnen von meinem Buchprojekt erzählt habe. Von Zeitverschwendung bis „das *Leben* ist der Sinn" reichten die Argumente gegen die intensivere Beschäftigung mit dem Sinn.

Nicht immer hatte ich Zeit und Muße für die ausführliche Erklärung. Die Kernantwort war und ist immer dieselbe. Es gehe ja gar nicht um den großen Sinn des Lebens. Es wäre doch vermessen, als politischer Journalist auf diese einzig wirklich große Frage der Menschheit eine Antwort auch nur suchen zu wollen. Es sollen mögliche Faustregeln und Anregungen angeboten werden, die einen in bestimmten Handlungen mehr oder weniger deutlich einen Sinn erkennen lassen. Und das auf mehreren Ebenen.

Da ist natürlich in erster Linie der Mensch selbst. Denn wie gesagt: Arbeit kann und wird voraussichtlich in den kommenden Jahrzehnten als bisheriger Hauptsinnstifter außerhalb des Familienlebens für viele von uns und vor allem für unsere Kinder und Enkel in welchem Ausmaß auch immer wegfallen.

Und was dann?

Aber nicht nur der Mensch als Individuum soll hier Objekt der Sinnfrage sein. Auch die Wirtschaft. Wozu wird der Produktionsfaktor Mensch noch gebraucht werden? Und wenn tatsächlich in immer geringerem Ausmaß, woher soll das Einkommen für Konsumenten kommen, und vor allem: Was wollen Menschen, die immer weniger arbeiten noch konsumieren? Man stelle sich vor, immer mehr Menschen finden Gefallen an Dingen, die nichts kosten, und hören auf, Dinge zu kaufen, die sie nicht brauchen. Was würde das auf Dauer für den Kapitalismus bedeuten?

Und was wird schließlich der Sinn von Politik sein, wenn ein immer größer werdender Teil des Wahlvolks schon *vor* demokratisch gewählten Volksvertretern umgedacht hat und diese mit ihren Parteiprogrammen dem Willen der Wähler zeitlich hinterherhinken?

Eine Partei, die Wirtschaftswachstum *nicht* in ihrem Programm hat beziehungsweise dieses Wirtschaftsziel *nicht* in das Spitzenfeld ihrer Prioritätenliste aufgenommen hat, ist in der westlichen Welt nicht zu finden, und wenn doch, stehen ihre Erfolgschancen schlecht. Noch. Das könnte sich allerdings in diesem Jahrhundert rasch ändern. Was jedoch auch das Ende des Kapitalismus wäre.

Was aber käme *nach* dem Kapitalismus? Würde das neue System einen *Sinn* ergeben?

Die Sinnfrage wird sich, ob wir das nun wollen oder nicht, durch alle Gesellschaftsebenen ziehen. Von uns als Einzelkämpfer bis zum multinational tätigen Konzern.

Ein Kapitel in meinem ersten Buch (2009), welches ich zusammen mit dem weit über den deutschen Sprachraum hinaus bekannten Ökonomen Prof. Kurt W. Rothschild geschrieben habe, lautet: „das Ende der Selbstverständlichkeiten". Heute, zehn Jahre später, ist es sinngemäß zum Titel dieses Buches geworden.

Jedenfalls erscheint heutzutage noch viel weniger als selbstverständlich als damals und erst recht gegenüber den 1960er-/1970er-Jahren. Was gilt denn noch? Was *hält* denn noch? Ehe, Beruf, politische Koalitionen, der Glaube an eine bestimmte Religion? Und dazu der Glaube an *ein* Produkt – an *ein* Objekt der Begierde am Gütermarkt? An *eine* Form des Zusammenlebens, *einen* Gott, *einen* Arbeitgeber, *eine* Stammpartei, *eine* Automarke, *ein* Kleidungsgeschäft, *eine* Skimarke. Ich könnte sie alle aufzählen, diese „Das und sonst nichts"-Kaufentscheidungen von damals, auch die meiner Eltern. Vom Kleidungsgeschäft über das Wirtshaus bis zur Automarke.

Drei fixe Mahlzeiten am Tag.

Zwei oder drei fixe Radio- und/oder Fernsehsendungen.

Fixe Sporteinheiten – zumindest bei einem Teil der Bevölkerung.

Ein Kinotag. Ein Einkaufstag. Und – erzwungenermaßen – in der Zeit der Ölkrise: der autofreie Tag. Und heute? Vielfältige Möglichkeiten menschlichen Zusammenlebens. Zweifel an Religionen, mehrere, einer oder kein Arbeitgeber, keine Stammpartei, mehrere Automarken, Hunderte Kleidungsanbieter, nicht ganz so viele Skimarken. Große, zig kleine oder gar keine Mahlzeiten, keine fixen Radio- und/oder Fernsehsendungen, kaum sportliche Betätigung oder nur dann, wenn zwischen 06:00 Uhr und 07:00 Uhr oder ab 20:00 Uhr Lust und Zeit bleiben. Kein spezieller Kinotag, sondern irgendwann, wenn es die Zeit zulässt. Kein geplanter Einkaufstag, sondern shoppen zwischendurch. Keine acht Stunden Schlaf.

Gefragt sind Entscheidungen. Nicht eine. Dutzende. Und das innerhalb von 24 Stunden. Sechs Stunden Schlaf weggerechnet (im Schnitt – variabel).

Schon 1994 (!), der Mobiltelefonwahn war noch ein Marktbaby, wird ein interessantes Wort geboren: die (mobile) Multioptionsgesellschaft (als Titel eines Buches des damals 53-jährigen Schweizer Soziologen Peter Gross, Co-Autor Stefan Bertschi). Gross schreibt angesichts der auf den Markt kommenden Mobiltelefone schon vor einem Vierteljahrhundert – lange vor dem unmittelbaren Siegeszug des Handys und noch viel länger vor dem ersten Smartphone – von einer „endlosen und kompetitiven Ausfaltung neuer Möglichkeiten" in modernen Gesellschaften. Und dass die Ausfaltung neuer Möglichkeiten nicht nur die Regale der Supermärkte und das Angebot an Dienstleistungen betreffe, sondern auch das Reich des Geistes. In keiner Sphäre sei der Bewohner einer solchen Gesellschaft vor den Optionen geschützt, die sich ihm darbieten würden. Dieser Bewohner sei aber nicht Opfer, sondern der Wille zum Mehr und zur Steigerung sei im Herz des modernen Menschen implantiert. Rund 20 Jahre später wird der bekannte deutsche Soziologe Hartmut Rosa von der „Steigerungslogik" sprechen.

Dennoch kann in einem Punkt auch widersprochen werden. Implantiert oder eingemeißelt, wie Gross es an anderer Stelle auch formuliert, war dieser Wille zur Steigerung wohl nur in wenigen von uns. Zuerst mussten wir die Möglichkeiten *sehen*. Um das von permanent neuem Konsum geprägte, kapitalistische System aufrechterhalten zu können, mussten menschliche Bedürfnisse *erzeugt* werden, die eben *nicht* vorhanden waren. Natürlich kann man auch anhand dieser Betrachtungsweise nicht von „Opfer" sprechen, aber letztlich unterliegt der menschliche Wille auch immer den Gegebenheiten des persönlichen Umfelds. Zumindest darf man es als sehr schwierig bezeichnen, die Kinder von heute komplett ohne Smartphone und Tablet oder ohne sonstige mobile Computerwelten durchs Leben ziehen zu lassen, will man doch seine Lieben abseits der Erziehung zu kritischem Konsumgeist auch nicht automatisch in eine Außenseiterisolation abgleiten lassen.

Konsumentenverwirrung

Fragt sich nur, ob dann, auch bei Erwachsenen, der einem zugegebenermaßen schon seit der Aufklärung innewohnende ständige Drang nach Mehr noch als sinnvoll erlebt wird. Das darf vor allem dann hinterfragt werden, wenn wie in diesem 21. Jahrhundert das „Mehr" in immer kürzeren Abständen erlebt werden soll. Der Soziologe Peter Gross spricht schon 1994 von der „Consumer Confusion", einer Konsumentenverwirrung, die man heute im 21. Jahrhundert durch sehr spezielle Marketingmethoden zu verkleinern versucht. Werbesprüche, die nicht nur ins Auge stechen, sondern auch gleich jene Hirnareale ansprechen sollen, die vorher bei Testpersonen in Magnetresonanzröhren oder anderen medizinischen Hochleistungsgeräten getestet worden sind. Die Werbebranche überlässt diesbezüglich nichts mehr dem Zufall. Jeder Werbespruch ist genau durchdacht und soll exakt unser Belohnungssystem im Gehirn treffen.

Und dennoch geht die Schere zwischen der *Lust auf Neues* und dadurch *Befriedigung erlangen* immer weiter auf. Schon allein deshalb, weil die Vielfalt technischer Geräte nicht mehr bedient werden kann. Wobei die Handhabung ohnehin immer mehr in den Hintergrund tritt. Die „Habung" genügt. Das aktuelle Smartphone des Jahres zu haben, ist mit Sicherheit für viele schon wichtiger geworden, als es in seiner Komplexität zu bedienen, geschweige denn verstehen zu wollen.

„Das Mobiltelefon ist eine Art Haltegriff der kommunikativen Vergewisserung in der modernen Welt"[4], formulierte es Gross 2006. Aber wird dieser Haltegriff auch als sinnvoll erlebt? Interessanterweise findet sich in dem Wort Vergewisserung auch das Wort „Gewissen" eingebettet. Man darf also fragen, welche Rolle das schlechte Gewissen spielt, wenn der Smartphone-Besitzer *nicht* „on" ist. Alle sieben bis acht Minuten, Tendenz von Jahr zu Jahr sinkend, starren wir mitten in einem Gespräch mit einem real vor uns sitzenden oder stehenden Menschen oder während einer anderen Tätigkeit plötzlich auf unser kleines teures Mobiltelefon, ob auf einem der mindestens vier bis sechs Kanäle etwas Neues gekommen ist. SMS, E-Mail,

WhatsApp, Signal, Wire und mindestens einem Sozialen Medium (Facebook, Twitter, Instagram, Snapchat, TikTok – was auch immer). In Büros ist es in der Zwischenzeit ohnehin üblich geworden, alle Kommunikationsebenen gleichzeitig geöffnet vor sich zu haben, zu Sitzungen kommt das Smartphone natürlich mit. Die Zahl derer, die nicht mehr fernsehen, ohne gleichzeitig das Smartphone zu bedienen, steigt übrigens dramatisch an. Und wissen Sie, wie oft Jugendliche mittlerweile mit ihren Augenpaaren zwischen den beiden Medien hin und her wechseln? Im Schnitt alle 15 Sekunden.

Kommunikation 2020 – wirklich ein Haltegriff? Oder doch eher nachhechelnde Gewissensberuhigung?

Zeitkrise

Bei allem „Mehr" bleibt ein Faktor immer gleich. Die Zeit. Sie beschleunigt sich nicht. Sie tut, was sie immer tut. Sie vergeht einfach. Egal, ob wir eine Stunde aus dem Fenster blicken und vorbeiziehende Wolken beobachten oder ob wir in diesen 60 Minuten drei Produkte online erworben, zwanzig Nachrichten auf vier Kommunikations-ebenen gecheckt und filmschauend 20 Laufbandminuten hinter uns gebracht haben.

Die Zeit ist weg. Nur. Was haben wir als sinnvoll erlebt? Haben wir überhaupt etwas *erlebt*?

Der deutsch-koreanische Philosoph Byung-Chul Han spricht von Dyschronie und meint damit ein eher wirres Nebeneinander von Ab-läufen. „Wenn ich in *einem* Leben möglichst viele Weltmöglichkeiten umsetzen kann, brauche ich kein Versprechen auf Unsterblichkeit … aber dieses Kalkül ist naiv"[5], sagt Byung-Chul Han. Fülle werde mit Erfüllung verwechselt. Schon die griechischen Philosophen haben uns klargemacht: Ohne das Erlebte nicht zu erfahren und ohne das Erfah-rene nicht wirklich zu erkennen und zu verstehen, werden wir nicht genießen können. Wenn also all die auf uns einprasselnden Innova-tionen und Beschleunigungsmechanismen nicht mehr zu verarbeiten sind, setzen Überforderung und Desinteresse ein. Das wiederum führt über kurz oder lang zu innerem Abschalten und der Verweigerung neuer Botschaften und Produkte. Der umworbene Rezipient geht auf „off". Sinn hat das keinen mehr. Und Unzufriedenheit und Wut wird es schließlich – um nochmals zur Multioptionswelt für Konsumenten zurückzublenden, wenn man sich beim Kauf eines Produktes, bei der Wahl eines Urlaubsziels, bei einem Mietvertrag in der Eile für die aus seiner Sicht dann doch falsche Option entschieden hat. Also wenn der Konsument nicht nur im Angebotswahnsinn aufgegeben, sondern auch noch eine unüberlegte, dann bereuende Entscheidung getroffen hat. Etwa weil die Schönheit der BiN (Bilder im Netz – Abkürzungscopyright beim Autor) jene der Realität am Urlaubsort eine Spur übertroffen oder sich das Hochqualitätsprodukt auf der Homepage nach Lieferung als Nachahmungsmist entpuppt hat.

Aber auch wenn es die für ihn letztlich doch passende Option geworden ist, erlebt der Mensch von heute ein mittel- oder langfristig zum Verbrauch gedachtes Produkt noch als sinnstiftendes Objekt? Wie lange dauert die Freude? Überlegen Sie für sich selbst. Fernseher, iPad, Auto, Fidget Spinner … egal, wie groß oder klein, wie teuer oder billig. Wie lange hält sie?

Vernachlässigung der Ich-Kräfte

Natürlich ist es heute möglich, einfach so dahinzuleben. Keine großen Fragen. Schon gar keine Ratgeber, auch keine Soziologen oder Psychologen. Der Alltag ist hart genug. Doch wenn man in einer stillen Minute einen Menschen befragt, wie es ihm denn wirklich gehe und ob er denn ein halbwegs glückliches Leben führe, kommen meist wenig euphorische Antworten, die sich im Österreichischen dann in etwa so anhören: „Geht schon." – „Passt schon irgendwie." – „Was soll's, so ist das Leben." – „Einmal so, einmal so." – „Eh gut." – „Kein Unglück ist genug Glück." Und je weiter in Österreich nach Osten gehend, klingt es dann eher so: „Geh bitte, wer ist heutzutage schon glücklich" bis zu

„Was soll diese depperte Frage?" oder „Was geht dich das an, ob ich glücklich bin, kümmere dich um deinen eigenen Mist". Meine persönliche Nummer eins wurde von einem Dialektsänger in Wien geboren: „Mia is wurscht." (Mir ist das alles egal.)

Irgendwie erstaunlich. Denn was fehlt dem Menschen denn heute in den Wohlstandsgesellschaften? Und damit sind *nicht* jene Mitglieder in den Wohlstandsgesellschaften gemeint, denen es ohnehin finanziell an allen Ecken und Enden fehlt, die gerade noch mit dem Alltag zurechtkommen und die mit Fug und Recht behaupten könnten, dass sie eigentlich nicht sehr glücklich sein können. Interessanterweise ist die allgemeine Zufriedenheit aber gerade in jenen Bevölkerungsschichten höher, als sie es im obersten Einkommensdrittel der Gesellschaft ist.

Warum geht es Menschen subjektiv nicht so gut, obwohl es ihnen objektiv gut gehen sollte? Oft, weil sie deutlich spüren, dass mehr möglich wäre, mehr als dieses einfache Dahinleben.

Wie könnte mehr möglich sein? Wie könnte dieses Umdenken auch politische, vielleicht auch ökonomische Abläufe beeinflussen?

Ich darf Sie nun zu einer Reise einladen. Zu einer Reise menschlichen Denkens vom Recht auf Faulheit vor einigen tausend Jahren über ein strenges Pflichtbewusstsein, umrahmt nicht selten von schlechtem Gewissen in arbeitsfreien Stunden, und wieder zurück zum Ursprung und der neuerlichen Frage, einige tausend Jahre später: Haben wir nicht auch ein Recht auf mehr Zeit zur Muße, auf Momente des Nachdenkens und mehr Erfüllung statt Fülle?

VORARBEIT

Es war einmal.

Ja, es war einmal tatsächlich auch eine Zeit *vor* der Arbeit.

Jedenfalls eine Zeit vor dem, was man heute gemeinhin unter dem Begriff Arbeit versteht. Wirklich positiv war der Begriff nie besetzt. Im Lateinischen kommt das Wort Arbeit von *arvum*, dem Acker, und bezog sich im Wesentlichen auf die harte Feldarbeit. Das lateinische Wort *laboro* bedeutet neben arbeiten auch sich abmühen, leiden, geplagt werden oder in Sorge sein.

Archäologen datieren den Ursprung der Arbeit mit rund 10.000 Jahren vor Christi Geburt, als die Menschen begannen, sesshaft zu werden und ihre Überlebensmittel selbst herzustellen. Was bereits Arbeit gewesen war. Es folgte die Viehhaltung, und irgendwann erkannten die Menschen, dass sie auch mehr erzeugen konnten, als sie selbst zum Leben brauchten. Mit dem, was von der Nahrungsmittelproduktion „für andere" übrig geblieben war, konnten *Arbeit*er dafür, dass sie bei der Produktion mithalfen, entlohnt werden. Hilfehandel sozusagen. Oder ein „Wie du mir, so ich dir" im positiven Sinne.

In der griechischen Antike war Arbeit verpönt. Man überließ sie Sklaven und Frauen. Wer etwas auf sich hielt und sich das auch leisten konnte, gab sich ganz der Muße, dem Denken, der Philosophie hin. *Der* Dichter der Antike, Homer, er soll rund 850 vor Christi Geburt gelebt haben, ließ stets den Müßiggang hochleben, Arbeit galt als etwas Negatives. Und für den Schriftsteller Xenophon galt rund 400 Jahre später noch immer: Arbeit verhindere Muße und verdränge die Zeit für soziales Denken und Handeln. Weitere 100 Jahre danach sieht der Philosoph Aristoteles Arbeit als das Gegenteil von Freiheit.

Bei den Römern sah die Lage nicht viel anders aus. Marcus Tullius Cicero, der bis 43 vor Christi Geburt lebte, schrieb in seinen „De officiis" (Vom pflichtgemäßen Handeln): „Eines Freien unwürdig und schmutzig sind ferner die Erwerbsformen aller Tagelöhner, deren reine Arbeitsleistung – und nicht deren besondere Fähigkeiten – erkauft werden. Denn es ist bei ihnen der Lohn ja nichts weiter als einem Handgeld für eine Knechtstätigkeit." [6]

Ehrenvoll sind für Cicero nur Tätigkeiten, an denen größere Klugheit beteiligt ist oder durch die ein „nicht mittelmäßiger Nutzen" [7] angestrebt wird, wie sie Mediziner, Architekten, Gelehrte und Händler ausüben; Letztere nur dann, wenn sie in großen Geschäften tätig sind und Waren von überallher heranschaffen. Beide Formen, also die des Geistes *und* die der Handarbeit, werden erst im Christentum positiv bewertet. Schließlich sind Jesus und seine Jünger zunächst selbst Handwerker und Fischer.

Auch im Mittelalter bleibt die Arbeit grundsätzlich etwas Unangenehmes. Ein notwendiges Übel, um nicht zu verhungern. Der Wert des Lebens lag im Spaß, den man hatte. Feiern, tanzen, das Leben genießen. Und ein Jahr hatte 100 Feiertage. Zumindest für die Adeligen. Da gilt es, die Freuden des Lebens auszunützen. Materieller Wohlstand wird damals als sündhaft angesehen, wozu also mehr arbeiten, als unbedingt notwendig ist. Ab dem 12. Jahrhundert kommt es zu einer Art Dreiteilung: Kleriker, Ritter, Arbeiter. In den späteren Jahrhunderten entsteht erstmals der Begriff „arbeitsscheu". Wer also nicht arbeitet oder sich als Bettler, Dieb, Verbrecher, Zuhälter oder Hure herumtreibt, wird zusehends geächtet.

Mit Martin Luther ist es schließlich soweit. Das Bild dreht sich komplett und hält bis heute. 1483 im heutigen Sachsen-Anhalt als Martin Luder geboren, zerbricht sich Luther schon als Jugendlicher den Kopf über das Freikaufen von Sünden, das Kirchenleute immer reicher und reicher macht. Luther findet das heuchlerisch und schlägt seine 95 Thesen gegen dieses Treiben an die Holzpforte der Schlosskirche Wittenberg. Sein Hauptfeind ist der Papst, seine Erneuerung (lateinisch *reformatio*) gewinnt in Deutschland immer mehr Anhänger. Und Luther lobpreist die Arbeit: „Der Mensch ist zur Arbeit geboren wie der Vogel zum Fliegen."

Der als Humanist gefeierte Freiheitskämpfer hält die Lohnarbeit hoch und verteufelt den Müßiggang, der eine Sünde wider Gottes Gebot sei. In dieser Zeit werden die Gemeinrechte für Bauern beschnitten, ihre soziale, rechtliche und wirtschaftliche Stellung verschlechtert sich immer mehr, die schrecklichen Bauernkriege folgen. Die Bauernschaft verliert die Kriege und 100.000 Menschenleben. Die Bauern müssen alle Nutzungsrechte von Weiden abtreten und werden so zu Zwangsarbeitern unter Lehnsherren oder in Fabriken.

Johannes Calvin, ein Reformator französischer Abstammung und Begründer des Calvinismus, der ab 1535 vor allem in der Schweiz gewirkt hat und 1564 dort gestorben ist, formuliert es viel drastischer als Martin Luther: „Unsere Arbeit, unser Broterwerb ist Gottesdienst und heilig. Müßiggang und Prasserei sind es, die die Menschen verderben. Darum arbeitet fleißig und lebt bescheiden, meidet Rausch, Tanz und Spiel. Das sind die Versuchungen des Teufels."[8]

Diese beiden Reformatoren des 16. Jahrhunderts sind der Ansicht, dass für jeden schon vor der Geburt feststeht, ob man zu den Auserwählten oder zu den Verdammten gehört. Man wisse das aber nicht. Nur der totale Fleiß sowie Arbeit, Arbeit und nochmals Arbeit würden im Jenseits die Erlösung bringen. Vielleicht. Vielleicht aber auch nicht.

Mit Luther und Calvin ist die Arbeit zum ersten Mal positiv besetzt, heißt es in diversen Geschichtsbüchern. Kann man so sehen. Denn Arbeit bringe einen weiter. Nachdenken und Muße nicht.

Muss man aber nicht so sehen. Man könnte auch sagen: Damals im 16. Jahrhundert hat das begonnen, was nun bald ein halbes Jahrtausend hält.

Die Arbeit macht uns zu dem, was wir sind.

Und das soll nur „positiv" besetzt sein, wie es uns nun jahrhundertelang eingeimpft worden ist?

Wenn die Berufung tatsächlich der Beruf geworden ist, dann stimmt das, dann kann Arbeit sinnstiftend sein und Freude bereiten.

Aber *kann* Lohnarbeit das auch?

Die „neuen" Lohnarbeiter von damals haben das nicht so gesehen. Die eigene Arbeitskraft an einen anderen Menschen zu verkaufen, damit dessen Profit gesteigert werden kann, galt zumindest lange Zeit als entwürdigend.

Mit der Reformation waren übrigens auch Zinssätze möglich, manche Geschichtswissenschaftlicher sehen darin die eigentliche Geburtsstunde des Kapitalismus, bei dem ganz am Beginn des Prozesses ein Kredit steht, der jedoch in einer in der Zukunft liegenden Periode zurückgezahlt werden muss. Wir erinnern uns an den Kreislauf des eingesetzten Kapitals und den permanenten Wachstumszwang. Der deutsche Soziologe und Nationalökonom Max Weber schrieb 1904: „dass unser heutiger Begriff des Berufs religiös fundiert sei" und „das Ethos des rationalen bürgerlichen Betriebs und der rationalen Organisation der Arbeit"[9] der Reformation entspringe.

Aus dem Arbeiten, um zu leben, ist im Laufe der Jahrhunderte ein Leben, um zu arbeiten geworden.

Der Übergang war fließend. Aus dem Muss war offenbar Gewohnheit geworden. Eine der vielen Selbstverständlichkeiten, die wir in den weiteren Abschnitten infrage stellen wollen. Aber konkret erst für das 21. Jahrhundert.

Also führen wir den kurzen historischen Abriss fort und versetzen uns ins 18. Jahrhundert. Mit der Industrialisierung kommt es zu einer Bevölkerungsexplosion. Doch ohne Arbeit kein Einkommen. Männer, Frauen, Kinder – alle müssen in die neuen Fabriken. Die Welt beginnt, schneller zu werden. Vor Zügen mit Dampfmaschinen wird von Fortschrittsgegnern gewarnt. Ab einer Geschwindigkeit von etwa 30 km/h bestünde für den Menschen die Gefahr der Gehirnerweichung. Die Weltproduktion verdoppelt sich in kürzester Zeit. Einen Wert sehen die Arbeiter in ihrem Tun allerdings nicht.

Kommt der Lohn, gehen sie nach Hause. Mehr als notwendig zu arbeiten, ist nicht vorgesehen. Die Fabrikanten reagieren so ganz und gar nicht ökonomisch, obwohl angeblich schon damals der freie Markt alles regeln sollte. Ein Satz aus einem Zeitungsartikel zu diesem Thema, der erst vor einigen Jahren erschienen ist, ist mir bis heute in Erinnerung geblieben:

Zur Motivation der Arbeiter senken
die Fabrikanten die Löhne.

Das ist wahrlich interessant. Wenn das Angebot sinkt, steigen da nicht die Preise? Wenn sich frustrierte, erschöpfte Arbeitnehmer aus dem Produktionsprozess zurückziehen, könnte ich sie dann nicht mit *höheren* Löhnen zur Rückkehr motivieren? Könnte man. Muss man aber nicht, wenn man weiß, dass letztlich ohnehin immer mehr in die Fabriken drängen *müssen*. Dann kann man Männern, Frauen und Kindern auch Hungerlöhne zahlen, denn es wird ihnen, um irgendwie existieren zu können, nichts anderes übrig bleiben, als zu arbeiten. Und zwar immer länger pro Tag. Je niedriger der Lohn, desto länger muss die gesamte Familie in der Fabrik stehen.

Es kommt zur Arbeiterbewegung. Der Druck gegen die Fabrikbesitzer wird immer größer, die Arbeitsbedingungen verbessern sich. Aber halten wir dennoch fest: Am Wert der Arbeit rütteln auch Sozialisten und Sozialdemokraten nicht. Ganz im Gegenteil. In dem Kampflied der sozialistischen Arbeiterbewegung (Text seit 1871), „Die Internationale", die bewusst als Gegenpol zu rein nationalen Hymnen geschrieben worden ist, heißt es in Strophe 3:

In Stadt und Land, ihr Arbeitsleute,
wir sind die stärkste der Partei 'n.
Die Müßiggänger schiebt beiseite!
Diese Welt muss unser sein;

Kein Platz für Müßiggänger also, und das von österreichischen Sozialdemokraten seit 1868 (!) gesungene „Lied der Arbeit" endet mit:

So ruft: Die Arbeit sie erhält,
die Arbeit, sie bewegt die Welt!
Die Arbeit hoch!
Die Arbeit hoch!

Einzig in diesem Punkt treffen sich Kapitalisten und Sozialisten. *Über* die Arbeit lassen wir nichts gehen. Aber auch gar nichts.

Philosophie und Ökonomie machten diese Entwicklung übrigens weitgehend mit. Thomas Hobbes, ein englischer Mathematiker, Staatstheoretiker und bis heute viel beachteter Philosoph, sieht im 17. Jahrhundert die Arbeit als entscheidenden Faktor für soziale Anerkennung, Aufstieg und Vermögen. Mit der in weiten Zügen akzeptierten gesellschaftlichen *Gleichberechtigung* von Armut und Reichtum ist es vorbei. Und der „Erfinder" und Begründer der Ökonomie als Wissenschaft, der Schotte Adam Smith, unterscheidet erstmals zwischen produktiver und unproduktiver Arbeit. Blickt man in die griechische Antike zurück, fallen genau die damals hochgeschätzten „Tätigkeiten" bei Smith hinab ins weitgehend unproduktive Nichts: politisches Engagement, Beamte, religiöse Gelehrte, auch das Militär und ganz besonders all jene, die danach trachteten, das Volk zu unterhalten: Schauspieler, Sänger, Musiker, Artisten und alle anderen, denen es damals nicht vergönnt war, ihre Künste auszuüben.

Den Tiefpunkt erlebt die Arbeit aber erst im Nationalsozialismus. Der internationale Tag der Arbeiterbewegung wird mit 1. Mai 1933 zum Tag der nationalen Arbeit. Zeitgleich werden die freien Gewerkschaften zerschlagen.

Aber es sollte noch viel entsetzlicher kommen. Als Aufschrift auf den Eingangstoren der nationalsozialistischen Konzentrationslager stand der Satz: Arbeit macht frei. Der Tiefpunkt für den Wert der Arbeit – ein Höhepunkt an Zynismus und menschlicher Entwürdigung.

Ist die Arbeit im Werteranking des Menschen 2020 gegenüber dem 17. Jahrhundert dramatisch abgestürzt?

Nicht wirklich.

Ist im Gegenteil nicht nach wie vor

nichts als Arbeit?

„Heute haben wir keine andere Zeit als Arbeitszeit", schreibt der Philosoph Byung-Chul Han. Den Maschinen des Industriezeitalters seien die neuen, Zwang und Sklaventum hervorbringenden, digitalen Apparate gefolgt. Die dadurch entstandene völlige Mobilität hat dafür gesorgt, dass wir den Arbeitsplatz überall vorfinden. Da Muße dort beginnt, wo Arbeit aufgehört hat, muss Erstere notwendigerweise verschwinden. *Cogito ergo sum.* Wirklich? Oder doch nur noch *laboro ergo sum?*

Bin ich dann aber auch?

„In seiner Arbeit aufgehen" kann dann eine radikale Bedeutungswende erfahren.

Wenn wir die Worte *des* Zweiflers schlechthin, des französischen Philosophen René Descartes, so auslegen, wie er sie tatsächlich gemeint hat, dann *sind* wir eigentlich nicht. Denn Descartes wollte mit *ego cogito, ergo sum*, wie es vollständig heißt („Ich denke, also bin ich."), nichts weniger, als seine eigene Existenz beweisen, konkret seine Existenzfähigkeit.

Der Wert der Arbeit

Heute ist die Arbeit ein Beweis für Existenz. Wer nicht arbeitet, ist nicht.

In sich schon. Aber nicht im sozialen Netz der Vergleichspersonen. Mehr Einkommen lässt uns mehr Prestigegüter kaufen. Die gesellschaftliche Achtung steigt. So wie die Ächtung für jene, die nichts zu zeigen haben, weil sie vielleicht die Arbeit losgeworden sind. Unfreiwillig. Arbeitslos.

Arbeit gibt Prestige. Dessen Aufwertung zur Sinnstiftung bedarf keiner großen Schritte mehr. In diesem Fall könnten wir also formulieren: Arbeit *macht* Sinn.

Mehrarbeit *macht* demnach nicht nur mehr Sinn, sondern bringt auch ein höheres Einkommen. Und diese Mehrarbeit macht der Arbeitende selbstverständlich freiwillig. (Achtung Ironie.) Der Philosoph Nils Markwardt bringt es auf den Punkt: „Überstunden werden jetzt nicht mehr paternal verordnet, sondern die Kollegen werden vom jovialen Chef mit dem Verweis auf Teamspirit des gemeinsamen Projekts freiwillig zum Bleiben gebracht. Die Pointe: Der permissive Befehl ist viel stärker als der andere, weil ja der Chef mich nicht zur Arbeit gezwungen, sondern lediglich zur Einsicht in die vermeintliche Notwendigkeit gebracht hat."[10]

Die deutsche Fernsehjournalistin Fabienne Hurst widmete sich in einer Reportage dem verordneten Glück durch Unternehmen, nennen wir es „Motivation Total", und beschreibt, was in einer deutschen Bäckerei so abgeht.

In dieser Bäckerei herrscht „Corporate Happiness". Nicht mittels höherer Löhne, sondern durch Erkenntnisse aus der Verhaltensökonomie. Am auffälligsten ist das seit Jahren so beliebte Gummibändchen am Handgelenk zur Anbringung diverser Botschaften. Auf dem Bändchen der Bäckereimitarbeiter steht: „Stop complaining". Also: „Hör auf, dich zu beschweren." Oder ins Österreichische übertragen: „Sudere nicht!"

„Ein Bändchen auf dem Weg ins Glück", kommentiert es die Redakteurin des Beitrages. Aber laut Firmenphilosophie soll das Bändchen nicht tagaus, tagein am Handgelenk herumhängen, sondern *dumme* Gedanken am Arbeitsplatz verhindern. Das alles ist kein Scherz. Tatsächlich sind die Mitarbeiterinnen und Mitarbeiter aufgefordert, das Bändchen auf das andere Handgelenk zu geben, wenn man sich über etwas aufgeregt oder beschwert hat. Ziel ist es, das

Bändchen 21 Tage lang am selben Handgelenk zu tragen. Und zwar 21 Tage in Folge. Das bedeutet dann, dass man sich drei Wochen lang über nichts aufregen oder beschweren musste. Die Idee stammt von einem früheren Finanzmanager und heute – auch von der Großbäckerei – gut bezahlten „Erfolgs- und Glückscoach".

In diesem Unternehmen können auch „Happiness"-Punkte gesammelt werden. Mehr Punkte bedeuten einen höheren Rang im Glücksranking der Firma. Natürlich kann man seinen Kontostand schon mal ordentlich aufbessern, wenn man – im Sinne des Firmenglücks – ab und an mal bis 22:00 Uhr noch Dinge erledigt. Schließlich gilt es, den Führenden im Glücksranking vielleicht heuer doch noch einzuholen.

Moderne Erpressung? Aber nein! Einfach ehrliche Motivation durch den so einfühlsamen Vorgesetzten. Wichtigste Zutat laut Fabienne Hurst: „Die Mitarbeiter sollen nicht merken, dass sie zielgerichtet motiviert werden."[11]

Auch Nils Markwardt sieht das gleichermaßen: „Die vermeintliche Freiwilligkeit ist ein unglaublich effektives, aber unter Umständen auch perfides Instrument der Führung … denn Selbstführung produziert ja relativ wenig Widerstand, weil die Leute oft nicht merken, dass sie geführt werden – oder weil sie es selbst wollen … In dem Moment, wo Mitarbeiter Freunde oder sogar eine Art Familie sind, fällt auch so ein gewisser Spielraum weg, ‚Nein‘ zu sagen."[12]

Anerkennung ist nicht Selbstverwirklichung. Vielleicht auf den ersten Blick. Wer heute mit dem Zug fährt, sieht viele Pendler in Arbeit vertieft. Texte schreibend, Mails beantwortend. Ähnlich im Flugzeug, wenn es sich nicht gerade um einen Ferienflieger handelt. Die Laptop-Benutzer wirken angespannt und ernst. Nicht wirklich glücklich. Aber auch nicht unglücklich. Man fragt sich, gehen diese Leute gerade in sich auf oder verfehlen sie sich gerade? Oder wissen und spüren sie nicht mehr, ob ihnen das, was sie machen, auch inneren Lebenssinn bereitet.

Wenn etwa der Vorgesetzte anweist: „Gehen Sie doch in den Randzeiten zum Arzt", dann ist das natürlich sein gutes Recht, aber die ausgesprochene Botschaft ist größer und versteckt sich im Wort Randzeit. Hauptzeit ist Arbeitszeit. Hauptlebenszeit ist Arbeitszeit. Arbeit – die größte Selbstverständlichkeit der Welt. Warum eigentlich? Zur eigentlichen Sinnfrage kommen wir erst später, aber eine Vermutung des kanadischen Philosophen Mark Kingwell sei schon an dieser Stelle angeführt. Kingwell fragt sich, warum sich Arbeit als etwas Unvermeidliches präsentiert und gleichzeitig unter Verwendung eines Netzes von Finten und bestimmten Arbeitgebermethoden auch als etwas Angenehmes. Der wichtigste Effekt ziele auf die Verbreitung der Gewissheit ab, dass Arbeit grundsätzlich notwendig sei. „Jeder akzeptiert, dass jeder einen Job haben muss, weil er weiß, dass er einen Job haben muss.“[13] Arbeit bringt Ansehen. Mehr Arbeit noch mehr Ansehen.

„Hatte Jahwe einst den Menschen mit lebenslanger Arbeit für den Sündenfall bestraft, scheint die Arbeit für uns heute selbst der Himmel auf Erden zu sein“[14], schreibt die Philosophin Svenja Flaßpöhler.

Was aber ist, wenn *nicht* Arbeit ist? Egal, ob nun erzwungenermaßen (weil arbeitslos) oder freiwillig? Die Zeit einige tausend Jahre zurückdrehen und auf eine neue, wieder von der Muße bestimmte Antike hoffen? Für irgendetwas muss es sich doch zu leben lohnen außerhalb von reinen Genusswelten.

Wir stoßen nun auf eine der wahrscheinlich wichtigsten und ältesten Frage der Philosophie. Was *ist* das gute Leben?

DAS GUTE LEBEN

Das gute Leben.

Irgendwie haftet diesen in 1,73 Sekunden gelesenen drei Worten etwas Banales an.

Weit gefehlt.

Sokrates, Platon und Aristoteles haben in dieser Phrase das eigentliche Ziel der Philosophie gesehen. Gemeint haben sie eine gelungene Lebensführung und dass erst dadurch so etwas wie Lebensglück entstehen könne. Glück ist also das Resultat eines Verhaltens. Wobei Glück keine gute Übersetzung des Wortes ist, um das es tatsächlich gehen soll, das in der antiken Philosophie gemeinte Wort war *Eudaimonie* (auch Eudämonie, altgriechisch *eudaimonía*). Oft bleibt Eudaimonie bis heute unübersetzt. Am besten beschreiben würde es in etwa ein „seelisches Gesamtwohlbefinden als Resultat einer gelungenen Lebensführung nach den Anforderungen der Ethik"[15].

Es ist schon merkwürdig. Nach vielen Jahrhunderten der Stille um „das gute Leben" erlebt es in der Philosophie eine plötzliche Renaissance. Kaum ein Philosoph, kaum ein Qualitätsmedium, egal ob Print, Radio oder Fernsehen, kommt seit Jahren am *guten Leben* vorbei; an den Universitäten hat dieses eigentliche Ziel der philosophischen Forschung wieder Einzug gehalten, die Studierenden sind begeistert und spüren gute Lebensnähe des jahrzehntelang verstaubten Fachs. Dabei ist *das gute Leben* ein zentraler Begriff und das Hauptziel der Sozialethik.

Eine *der* Expertinnen zu diesem Thema im deutschsprachigen Raum, Univ. Prof. Dr. Dagmar Fenner von der Universität Basel, die sich selbst als Philosophin und Ethikerin bezeichnet, zitiert selbst einen Philosophen: Man habe in den letzten Jahren tatsächlich den „Eindruck gewinnen können, dass die Grundfragen der Ethik auf die Gasse geraten" seien.

Und tatsächlich hatte sich diese Suche nach einer wissenschaftlich begleiteten Lebensformel in die Ratgeberliteratur, die Welt der Lebensberater, bis hinein in die Wellnesstempel begeben. Von der Werbebranche gar nicht zu reden. Wie viele Produkte hatten in den letzten Jahrzehnten gleichzeitig ein gutes Leben und körperliches Wohlbefinden – natürlich für mindestens fünf Jahre garantiert – versprochen, wenn man sie doch einfach nur kaufen würde. Ratenzahlung willkommen. Nicht inkludiert: die oft Abertausende Euro teuren Esoterikpakete dubioser Heiler und Lichtgestalten.

Aber zurück zur Definition. Man bringe eher zwei Philosophen dazu, die gleiche Zahnbürste zu benutzen, als die gleichen Begriffe zu verwenden, schreibt Dagmar Fenner.

Apropos Zähneputzen. Der deutsche Philosoph Albert Kitzler versteht bezüglich des guten Lebens die Welt schon lange nicht mehr. Für alles Mögliche nehme man sich Zeit, nur für unsere ureigenen seelischen Bedürfnisse nicht. „Im Vergleich schneidet das Zähneputzen besser ab als die Sorge für den eigenen psychischen Haushalt. Wen wundert es? Wer hat uns denn beigebracht, wie wir uns um unser Seelenleben kümmern sollen?"[16]

Weshalb sind wir bei der Einhaltung bestimmter Abläufe und Rituale nur so unglaublich streng mit uns, warum stets so erpicht darauf, nur ja nicht von den selbst – oder den Eltern – vorgezeichneten Lebenslinien abzuweichen, wissend, dass es sich selten um tatsächlich Bedeutendes oder gar Existenzielles handelt? Wie wichtig ist in vielen Familien nach wie vor die punktgenaue Einhaltung der Essenszeiten oder gar die auf einen bestimmten Wochentag festgelegte Speise. Spaghetti immer samstags. Ja, warum denn eigentlich? Und man denke nur an die an den Wochenenden und vorwiegend in manchen Land- oder stadtnahen Gegenden zu beobachtenden Pkw-Schlangen samt Sonntagsfahrern vor Waschanlagen.

Völlig anders geht der Mensch von heute mit seinen ureigenen Bedürfnissen um. Wer nimmt sich Zeit, kurz innezuhalten? Was wäre denn hier und jetzt für mich gut? Sodass ich am Ende des Tages ruhigen Gewissens sagen kann: Das war ein *guter* Tag. Ist die Sorge um das eigene seelische Wohlbefinden und um jene, die uns *wirklich* nahestehen, nicht nur ein Bruchteil jener Sorge um andere?

Wie oft stecken wir Energie in die Aufrechterhaltung oder Wiedergewinnung der Gunst des Vorgesetzten, um Arbeitstage friktionsfreier erleben oder manchmal auch nur aushalten zu können?

Wozu das alles?

Spätestens an den Wochenenden schlägt sie dann zu, diese für immer mehr von uns offenbar unbeantwortbare Frage nach der Lebenskunst. Wer nimmt sich Zeit und überlegt einmal für eine Stunde?

Will ich diese jahrelang eingeübten Abläufe in meinem Leben noch?

Mag ich meine mir selbst immer mehr auffallenden Gewohnheiten noch?

Will ich meine Persönlichkeit überhaupt weiterentwickeln?

Den eigenen Körper betreffend, sind die meisten schon viel weiter. Vor allem seit die Welt der Breitensportler dem Vermessungswahn verfallen ist, kennen wir ihn so gut wie noch nie. Ohne Arzt, aber dank smarter Laufuhr und Online-Fitnesstrainer. So ist uns jede Übung für jeden speziellen Muskel bekannt, wir wissen, wie hoch der Puls im anaeroben Bereich ist (also dort, wo man während des Laufens nur noch atemlos sprechen kann), und Sixpack hat schon lange nichts mehr mit sechs Bierflaschen zu tun.

Aber was es zu tun gilt, damit es der Seele wieder besser geht – ohne jetzt an fremde Hilfe oder Tabletten zu denken –, also das, was wirklich Zufriedenheit in uns auslöst, das wissen in den westlichen Wohlstandsgesellschaften immer weniger Menschen.

Sollen wir uns diese Frage überhaupt stellen? Hätten wir kein Bewusstsein und unendliche Lebenszeit, müssten wir uns diese Mühe wohl nicht antun. Da wir Ersteres sehr wohl und Letzteres leider nicht haben, wäre es wohl nicht unklug, ab und an darüber nachzudenken, was zu tun ist, um am Lebensabend – ganz bei sich – mit einem „Ja, es war ein gutes Leben" tief durchatmen zu können.

Der (philosophische) Spielraum verengt sich mit der ersten Geburtssekunde.

Jeder Mensch wird in eine Kultur, eine Gemeinschaft, Religion, Tradition hineingeboren. Viele Antworten sind also schon gegeben, bevor selbstständig geatmet wird. Viele bleiben diesen Antworten auch treu und orientieren sich an ihnen. Jahrhundertelang hat das auch funktioniert. Gott, Kirche, Elternhaus, Beruf und Wohnort der Eltern. Das „gute Leben" lag am Tisch. Ob es wirklich gut war, diese Frage stellte sich nicht oder durfte nicht gestellt werden.

Das Koordinatensystem des Lebens war vorgegeben, klar und unverrückbar. Ein Kosmos mit einem Gott als alleinigem Eigentümer, dessen Geschäftsführer auf Erden der Papst war, und mit weltlichen Leitern wie dem König für die Menschen und dem Mann für die Familie. Hierarchie pur.

Ein gutes Menschenleben war eines, das sich an dieser Ordnung orientierte, Ausbruchsversuche untersagt.

Erst mit der Neuzeit vollzog sich die Wende zum Ich. Was hat sich seit Beginn der Neuzeit geändert? Dazu wollen wir sie hier ganz kurz definieren.

Wir sind im 15. Jahrhundert nach Christus, der Buchdruck ist erfunden, Amerika entdeckt. Schon zu Beginn des 16. Jahrhunderts (1517) entwickelt sich mit Martin Luther die Reformation und die Spaltung des westlichen Kirchentums in verschiedene Glaubensrichtungen. 1543 rückt mit Nikolaus Kopernikus die Sonne statt der Erde in den Mittelpunkt des Weltbildes.

Um es salopper auszudrücken: Nichts ist mehr so, wie es war. Damals vor 500 Jahren.

Auch der Weg zu Gott, zur „göttlichen Ordnung", ist ohne die Umleitung über das Ich nicht auffindbar. Es ist also schwieriger geworden, da plötzlich mehrere „Umleitungen" möglich sind. Über den Verstand, das Bauchgefühl oder das Herz.

Aber diese Hinwendung zum Ich bleibt für unsere Suche nach dem guten Leben im neuen Koordinatensystem des Ichs nicht ohne Folgen. Denn die Gebrauchsanweisung fehlt. Jeder Mensch gelangt also zu einem anderen „guten" und erträumten Lebensziel. Und weil durch den fortschreitenden Individualismus auch die Philosophie die Frage nach dem guten Leben nicht mehr verwissenschaftlichen kann, verschwindet diese Frage für lange Zeit aus den philosophischen Lehrstühlen der Universitäten.

Seit einiger Zeit scheint das allerdings nicht mehr zu gelten. Denn plötzlich war sie da. So rund um die Jahrtausendwende. Die unerwartete Renaissance der Frage nach dem guten Leben.

Aber warum? Was sind die Gründe dafür, dass Philosophen wieder reden und schreiben und Menschen wieder zuhören und lesen wollen.

Die Philosophin Dagmar Fenner sieht außer- und innerphilosophische Ursachen. Generell sei es das „allgemein gewachsene Bedürfnis nach Handlungsorientierung" und zudem auch die neue Verständlichkeit der einfacher formulierenden Philosophen.

Andere Philosophen sehen die Krise der Moral im weiteren Sinne als Ursache für die Wiederbeschäftigung mit der Frage nach dem guten Leben. Eine Krise, die aus meiner Sicht durch die zweite große Weltwirtschaftskrise ab 2008 zumindest mitausgelöst worden ist. Wenn zu viele Menschen gleichzeitig vom „So kann es nicht mehr weitergehen" sprechen, vergrößert sich das Potenzial zum grundsätzlichen Umbruch. Die einen sehen ihn mit Vernunft, die anderen treibt die Lust auf Unvernunft. So war es immer, und so wird es wohl immer sein.

Zunächst zur Vernunft: Diesem Konzept zufolge soll der Mensch vor allem sein Hirn einsetzen, genauer seinen Verstand – und er soll dabei immer versuchen, sich zu kontrollieren. Klingt nicht wirklich neu (Descartes!), dennoch ist ein Unterschied zur Zeit der göttlichen Ordnung klar erkennbar. Denn entscheidend ist nicht, jemandem zu dienen, sondern das Regelwerk für ein gutes, rationales Leben in sich selbst zu finden, und so viele Wünsche und Ziele wie möglich in seinem Leben umzusetzen, aber immer unter der Prämisse, dass der Weg dorthin dem Verstand gehorcht. Spontaneität oder fehlende Impulskontrolle sind unerwünscht, ausschlaggebend ist der eiserne Wille. Es geht also nicht um die spontan an- und einfallenden Wünsche, sondern um Ziele und Erfüllungen stets mit dem Blick auf das ganze Leben. Dazu bedarf es einer genauen Einschätzung von Zeitdimensionen und – vor allem – des permanenten Eingeständnisses von Endlichkeit. Das bedeutet natürlich auch immer wieder *Verzicht*. Verzicht auf den kleinen, spontanen Wunsch zugunsten der Erreichung eines der großen Lebensziele. Wobei diese Ziele nicht unabhängig nebeneinander, sondern in einer „vernünftigen" Verbindung zueinander stehen sollten. Denn es müssen auch Prioritäten gesetzt werden. Dazu ist eine gute Planung notwendig. Der Philosoph Martin Seel spricht von Konstellationen von Wünschen.[17] Die Wünsche sollten keinen illusionären Charakter aufweisen („Ich bin zwar schon im letzten Lebensdrittel, werde aber noch bei olympischen Spielen mitmachen.") und sinnvoll miteinander vereinbar sein.

Beim Hedonismus wählen Menschen den umgekehrten Weg: Das Wort *hēdonē* kommt aus dem Altgriechischen und kann kaum besser übersetzt werden als mit *Lust und Genuss*. Dieses Streben nach Lusterfahrung, so oft und so intensiv wie nur irgendwie möglich, soll hier nicht näher erläutert werden. Jede und jeder weiß, was gemeint ist. Faktum ist, dass die sogenannte hedonistische Theorie eine der philosophischen Grundvarianten für ein gutes Leben ist. Auch diese Lebensform ist aus der Antike bekannt. Nicht selten wird Gott selbst zum Verursacher erkoren, sei er es schließlich gewesen, der diese Lustbedürfnisse dem Menschen mitgegeben habe, was könne also verwerflich daran sein, das Angeborene auch auszuleben. Ein gutes Leben ist demnach umso besser, je größer die Anzahl lustvoller Erfahrungen innerhalb eines Gesamtlebens ist.

$$G = L / A$$

G (Gutes Leben) = umso höher,
je größer L (Lusterfahrung) oder
je kleiner A (Aufwand, um zur Lusterfahrung zu
gelangen)

Da schimmert als Lebensformel „Die Mischung macht's!" durch. Auf den ersten Blick mag das stimmen, auf den zweiten nicht unbedingt. So, wie nicht jeder Mensch ein aus bestimmten Eigenschaften zusammengeschüttetes Misch- oder Durchschnittswesen ist, so sind es auch die Theorien zum guten Leben in ihrer philosophischen Ausprägung nicht. Was dabei herauskommt, wenn Wissenschaften, die aufgrund fehlender Gesetzmäßigkeiten (nicht etwa wie in der Physik: Der Teller fällt vom Tisch auf den Boden, wenn ich ihn zu weit über den Tischrand schiebe = Gravitation!), streng genommen, keine Wissenschaften sind, zeigt die Ökonomie. Noch immer wird an den Volkswirtschaftslehrstühlen der Universitäten der „Homo oeconomicus" gelehrt, ein Kunstmensch, der immer rational handelt. Wissend, dass die Verhaltensökonomie viele der – mit der Aufrechterhaltung der Theorie des absolut immer ökonomisch sinnvoll agierenden Menschen entstandenen – mikroökonomischen Regeln längst widerlegt hat.

Neben jenen Menschen, die unter einem guten Leben ein eher hedonistisches oder ein rationales verstehen, gibt es auch jene, die ein an Gütern im allerweitesten Sinn orientiertes Leben als „gut" ansehen.

Ganz neu ist die aktuelle individuelle Suche nach dem Guten im 21. Jahrhundert natürlich dennoch nicht. Trotz all der früheren klaren Orientierungen vom Himmel herab dachte auch schon Sokrates, dass immer ein wenig Spielraum bleibe, wenn er die Menschen dazu aufforderte, in jedem Gespräch das eigene Denken zu überprüfen.

„Ein Leben ohne Selbstprüfung ist nicht lebenswert."[18] In anderen Übersetzungen heißt es sogar, dass man sich ein Leben ohne Selbstcheck „gar nicht verdient" habe.

Natürlich kann das auch übertrieben werden. Zeitgenossen, die tagtäglich – und es gibt sie – über die Für und Wider ihres momentan geltenden Lebensentwurfes sinnieren, sollen wenn möglich nicht zum Vorbild gereichen. Sehr oft – muss man bedauerlicherweise feststellen – gleiten diese bemitleidenswerten (kein Zynismus!) Einzelkämpfer ins Neurotische ab und landen mehr oder weniger lang im Zwang.

Versuch zum „objektiv" Guten

Bisher haben wir eher von subjektiven Theorien gesprochen, den Wünschen, Zielen und Bedürfnissen, die eine einzelne Person in sich trägt und mit deren zumindest teilweiser Erfüllung sie gerne ein an und für *sich* gutes Leben basteln würde. Legen wir aber die Betonung auf *an und für* sich, also auf das, was die deutsche Sprache unter „im Allgemeinen" versteht, wird es deutlich schwieriger mit der Definition des guten Lebens. Und man kann es drehen und wenden, wie man will, der Mensch wird immer auch auf der Suche nach etwas Allgemeingültigen sein. Ob das dann wissenschaftlich fundiert ist, ist ihm eher egal. Es sollte also doch etwas sein, worunter viele Menschen ein gutes Leben verstehen *könnten* – unabhängig von den individuellen Lebenszielen des Einzelnen. Etwas „objektiv" Gutes und Wertvolles. Hier landen wir sehr rasch bei Charles Taylor. Der 1931 in Montreal geborene Politikwissenschaftler und Philosoph sieht die Wurzeln für die Ratlosigkeit der Moderne ebenfalls in der späteren Neuzeit, als den Menschen schrittweise die „umfassende Ordnung" abhandengekommen ist. Taylor spricht von einer kosmischen Ordnung und einer Kette der Wesen. Wir haben diese Kette bereits erwähnt: Gott, Kirche, Hierarchien – und viel mehr ist da nicht. Der Verlust dieser

Ordnung leite eine Verengung des Lebens ein, so Taylor weiter. Eine Reduzierung vom großen Ganzen auf das Ich. Dass Menschen das Private zugunsten einer beruflichen Karriere opfern, ist nicht neu, dass aber heute viele meinen, sie *müssten* mit ihrem Leben so verfahren, weil es sonst ein vergeudetes wäre, stimmt schon längere Zeit nachdenklich.

Laut Taylor lande der Mensch so beim „Ideal der Authentizität". Ideal ist ironisch gemeint, wenn der kanadische Philosoph gleichzeitig darauf hinweist, wozu dieses ausschließliche Hören auf die eigene innere (Vernunft-)Stimme führe. Denn, wenn jeder seine eigene Wahrheit in sich spürt, degradiert er damit alle anderen zu Instrumenten für sein eigenes Wohlbefinden, also für sein eigenes gutes, aber für andere gar nicht so gutes Leben. Es entsteht eine Welt von Einzelkämpfern oder eine fragmentierte Gesellschaft.

Da liegt die Vermutung nahe, dass die gesamte Gesellschaft, jede Vereinigung, ja jede politische Partei für diesen Einzelkämpfer, diese Einzelkämpferin instrumentalisiert wird. Wie kann dann aber ein *gemeinsamer* Zweck einer Gesellschaft definiert werden?

Für Taylor ist das nur dann möglich, wenn diese Selbstverwirklichung, nennen wir sie hier eine *Selbstverwirklichung ohne Rücksicht auf (andere) Verluste*, von einem Gefühl für das wirklich Wichtige begleitet wird. Es sollte also bei jeder individuellen Entscheidung etwas mitschwingen, von dem man spürt, dass es eine gewisse *allgemeine* Bedeutung hat. Oder noch präziser formuliert: Man sollte in der Lage sein, genau das herauszufinden, was einem in ganz bestimmten Punkten von anderen unterscheidet, warum es einem wichtig und warum dieses *Unterschied machen zu anderen* grundsätzlich bedeutend ist.

„Anders formuliert, die eigene Identität kann ich nur vor dem Hintergrund von Dingen definieren, auf die es ankommt. Wollte ich jedoch die Geschichte, die Natur, die Gesellschaft, die Forderungen der Solidarität und überhaupt alles ausklammern, was ich nicht in meinem eigenen Inneren vorfinde, so würde ich alles ausschließen, worauf es möglicherweise ankommen könnte. Nur wenn ich in einer

Welt lebe, in der die Geschichte, die Forderungen der Natur, die Bedürfnisse meiner Mitmenschen, die Pflichten des Staatsbürgers, der Ruf Gottes oder sonst etwas von ähnlichem Rang eine ausschlaggebende Rolle spielt, kann ich die eigene Identität in einer Weise definieren, die nicht trivial ist."[19]

Aber was sind nun objektive „Güter", die – sollte man sie zur Verfügung haben – zu einem guten Leben führen?

Selbstverständlich sind darunter auch

materielle Güter

zu verstehen. Es stimmt *nicht,* dass bestimmte Dinge, so man sie sich schon länger wünscht und irgendwann hat, nicht glücklich machen. Sie schaffen das manchmal sehr wohl, zumindest für eine gewisse Zeit. Dann muss wieder etwas Neues her. Doch davon, warum welche Dinge glücklich machen, allerdings nicht für immer und überhaupt zur Frage, was ist Glück und was führt dorthin, etwas später im Kapitel *Glück.*

Weiters führen

anthropologische Güter,

so man sie hat, ziemlich sicher zu einem besseren Leben. Darunter sind etwa spezielle Fähigkeiten und Eigenschaften zu verstehen, die man *hat* oder gerne besitzen würde, um bestimmte menschliche Grundbedürfnisse stillen zu können. Abraham Maslow hat auf vereinfachende Weise in seiner Bedürfnispyramide versucht, diese menschlichen Bedürfnisse zu beschreiben. Seine Hierarchie der Bedürfnisse basiert auf vielen Experimenten und bestimmten klinischen Befunden bei physisch Kranken.

Abraham H. Maslow. „Motivation and Personality", 1954

Auch

konstitutive Güter[20]

sind Bestandteile eines guten Lebens:

- Gesundheit und Schmerzfreiheit,
- die Fähigkeit, Fantasie und Denkvermögen zu gebrauchen,
- die Fähigkeit zur sozialen Integration,
- Arbeit und politische Mitbeteiligung,
- Spiel und Erholung,
- die Fähigkeit zur Freiheit der Selbstbestimmung.

Und schließlich wollen wir noch auf die vierten „objektiven" Güter eingehen, die zumindest jene gerne in sich tragen würden, für die der Weg des guten Lebens mit Schwärmerei, Verträumtheit, Fantasie,

Idealen, Feingefühl und Feinsinnigkeit, Zartbesaitung und einer gehörigen Portion Realitätsferne gepflastert ist:

die romantischen Güter.

Aufgekommen vor 300 Jahren mit dem 1712 in der Schweiz geborenen Philosophen und Pädagogen Jean-Jacques Rousseau, zeigt sich dieses gefühlsbetonte Handeln letztlich bis heute als *ein* möglicher Weg, um ein gutes Leben zu führen. Die Gefühle und nicht die Vernunft führten zu Sinnstiftung, lehrte Rousseau, und dieser sinnstiftende Wert rage über den einzelnen Menschen hinaus. Gemeint sind das Schöne, die Kunst, die Erkenntnis, das Humane an sich – und natürlich auch das weit über Gefühle und Einzelinteressen des Menschen Hinausragende: die Religion, das Soziale und die Liebe.

Auch Menschen, die ihr Leben für eine gerechtere Welt aufs Spiel setzen, Menschen, für die die Vernunft nie Endzweck, sondern maximal Mittel zum Erreichen eines wirklich großen Gefühls ist, gehen den romantischen Weg. So gesehen, ist dieser romantische Weg auch klar abgrenzbar von seinem hedonistischen Bruder. Die Sinnstiftung ragt weit über das einzelne Ich hinaus.

Soweit also zur Theorie, den subjektiven und objektiven Varianten für ein gutes Leben aus Sicht der Philosophie. In der knappest möglichen Form.

Jedenfalls scheinen diese verschiedenen Wege zum guten Leben kulturell tiefer verankert zu sein, als manchen heute noch lieb ist. Das Denken der Eltern, Großeltern, Ur- und Ur-Ur-Generationen so einfach abzulegen, gelingt wenigen, viele wollen es auch gar nicht. Und so landen doch einige von uns in einem der kulturell vorgesehenen Lebenswege. Interessant ist in diesem Zusammenhang ein Aufsatz des Salzburger Philosophen Michael Zichy, der für jeden Menschentypen auch die passenden „Anweisungen" der Alten gefunden hat: von „Sei vernünftig!" (der rationale Typus) über „Carpe diem!" (der Hedonist) bis zu „Folge deinem Herzen!" (der romantische Typ).[21] Imperative, die für jeden von uns „nach wie vor zu spüren seien". Das „Du lernst nicht für mich, sondern fürs Leben!" meiner mich schultechnisch dominierend aufziehenden Großmutter hallt bis heute nach (rationalistischer Ansatz). Auch das von Oma stets an Sonntagen gepredigte: Heute früher schlafen gehen, denn „morgen beginnt wieder der Ernst des Lebens". Oder das „Eine ordentliche Tanzschule ist für einen 16-Jährigen mindestens so wichtig wie gute Noten!" meines Vaters (hedonistisch). Mit dem Imperativ „Nie lügen und immer deine Gefühle zeigen!" (romantisch) meiner hochgeschätzten Mama wollen wir die Theorie belegende Praxisbeispiele fürs Erste aber auch schon wieder abschließen.

Gegen Ende des letzten Jahrtausends schien die Sache klar. Ein gutes Leben können alle führen, die das Glück gefunden haben. Also alle, die die Frage: „Sind Sie glücklich? / Bist du glücklich?" mehr oder weniger verzögerungsfrei mit „Ja" beantworten können.

Was lag also näher als der Schluss, wenn jede Einzelne, jeder Einzelne glücklich ist, dann wird wohl auch eine gesamte Nation, eine Volkswirtschaft, glücklich sein? Und so explodierte die Zahl der Glücksforscher – sowohl in der Populärpsychologie als auch in der Ökonomie. Zum einen sollte das Individuum in Glücksratgebern erlernen können, wie es rundum glücklich werden könnte, in „Fachkursen" diverser Glücksexperten wurde man Sorgen und Geld los, das Geschäft florierte. Zum anderen traten mit zeitlichem Abstand die Ökonomen auf den Plan. Glücksforscher, wohin das wissenschaftliche Auge auch blickte. Bruttonationalglück statt Bruttonationalprodukt.

Das Königreich Bhutan in Südasien ist weltweit nach wie vor das einzige Land auf Erden, das den Wohlstand, den sein Volk genießen darf, mittels Bruttonationalglück (BNG) misst. Bald dreihundert Jahre (seit 1729) heißt es dort sinngemäß in der Verfassung: *Schafft eine Regierung für sein Volk kein Glück, dann hat diese auch keine Existenzberechtigung.*

Wohlstand statt Wachstum – und das vor knapp drei Jahrhunderten.

Der einzige Haken: Was Glück erzeugt, bestimmt der Staat. Politik und Wirtschaft sollen drei Ziele erreichen:

- eine sozial gerechte Gesellschaft,
- Kultur und Religion müssen bewahrt und gefördert werden,
- Umweltschutz und Nachhaltigkeit.

Die Regeln macht der Staat – allerdings, und darauf ist man recht stolz: basierend auf alle fünf Jahre durchzuführenden Umfragen mittels Fragebogen, in denen den Bürgern von Bhutan entlockt werden soll, was sie denn nun wirklich glücklich mache.

Womit wir uns im Kreis gedreht haben. Was, wenn der Einzelne nicht genau weiß, was ihn glücklich macht? Und auch wenn er es für sich ganz allein und vielleicht für seine Familie weiß, was, wenn diese Vorstellungen schon denen widersprechen, die der Straßennachbar gegenüber hat? Oder noch schlimmer, wenn jene Maßnahme, die das Glück des einen steigert, der andere als Nachteil, also als Glücksschrumpfung bilanziert?

Wenn das gute Leben Glück bedeuten würde, dann müsste es also allgemeingültige Regeln geben, die alle glücklich machen.

Womit wir neuerlich bei der Grundfrage angelangt sind: Finden wir allgemeingültige Regeln für ein *gutes Leben*, und wenn ja, sind sie über Glückszustände definierbar?

Dazu müssen wir uns an einen Definitionsversuch herantasten.

GLÜCK

Was ist Glück?

„Glück ist eine positive, lang anhaltende Stimmung aufgrund der Beurteilung des eigenen Lebens als eines guten"[22], meint Dagmar Fenner. So gesehen wäre ein *gutes Leben* Grundvoraussetzung für Glück, aber dazu wird es erst dann, wenn wir nicht in einer Momentaufnahme urteilen, sondern über einen längeren Zeitraum hinweg „glücklich" sind. Ganz schön viel verlangt. Das Glück gibt's also nicht billig.

Aber es wird noch komplexer. Ein *gutes Leben* kann man vielleicht durch bestimmte Verhaltensweisen, geistige Übungen, ja vielleicht sogar über neue Gewohnheiten irgendwie erlernen. Das heißt aber noch lange nicht, dass wir dann glücklich sind. Glück ist nicht erwerbbar.

Gerade heutzutage werden wir sehr oft mit *guten* Menschen konfrontiert. Einige wenige nerven derartig, dass sie es geschafft haben, in ihrer Gesamtheit verunglimpft zu werden. Seit Jahren ist es ein großes Rätsel dieser Gesellschaft, wie es gute Menschen geschafft haben, durch ihr Denken, zum Teil auch durch ihr Handeln unbewusst ein Schimpfwort kreiert zu haben.

Du Gutmensch!

Erst exakt zur Jahrtausendwende hat es der Gutmensch in den Rechtschreibduden geschafft. Dort heißt es über ihn: *ein (naiver) Mensch, der sich in einer als unkritisch, übertrieben, nervtötend oder*

ähnlich empfundenen Weise im Sinne der Political Correctness verhält,
sich für die Political Correctness einsetzt.

Wofür? Ja, was bedeutet sie eigentlich, die Politische Korrektheit. Der Ausdruck kommt aus dem Englischen und versteht unter einem politisch korrekt kommunizierenden und/oder handelnden Menschen eine Person, die bestimmte Gruppen von Menschen nicht kränkt, beleidigt, verbal verletzt. Vor allem sind geschlechtsspezifische, hautfarbenbezogene oder auf die religiöse oder auch die sexuelle Einstellung bezogene Ausdrücke gemeint. Die „Political Correctness" lebt erst rund drei Jahrzehnte unter uns, zuerst in den USA, später auch hierzulande. Irgendwann riefen die politisch Rechten *Zensur* und sahen eine Einschränkung der Meinungsfreiheit, wenn jemand aufgrund bestimmter „inkorrekter" Ausdrucksweisen in der Öffentlichkeit gerügt worden war. Sie drehten den Spieß also um. Das wahre Inkorrekte sei das *Nicht mehr (sagen) dürfen.*

„Gutmenschen" würden im Unterschied zu wirklich guten Menschen ihre Einstellung vor sich hertragen, bevorzugt in Medien oder einer anderen Öffentlichkeit. Sie geben Interviews, die sie nicht selten selbst initiiert haben – meist über Umwege – und kommunizieren in Permanenz. Wenn nicht sprechend, dann über Twitter, Facebook, Instagram, in Blogs und in welchen auch immer noch zu schaffenden Kommunikationsplattformen. Sie reden also viel – und meist über sich selbst. Das, *was* sie sagen, ist durchaus nachvollziehbar und meist tatsächlich auch das, was es sein sollte: GUT.

Aber es stimmt schon, dass es nervt, wenn die Gutes sprechende Person ihre Taten ständig mit sich selbst in Verbindung bringt. Und bedauerlicherweise handelt es sich oft eben nicht um Taten, sondern nur um Worte. Und diese – damit befindet man sich dann wirklich auf dem besten Weg zum *Gutmenschen* – formuliert und vorgetragen in sehr belehrender Form.

Erstmals schaffte es der Gutmensch übrigens in den 1990er-Jahren in Deutschland in die Schlagzeilen. Der Kulturjournalist Kurt Scheel definierte den Gutmenschen sinngemäß als berufsmäßigen

Moralisten, über den man schon mal süffisante Heiterkeit erzeugende Bemerkungen machen könne. Und schon vor mehr als einem Vierteljahrhundert, 1994, veröffentlichten Gerhard Henschel und Klaus Bittermann das erste „Wörterbuch des Gutmenschen" – mit dem Untertitel: „Zur Kritik der moralisch korrekten Schaumsprache".

Dann geriet der Ausdruck aus den Schlagzeilen, aber seit 2015, dem Jahr der Flüchtlingsströme nach Europa, ist der Gutmensch wieder da. Stärker und heftiger als je zuvor. Jetzt ist er endgültig zum Kampfbegriff mutiert. Alle, die sich für Flüchtlinge engagieren, ob Bürgerinnen und Bürger quer durchs Land, ob Hilfsorganisationen, ob Interessensvertretungen oder politische Parteien, werden teils auf das Ärgste verspottet. Wie absurd und ungerecht! Und so muss man heute tatsächlich konstatieren:

Zu viel des Guten wird nicht mehr als gut empfunden.

Und im Jänner 2016 wurde der Gutmensch in Deutschland zum „Unwort des Jahres" gekürt. Das Wort verhindere einen demokratischen Austausch von Sachargumenten, war das Hauptargument in der Begründung der Darmstädter Jury.

Unglaublich. Und bedenklich.

Gut nur noch *böse*? Wie kann so etwas passieren?

Seit sich Menschen aus aller Welt in Massen auf den Weg machen, um weit ab von ihrer Heimat ein wirtschaftlich halbwegs besseres Leben oder zumindest eines ohne Krieg zu suchen, werden jedenfalls Erklärungsversuche der einen für die jeweils andere Seite von Jahr zu Jahr inakzeptabler. Die einen halten die Suche nach einem sicheren, aber auch wirtschaftlich besseren Leben für gerechtfertigt und sich selbst deshalb für eher gute Menschen, für die anderen sind sie gerade deshalb naive Fantasten, die mit der sogenannten Willkommenskultur die westliche Gesellschaftsstruktur zerstören und den Untergang des Abendlandes nicht nur in Kauf nehmen, sondern beschleunigen.

Dazwischen ist – nichts.
Schwarz-Weiß, Grautöne verschwunden.

In einem Artikel in der NZZ aus dem Jahr 2016 heißt es: „Niemand würde sich selbst als Gutmenschen bezeichnen, denn im Wort Gutmensch verschmilzt der Mensch mit seiner Moral: Er kann gar nicht mehr anders, als gut sein, und damit erhebt er sich über alle anderen. Dies zumindest unterstellen ihm jene, die ihn so nennen."[23]

„Wer von den Gutmenschen hat denn bei sich selbst Flüchtlinge zu Hause?", ist ein viel strapaziertes Argument. Kann man gut denken, ohne gut zu handeln?

Ist ein Leben gut, dass nur *an und für sich* gut ist?

Lassen wir diese Fragen für den Moment noch so stehen. Antworten sollte das Kapitel über wirklich weise Menschen bringen.

Angesichts dieser aktuellen Debatte erscheint die Aufgabe, ein *gutes Leben* zu führen, noch schwieriger bis unmöglich. Wenn schon ein Gutmensch kein guter Mensch mehr ist, was ist dann überhaupt gut? Warum ist überhaupt Gutes und nicht vielmehr nichts, erlaubt man sich in freier Anlehnung an des Philosophen Martin Heidegger berühmten Ausspruch frei zu dilettieren.

Aber wir wollen nicht aufgeben.

Vielleicht führen uns die Wege zum guten Leben doch über das Glück.

Wird das gesamte Leben als gut empfunden, entsteht ein positiver, lang anhaltender Zustand. Positive Grundstimmungen als roter Lebensfaden zum Unterschied von kurzfristigen Gefühlsregungen, wie etwa der Freude. Glück wäre dann laut Dagmar Fenner eine Art Summe von Stimmungen, die als „atmosphärische, relativ stabile Hintergrundtönungen des gesamten Erlebens, … sämtliche Gefühlsregungen eines Menschen … einfärben"[24].

Auf jeden Fall ist Glück ein höheres Ziel. Ein Ziel auf einer höheren Stufe als Hedonismus. *Nicht* mit Glück gemeint ist hier selbstverständlich jenes Glück, das man *hat* oder eben erfahren *hat*. Weder also der Lottogewinn noch der in letzter Sekunde vermiedene Zusammenstoß zweier Autos im Straßenverkehr. Viele Sprachen haben deshalb zwei Worte für Glück. Eines, wenn man glücklich *ist* (*happiness/bonheur*), und das andere, wenn man Glück hatte oder hat (*luck/fortune*).

Zum dauerhaften Glück ist für Dagmar Fenner jedenfalls *ein individueller Lebensplan* notwendig, der ein Netzwerk von vagen Idealen und vielen Teilplänen beinhaltet. Denn der Genuss könne und dürfe nicht zur primären und ausschließlichen Orientierungsgrundlage eines glücklichen Lebens arrivieren, wie sie für pathologische Existenzweisen typisch sei. Allerdings, so wird nochmals gewarnt, müsse man immer dem Umstand Rechnung tragen, dass die objektiven Lebensbedingungen und die subjektive Lebenszufriedenheit „oft nur schwach korrelieren"[25].

Was bedeutet das? Glücklich *sein* kann man nur, wenn man einsieht, dass bestimmte Dinge nicht beeinflussbar sein können, und man deshalb mit sich zufällig ereignenden, unvorhersehbaren Begebenheiten, ja auch mit Schicksalsschlägen „gut umgehen" muss. Nur wenn das gelingt, kann Glück beständig sein.

In der Wissenschaft hatte das Glück seinen ersten Höhenflug Mitte der 1990er-Jahre. Gemeint ist die Psychologie, die dieses Thema bis dahin eher gemieden hat. Da ohnehin nicht erforschbar, sollten doch die Theologen und Philosophen mit diesem Teil der „Wissenschaft" glücklich werden. Man werde es ihnen nicht streitig machen. Bis Martin Seligman kam. Der US-amerikanische Sozialpsychologe richtete eine recht einfache Frage an seine Zunft:

Weshalb immer mit dem Unglück befassen?

Warum fragt ihr Menschen immer nur danach, was sie unglücklich und letztlich krank mache (und wohl noch viel öfter danach: krank gemacht habe)?, ruft er den Psychologen zu. Es wäre doch höchst an der Zeit, die Frage zu drehen und sie dann *den Menschen* zu stellen, die glücklich *sind*:

Was war es denn, das sie glücklich hat werden lassen? Welche Dinge haben Menschen getan oder gedacht, die sie glücklich gemacht haben?

Zwar nicht ein neues Begriffspaar, dafür eine gesamte neue Forschungsrichtung war geboren. Die

Positive Psychologie

Das Begriffspaar hat erstmals der US-amerikanische Psychologe Abraham Maslow im Jahre 1954 erwähnt. Zu einem Forschungszweig aufgebaut, wurde die Positive Psychologie aber erst rund vier Jahrzehnte später durch Martin Seligman. Er stellte die nur auf den ersten Blick recht schlichte Frage:

Was macht das Leben lebenswert?

Diese Frage näherte sich erstmals von der anderen Seite an, also nicht darüber, wie ich Unglück vermeiden und hoffen kann, dass sich dann Glück von selbst einstellt, sondern mit der Fragestellung: Was kann ich aktiv tun, um glücklich oder zumindest zufriedener zu werden?

In ihrem 2004 erschienenen Buch „Character Strengths and Virtues" (Charakterliche Stärken und Fähigkeiten) haben die Psychologen Christopher Peterson und Martin Seligman den Versuch unternommen, einen personifizierten Vorbildcharakter zu modellieren. Also einen Menschen zu beschreiben, der 24 Charaktermerkmale aufweist, mit denen man eigentlich glücklich werden sollte. Ein wenig viel fürs menschliche Glück, aber vielleicht kommt man diesem ja auch mit der Hälfte des 24er-Programms ein wenig näher. Wobei beide Wissenschaftler davon ausgehen, dass der Charakter beeinflussbar ist.

Diese 24 Charakterstärken teilen die beiden in sechs (Tugend-) Untergruppen ein. An dieser Stelle sei eine Zusammenfassung auf Deutsch eingefügt, die an der Universität Zürich am Lehrstuhl für Persönlichkeitspsychologie und Diagnostik immer wieder aktualisiert wird.[26]

Weisheit und Wissen:

Kognitive Stärken, die den Erwerb und den Gebrauch von Wissen beinhalten.

1. Kreativität: neue und effektive Wege finden, Dinge zu tun.
2. Neugier: Interesse an der Umwelt haben.
3. Urteilsvermögen: Dinge durchdenken und von allen Seiten betrachten.
4. Liebe zum Lernen: neue Techniken erlernen und Wissen aneignen.
5. Weisheit: in der Lage sein, guten Rat zu geben.

Mut:

Emotionale Stärken, die mittels der Ausübung von Willensleistung interne und externe Barrieren zur Erreichung eines Zieles überwinden.

6. Authentizität: die Wahrheit sagen und sich natürlich geben.
7. Tapferkeit: sich nicht Bedrohung oder Schmerz beugen, Herausforderungen annehmen.
8. Ausdauer: beenden, was begonnen wurde.
9. Enthusiasmus: der Welt mit Begeisterung und Energie begegnen.

Menschlichkeit:

Interpersonale Stärken, die liebevolle, menschliche Interaktionen ermöglichen.

10. Freundlichkeit: Gefallen tun und gute Taten vollbringen.
11. Bindungsfähigkeit: menschliche Nähe herstellen können.
12. Soziale Intelligenz: sich der Motive und Gefühle von sich selbst und anderen bewusst sein.

Gerechtigkeit:

Stärken, die das Gemeinwesen fördern.

13. Fairness: alle Menschen nach dem Prinzip der Gleichheit und Gerechtigkeit behandeln.
14. Führungsvermögen: Gruppenaktivitäten organisieren und ermöglichen.
15. Teamwork: gut als Mitglied eines Teams arbeiten.

Mäßigung:

Stärken, die Exzessen entgegenwirken.

16. Vergebungsbereitschaft: denen vergeben, die einem Unrecht getan haben.
17. Bescheidenheit: das Erreichte für sich sprechen lassen.
18. Vorsicht: nichts tun oder sagen, was später bereut werden könnte.
19. Selbstregulation: regulieren, was man tut und fühlt.

Transzendenz:

Stärken, die uns einer höheren Macht näherbringen und Sinn stiften.

20. Sinn für das Schöne: Schönheit in allen Lebensbereichen schätzen.
21. Dankbarkeit: sich der guten Dinge bewusst sein und sie zu schätzen wissen.
22. Hoffnung: das Beste erwarten und daran arbeiten, es zu erreichen.
23. Humor: Lachen und Humor schätzen; die Leute gerne zum Lachen bringen.
24. Spiritualität, Glauben: kohärente Überzeugungen über einen höheren Sinn des Lebens haben.

Ist doch ganz einfach. Wenn unser „armer" Charakter reich an diesen 24 Eigenschaften ist, werden wir glücklich. Kleine Nebenbedingung: Auch die bald anderen acht Milliarden Erdenbürger sollten über diesen moralischen Reichtum verfügen. Es würde schon genügen, würde unsere nähere Umgebung, von der Familie, den Verwandten und Freunden bis zu den Arbeitskollegen, Teile dieses 24er-Charakterpakets von Geburt an mitbringen oder sich diese zumindest in den letzten Jahren angeeignet und verinnerlicht haben.

Grundsätzlich ist es zu begrüßen, dass die Positive Psychologie umgedacht und einen Glücksraster entworfen hat, der uns schon eine Richtschnur sein könnte. „Was aber", ist im Magazin „Psychologie Heute" zu lesen, „was aber, wenn wir nicht voller Neugierde und Tatendrang sind, sondern nur gestresst und müde? Was, wenn wir leider keine Tätigkeit ausüben, die uns in einen Flowzustand versetzt, der uns die Welt um uns herum vergessen lässt?"[27] Was, wenn wir keine verlässlichen Freunde, keinen Mann oder keine Frau haben, kein Geld und keinen Arbeitsplatz? Ja, dann müssen wir unser Leben eben selbst in die Hand nehmen und uns das Glück erarbeiten.

Unglückliche Umstände lassen sich eben nicht in Glückszustände transformieren. Weder durch erlernen noch üben noch meditieren, laufen oder sonst irgendein Ausweichmanöver.

Der US-amerikanische Universitätsprofessor für Englische Literatur Eric G. Wilson[28] stellt schließlich die Killerfrage:

Warum müssen wir eigentlich glücklich sein?

Ob das denn in der Bibel stehe oder in der Verfassung? Nein, der Blues der Seele sei es, der in einer Welt der unverwüstlich guten Laune heilsam sein könne. Denn er mache uns menschlicher.

Oder wie es in der Beschreibung seines Buches „Unglücklich glücklich" heißt: „Wir sind süchtig nach Happiness, verschlingen Wellness-Ratgeber und schlucken Glückspillen. Wer niedergeschlagen ist, gilt als angeschlagen, wer melancholisch ist, wird angezählt, wer depressiv ist, dem droht das soziale K.o."[29]

Fehlt einem oder einer die Grundausstattung zum Glück, also wesentliche Teile des 24er-Pakets, wäre dann eigentlich das Glück auch zu *erlernen?* Literaturprofessor Wilson beschreibt in seinem Buch einen Selbstversuch.

„Auf Geheiß wohlmeinender Freunde kaufte ich Bücher zum Thema Glücklichsein. Ich bemühte mich, meinen chronisch finsteren Blick in ein breites Lächeln zu verwandeln. Ich versuchte, aktiver zu werden, mein düsteres Haus und die tristen Bücher zu verlassen und an der Welt sinnvoller Action teilzuhaben. Ich fing an zu joggen und kaufte mir einen Palm und ein Handy. Ich gewöhnte mir an, so oft wie möglich ‚toll‘ und ‚super‘ zu sagen. Ich begann Salat zu essen. Ich besuchte Yogakurse. Ich hörte mit Yoga auf und besuchte Tai-Chi-Kurse. Ich erwog, einen Psychiater aufzusuchen und mir Medikamente verschreiben zu lassen. Ich habe all das wieder aufgegeben, wieder damit angefangen und es dann noch einmal aufgegeben … Momentan beabsichtige ich nicht, noch einmal anzufangen. Die Straße zur Hölle ist mit erfolg- und glücksversprechenden Plänen gepflastert." [30]

Die deutsche Psychologin Ursula Nuber formuliert es so: „Wir versuchen möglichst viel richtig zu machen, um in den Genuss eines guten, glücklichen Lebens zu kommen … Der Ertrag ist meist mager, statt das Leben glücklich zu genießen, kämpfen wir nach wie vor mit Depressionen, Einsamkeitsgefühlen, Ängsten, leiden unter Essstörungen oder trinken und rauchen zu viel. Wir ärgern uns immer noch über die Kollegin und streiten uns mit dem Partner. So sehr wir uns auch anstrengen, so viele Glücksangebote wir auch ausprobieren – wir werden einfach nicht glücklicher." [31]

Die Suche nach dem Glück macht uns also doch nicht glücklicher. Das ist kein Fazit aus dem Bauch heraus, sondern mit Zahlen festzumachen. Noch Ende der 1970er-Jahre wurde rund jeder fünfzigste Deutsche, Österreicher oder Schweizer aufgrund psychischer Probleme krankgeschrieben. Heute ist es mehr als jeder sechste.

Laut DAK-Gesundheitsreport 2017 kommen im Ranking der zehn wichtigsten Krankheitsarten an den Arbeitsunfähigkeitstagen nach Beschwerden des Muskel-Skelett-Systems bereits an zweiter

Stelle psychische Erkrankungen. Danach folgen Beeinträchtigungen des Atmungssystems, Verletzungen, Beschwerden des Verdauungssystems, Neubildungen, Infektionen, Kreislaufprobleme, Erkrankungen des Nervensystems, der Augen und Ohren sowie unspezifische Symptome.

In Österreich ist die Zahl der psychischen Erkrankungen innerhalb von nur drei Jahren (2016–2018) um unglaubliche zwölf Prozent gestiegen. Im Laufe eines Jahres leidet mittlerweile jeder fünfte Österreicher an einer Krankheit der Psyche, meist sind es Depressionen oder Angststörungen. In der Schweiz ist diese Zahl exakt gleich hoch. In Deutschland sind inzwischen sogar knapp 28 Prozent der erwachsenen Bevölkerung von einer psychischen Erkrankung betroffen. Das entspricht rund 18 Millionen Menschen. Und von diesen nimmt nicht einmal jeder Fünfte professionelle Hilfe in Anspruch.[32] Glück allein macht Menschen nicht glücklich. *Warum* ist das so?

Die sinnlose Suche nach dem Glück

War also wirklich alles vergeblich?

Unsere so anstrengende und intensive Suche nach dem Glück?

Rund ein Jahrzehnt nach der Wende zum dritten Jahrtausend kommen die ersten kritischen Glücksbücher auf den Markt. Mit indirekten Aufforderungen, die in den letzten Jahren erworbenen Glücksanleitungen doch wieder aus dem Fenster zu werfen:

„Wer dem Glück hinterherrennt, läuft daran vorbei.“[33]

Neu ist die Warnung vor der krampfhaften Suche nach dem Glück keineswegs, schon die alten Griechen wussten das. Wir erinnern uns, Eudaimonia ist eine Art „Glückseligkeit“ anstatt nur Glück. Im 19. Jahrhundert beschreibt Arthur Schopenhauer Glück als den angeborenen Irrtum des Menschen und empfiehlt, wenn man sich schon auf Glückssuche begebe, dann sollte man mittels Ausbildung zu einer gereiferten Persönlichkeit gelangen, statt Besitz und Ansehen nachzulaufen. Die größten Hürden am Weg zum Glück seien Schmerz und Langeweile.

Der befreundete zeitgenössische Künstler mag ihm da widersprechen, wenn er sagt: „Nur in der Langeweile entsteht Kreativität."

Ebenfalls im 19. Jahrhundert fällt Friedrich Nietzsche richtiggehend über die Glücksfanatiker her. Es könne nicht das Glück *an sich* das letzte Ziel der Menschen sein, weil damit alle Menschen gleich gemacht würden, worin er eine Gewalttat sehe. Bei ihm ist das Glück nicht außen anzustreben, sondern innen. Eine Innerlichkeit, die jedem Menschen immanent ist. Glück besteht für den deutschen Philosophen aus dem „Gewohnten", der Symbiose „Schönheit und Ruhe" sowie der „Freude am Unsinn". Es geht ihm dabei immer um das individuelle Glück, nie solle der Mensch die reine Tradition suchen, jene, die das Glück als allgemeingültigen Begriff interpretiert.

Der australische Psychotherapeut und Allgemeinmediziner Russ Harris formuliert eine klare Botschaft: Glück ist nicht machbar. Im Sinne von nicht erzeugbar, nicht herstellbar. Immer mehr wissenschaftliche Forschungen würden klar belegen, dass „wir alle in einer mächtigen psychologischen Falle gefangen sind"[34]. Das Problem sei die gute Tarnung dieser psychologischen Falle, sodass wir nicht einmal ahnen, darin gefangen zu sein. Russ Harris bietet als einzigen Ausweg aus dieser „Glücksfalle" die sogenannte Akzeptanz- und Commitment-Therapie (ACT) an. Ohne sie hier in irgendeiner Art und Weise bewerten zu wollen, aber sind es nicht genau diese eindimensionalen Antworten, die den meisten Menschen schön langsam zum Hals heraushängen? Mache dies oder jenes, und du hast deinen Weg gefunden.

Was nicht heißen soll, dass ACT nicht bei einigen, vielleicht auch bei vielen Glücksuchenden funktioniert, aber eine einzige Methode kann nie Allgemeingültigkeit erlangen. Dazu kommt, dass es sich um eine Psychotherapie handelt, die mittels bestimmter Techniken (von buddhistischer Meditation bis zur Verhaltenstherapie) versucht, den Patienten von seinen dysfunktionalen Kontrollproblemen zu befreien. Dabei geht es vor allem darum, unangenehme Empfindungen zulassen zu können, was durchaus dem, worum es im Folgekapitel gehen wird, nahekommt. Dennoch. Es ist eine Psychotherapie. Und das sei an dieser Stelle klar gesagt. Darum geht es nicht in diesem Buch. Alles, worüber wir hier schreiben, richtet sich an Menschen, die nicht unter einer mehr oder weniger starken psychischen Erkrankung leiden.

Ärztliche Hilfe kann nie durch Bücher ersetzt werden, auch nicht durch Dr. med. Google. Das oft panische Aufsuchen diverser Online-Seiten zu medizinischen Fragen ist schon zu Diagnosezwecken gefährlich und kann bei Therapieideen lebensbedrohlich sein. Doch das ist eine andere Geschichte.

Handlungsziele und Glücksgefühle

Viele verwechseln konkrete Ziele und Glücksgefühle. Konkrete Ziele können durchaus erreicht werden. Beim Kind, weil entweder vom Christkind gebracht, beim Erwachsenen, weil vermutlich erarbeitet, gespart und schließlich gekauft. Aber ist es wirklich ein Glücksgefühl, das sich einstellt, wenn wir das Ersehnte erstmals in Händen halten? Beim Kind ja, beim Erwachsenen eher kaum. Ein kurzer Augenblick der Freude, das wohl. Vielleicht sogar mehrere, weil die neue Anschaffung tatsächlich für einige Zeit als neu empfunden wird. Aber hält dieser Zustand an? Freuen Sie sich wirklich noch immer diebisch, wenn Sie zum 15. Mal in Ihr neues Auto einsteigen oder wenn Sie zum 25. Mal Ihr neues Smartphone in Betrieb nehmen? Natürlich nicht. Und das ist auch bei Kindern zu beobachten. Die Ausstrahlungskraft von Spielzeug wird kurzfristiger, die Produzenten wissen das, ändern immer schneller die äußere Form und hinken dennoch den YouTube-Stars im Netz weiter hinterher. Wer hier weltweit, die Zugriffe betreffend, vorne steht, kann die Originalität wieder weit zurückschrauben. Es genügt, ein neues T-Shirt mit neuem Logo in selbstverständlich limitierter Ausgabe auf den Markt zu bringen. Und zwar nicht irgendwann, sondern etwa um Punkt null Uhr, weltweit im Netz – und Millionen von Kindern und Jugendlichen zählen die Stunden und Minuten bis Mitternacht, so sie so lange aufbleiben dürfen. Aber ein Nein ist bei einem so wichtigen Ereignis für Eltern kaum durchsetzbar. Selbstverständlich stehen viel mehr T-Shirts und nicht nur „1000 Stück" zur Verfügung. Die Mütter und Väter rund um den Globus werden aber nie erfahren, ob ihre Kinder nun zu den 1000 oder vielleicht doch zu den 100.000 Glücklichen gehören, deren Eltern zu mitternächtlicher Stunde mitteleuropäischer Zeit das T-Shirt eines US-YouTube-Influencers zu völlig überzogenem Online-Preis erworben haben.

Anhaltendes Glück erzeugt? Mitnichten. Einige Wochen später steht das nächste begehrenswerte Kleidungsstück im Netz und wartet auf kaufsüchtige Kinder.

Fragt sich, ist überhaupt noch etwas, das hält. Martin Heidegger kommt einem nochmals in den Sinn. Warum ist denn überhaupt Seiendes und nicht viel mehr Nichts?

Wenn nichts lange hält, wäre dann Nichts
vielleicht die Lösung?

Wer weiß. Vielleicht.

Vielleicht ist es aber auch nur die ewige Suche nach dem Glück, die verrückt macht.

Eine Suche, die die meisten von uns in eine Erlebenswelt verrückt hat, die wir immer weniger greifen, schon gar nicht begreifen können. Dafür ist das Tempo zu hoch. Nicht nur für uns Ältere, für alle. Fazit: Wir wissen nicht, was Glück ist, wir wissen, dass sich, wenn überhaupt, kurze Momente der Freude einstellen *können,* und wir wissen auch, dass die Suche nach dem Glück sinnlos ist.

Sind wir also zum Unglück verdammt?

Durchaus – aber nicht nur. Doch der Reihe nach. Wir nähern uns dem so notwendigen Zusammenspiel der Kräfte. Glück allein, aber auch die ausschließliche Suche nach Unglücksursachen (wir erinnern uns an die Kritik von Seligman) führen ins Nichts, das wir ja auch nicht wollen. Wer will schon Nichts?

Es geht um das Zulassen von Plus und Minus. Und weil wir hier nicht in der Mathematik sind, heben sich beide nicht auf, sondern brauchen einander.

Der deutsche Philosoph Wilhelm Schmid bringt es auf den Punkt: Man müsse doch nur endlich einsehen, dass das Glück auch das Unglück miteinschließt. Ein gelungenes bzw. das *gute Leben* besteht nicht nur aus positiven Momenten des Glücks. Ein gutes Leben könne dann gelingen, wenn der Mensch die immer wieder auftauchenden Lebensprüfungen akzeptiert und sie als Chance zu einer Weiterentwicklung begreift. Das Leben bestehe nun mal auch aus leidvollen Phasen, aus Traurigkeit und Trauer, aus Verlustängsten, Enttäuschung, Verzweiflung, Ärger und Erfolglosigkeit.

Glück ist Glücksmomente *plus* Unglücksmomente.

Auch das sind keine neuen Gedanken. Neu scheint nur, dass alles nicht glücklich Machende seit einigen Jahrzehnten, insbesondere seit der Jahrtausendwende, dermaßen in den Hintergrund gedrängt wird, dass allein die „Betrachtungsweise *plus*", also zumindest das Erkennen einer schönen *plus* einer unschönen Wirklichkeit, viele Menschen in Schockzustände versetzt. Warum soll ich mich mit Negativem auseinandersetzen? Es geht um das Annehmen. Um die Annahme des gesamten Lebensspektrums. Um ein Nichtfürchten vor den unglücklich machenden Phasen des Lebens, um ein Vorbereitet-Sein, auch auf den Ernstfall. Glück kann sich auch dann einstellen, wenn wir Schlimmes angenommen, Schwieriges gemeistert und Lebensprüfungen bestanden haben. Und manchmal macht uns all das stärker, als wir zuvor gewesen sind.

Was uns nicht umbringt, macht uns glücklicher.

Glück lässt sich also weder zielgerichtet erarbeiten noch einfangen. Glück kann auch nicht ein- oder abberufen werden. „Glück ist also in der Tat ein Kontrasterlebnis"[35], meint die deutsche Psychologin Ursula Nuber, um Sigmund Freud zu zitieren. Freud stellt in „Das Unbehagen in der Kultur" die Frage, was die Menschen selbst, ausgedrückt in ihrem Verhalten, als Zweck und Absicht des Lebens erkennen lassen, was sie vom Leben fordern und in diesem erreichen wollen.

„Sie streben nach dem Glück, sie wollen glücklich werden und so bleiben. Dies Streben hat zwei Seiten, ein positives und ein negatives Ziel, es will einerseits die Abwesenheit von Schmerz und Unlust, andererseits das Erleben starker Lustgefühle. Im engeren Wortsinne wird ‚Glück' nur auf das letztere bezogen. Entsprechend dieser Zweiteilung der Ziele entfaltet sich die Tätigkeit der Menschen nach zwei Richtungen, je nachdem sie das eine oder das andere dieser Ziele – vorwiegend oder selbst ausschließlich – zu verwirklichen sucht. Es ist, wie man merkt, einfach das Programm des Lustprinzips, das den Lebenszweck setzt. Dies Prinzip beherrscht die Leistung des seelischen Apparates vom Anfang an; an seiner Zweckdienlichkeit kann kein Zweifel sein, und doch ist sein Programm im Hader mit der ganzen Welt, mit dem Makrokosmos ebenso wohl wie mit dem Mikrokosmos. Es ist überhaupt nicht durchführbar, alle Einrichtungen des Alls widerstreben ihm; man möchte sagen, die Absicht, dass der Mensch ‚glücklich' sei, ist im Plan der ‚Schöpfung' nicht enthalten. Was man im strengsten Sinne Glück heißt, entspringt der eher plötzlichen Befriedigung hoch aufgestauter Bedürfnisse und ist seiner Natur nach nur als episodisches Phänomen möglich. Jede Fortdauer einer vom Lustprinzip ersehnten Situation ergibt nur ein Gefühl von lauem Behagen; wir sind so eingerichtet, dass wir nur den Kontrast intensiv genießen können, den Zustand nur sehr wenig."[36]

Den Kontrast also. Worte, die 90 Jahre zurückliegen.

Arthur Schopenhauer, um uns das nochmals zu vergegenwärtigen, sieht Glück nur als Abwesenheit von Unglück. Und somit Befriedigung nur als Befreiung von einem Schmerz oder einer Not.

Die US-amerikanische Psychologin Barbara Fredrickson spricht sogar vom krampfhaften Festhalten an positiven Stimmungen und damit verbunden vom Leugnen der eben flüchtigen Natur dieser Stimmungen.[37] Eine hundertprozentig positive Einstellung zum Leben leugne dessen Menschlichkeit. Mit anderen Worten, es sei „menschlich", dass das Leben *nicht* immer positiv verlaufe und deshalb sei wohl auch eine ausnahmslos positive Lebenseinstellung nicht immer sinnbringend, meint die Psychologin, stellt aber eine 3:1-Regel auf. Wobei sie eigentlich 1:3-Regel heißen müsste. Auf je ein bedrückendes Erlebnis sollten im Idealfall drei positive Erfahrungen folgen. Für Fredrickson wären das gefühlte Freude, Dankbarkeit, Heiterkeit, Interesse, Hoffnung, Stolz, Vergnügen, Inspiration, Ehrfurcht und Liebe.[38]

Wie man auf Knopfdruck eines dieser Gefühle einschalten soll, noch dazu, wo es ja eigentlich gleich drei sein sollten, verrät die Universitätsprofessorin für Psychologie nicht, aber sie empfiehlt Möglichkeiten und Wege hin zu einem positiven Erlebensgefühl. Etwa häufiger von der Zukunft zu träumen, sich diese in Details vorzustellen und mehr Zeit in der Natur zu verbringen. Sie rät zu mehr meditieren und weniger analysieren, zu weniger Medienkonsum, zu weniger Klatsch und Sarkasmus, aber zu einem Tag der fünf guten Taten. Konkret zu einem Tag in der Woche, an dem fünf bedeutungsvolle Dinge getan werden sollten. Aber vielleicht belassen wir es bei diesen Rezepten, die dann doch ein wenig plakativ anmuten. Das Problem an all den „Übungen": Positive Gedanken, also die Initialzündung für befriedigende Lebenseinstellungen und gutes Handeln, erarbeiten wir uns viel schwerer als negative Gedanken. Zu verdanken haben wir das unseren Ur-Vorfahren. Die Gehirne von damals waren auf „Gefahr!" programmiert. Immer und überall lauerte sie. Ob als hungriger Löwe, böser Mensch oder drohender Blitzschlag. Feinde und Gefahren, wo immer sich der Ur-Kopf hinwendete. Damals eine Überlebensstrategie. Aber die Programme laufen heute noch ab. Auch wenn uns bewusst ist, dass wir heutzutage eher selten einem Löwen begegnen, der streitlustige Nachbar uns grundsätzlich *nicht* umbringen will – zumindest nicht gleich – oder uns Blitze eher *nicht* als *ziemlich sicher* treffen – wiewohl es bei Bergtouren im Gewitter schon gut ist, diese Situation nach wie vor als grundsätzlich gefährlich einzustufen.

Das katastrophische Gehirn,

nennt es der Psychologe Martin Seligman. Beunruhigende Gedanken sind also oft automatisch und damit viel schneller da als das aufwendig erdachte Positive. Probleme wälzen und Dauergrübeln wohnen uns mehr inne als Freude und Lust am Leben. Viele von uns sind weltmeisterlich im Aufsuchen von Schwierigkeiten, oft dort, wo keine sind. Besonders begabt sind Zyniker und Unruhestifter, die zündeln und sich dann als Feuerlöscher feiern lassen. Oder Menschen in Beziehungen, die Hürden aufstellen, um sie gemeinsam abbauen zu können, was selten gelingt.

Aber vielleicht sind ja auch daran unsere Urmütter und -väter schuld.

Doch was gilt nun? Haben wir uns da nicht eben in einen Widerspruch hineingeschrieben? Denn *nur* das Positive allein, das positive Denken macht uns ja, wie oben beschrieben, mittel- und langfristiger noch unzufriedener.

Die Antwort ist knapp. Diesmal gilt: Die Mischung macht's. Das Zulassen des Unschönen, Traurigen, nicht Gelingenden auf der einen Seite, das bewusste Bemühen und das tatsächliche Üben positiv besetzter Gedankenspiralen auf der anderen. Erst individuelle Freude, Lachen, Freundschaftsfähigkeit, Neugier, Lust und Liebe ermöglichen gesellschaftliche Errungenschaften wie Kooperation, Arbeitsteilung, komplexe Kulturen und Politik in Demokratien.

Aber nochmals: Erst das Aushalten des weniger Guten schafft dauerhafte Lebenszufriedenheit.

Emotional hochintelligent beschreibt die deutsche Schriftstellerin und Journalistin Ronja von Rönne das sich nicht gut Anfühlende und doch Sinnvolle in einer Hymne auf den Sonntag.

„Der Sonntag ist nicht schön. Oder für mich: Der Sonntag hat als einziger Tag die Berechtigung, nicht schön zu sein. Jedes gute Gefühl, Freude, Liebe, Sex, wird in Zeiten des Spätkapitalismus pausenlos als erstrebenswert beworben. Dabei ist der Mensch erst dann Mensch, wenn er nicht nur in einem dauerhaften Glückszustand Richtung Endlichkeit segelt, sondern eben auch wütend, traurig, verzweifelt, hoffnungslos ist. Wir sind eben keine gut gelaunten Avatare, sondern ein unordentlicher Muskel-Fett-Verzweiflungs-Mix, Molekularmüll, der etwas verloren in diesem unserem Universum vor sich hin existiert, und manchmal vergisst, warum eigentlich. Und das merkt man nicht … man weiß es: am Sonntag … Der Sonntag ist für mich nicht der Tag der Ruhe, es ist der Tag, der einen dazu zwingt, die Ruhe zu ertragen … Der Sonntag macht nicht unbedingt Spaß. Aber er macht den Unterschied." [39]

Vielleicht ist Glück als Ziel völlig ungeeignet.

Seit der Jahrtausendwende gewinnt diese Sichtweise immer mehr an Bedeutung. Da sollte doch auch noch etwas anderes sein. Etwas, das länger anhält als die Freude über eine neue Anschaffung, einen gelungenen Urlaub, einen Rausch – welchen auch immer. Aber eignet sich das Inkaufnehmen des Negativen, wie wir es zuvor erörtert haben, als Lebensziel? Wenn auch als Kombination von Freude über das – kurze – Glück mit dem Aushalten unglücklicher Momente?

Der US-amerikanische Psychologe Ed Diener behauptet: „Menschen in ärmeren Ländern sind mit ihrem Leben zufriedener als Menschen in wohlhabenden Nationen."[40] Anfang des zweiten Jahrzehnts in diesem Jahrhundert sind 140.000 Menschen in 132 Ländern befragt worden, ob sie mit ihrem Leben zufrieden seien. Das Ergebnis: je ärmer das Land, desto größer klarerweise die Entbehrungen und vor allem der Mangel an vielen Dingen und Rahmenbedingungen, wie sie bei uns zur Selbstverständlichkeit geworden sind. Aber: Diese Menschen haben etwas anderes. Etwas, das Menschen in reichen Ländern immer mehr abhandenkommt und das dazu führt, dass die

Selbstmordrate proportional zum Wohlstand in einem Land, nein, nicht fällt, sondern steigt. Wenn es nicht Glück ist, das uns fehlt, was fehlt uns dann? Was, wenn uns auch die Kombination von Glück mit dem Aushalten von Unglück nicht zufrieden macht? Was *haben* Menschen in ärmeren Ländern, obwohl sie doch eigentlich nichts oder zumindest viel weniger haben als wir?

Viele von ihnen sehen in ihrem Leben einen:

Sinn.

SINN

Das Wort hat sich, wie wir schon erläutert haben, aus *sent* entwickelt und bedeutet Gang, Reise. Das dynamische Element, das dem Wort innewohnt, ist deutlich zu erkennen. Da steht nichts, da geht etwas. Hinreisen, anstreben. Sinnieren wird im Duden als *ganz in sich versunken über etwas nachdenkend, seinen Gedanken nachhängend* definiert. Auch als grübeln, was aber aus meiner Sicht nicht den Kern trifft, weil Grübeln negativ besetzt ist. Über den Sinn nachzudenken, kann zwar – und wird es wohl in vielen Fällen – belastend sein, muss es aber nicht.

Für die weiteren Überlegungen ist folgende Differenzierung entscheidend. Der allgemeine „Sinn des Lebens" interessiert uns nicht.

Stets geht es um den einzelnen Lebenssinn.

Treffend formuliert es Prof. Tatjana Schnell vom Psychologie-Institut der Universität Innsbruck in Österreich. Ob es den Sinn des Lebens gebe, sei „wissenschaftlich nicht feststellbar", sehr wohl seien es „die Erkenntnisse dazu, wie Menschen ihrem eigenen Leben Sinn geben".[41] Viele Menschen erfahren laut Schnell ihr Leben als sinnvoll, ohne dabei auf einen universellen Lebenssinn zurückzugreifen. Viele Menschen halten diese Frage nach dem Lebenssinn auch für vollkommen überflüssig. Und dennoch, fast jeder kommt in Situationen, in denen er darüber nachdenkt. Vor allem, wenn andere Sinnstiftungen weggefallen sind oder drohen wegzufallen. Beruf, Einkommen, eigene Gesundheit oder wenn man in das letzte Lebensdrittel gerutscht ist. Im Europaschnitt sind Männer ab 50 und Frauen ab 54 gemeint, die sich die Sinnfrage stellen: War mein bisheriges Leben sinnerfüllt? Und wenn nein, kann ich auch im letzten Lebensdrittel noch irgendetwas daran ändern?

Auch ein tragisches Ereignis wie der völlig unerwartet bevorstehende oder eben erfahrene Tod naher Angehöriger kann ohne jede Vorwarnung die Sinnfrage auslösen. Oder länger ertragenes Leid. Irgendwann fragt man sich: „Warum?"

Abgesehen davon gibt es objektiv feststellbare Gründe, weshalb es heute grundsätzlich gerechtfertigter erscheint, die Sinnfrage zu stellen, als noch vor ein paar Jahrzehnten. Auch noch „vor 50 Jahren", schreibt die Sinnforscherin Schnell, „war der Lebenssinn im Allgemeinen nicht *frag-würdig*"[42]. Familienleben, Beruf, Politik und Kirche seien einem einheitlichen Weltentwurf gefolgt, wer in dieses System integriert gewesen ist, habe kohärent und stimmig gelebt.

Sinn schlägt Glück

Aber warum? Was ist der Unterschied? Wie kommt man von der eigentlichen Suche nach dem Glück zur Suche nach dem Sinn, warum sollte überhaupt Sinn das Ziel sein?

2013 befragten der Sozialpsychologe Roy Baumeister und sein Team Amerikaner zwischen 18 und 78 Jahren, was sie glücklich mache und was ihnen Sinnerfüllung bringe. Demnach wird Glück oft als flach und selbstsüchtig empfunden, die Dinge würden zum Teil laufen wie von selbst, nicht selten fast ohne vorherige Anstrengung. Vielleicht können wir es so zusammenfassen: Menschen, denen ein Leben lang *Leistung* als Fundament des Lebens eingeredet worden ist, können sich über – aus ihrer Sicht – *unverdientes* Glück nicht wirklich freuen. Entscheidend ist immer der individuelle finanzielle Status. Wer mehr Geld hat, kann seine Wünsche schneller befriedigen.

Denn meist wird Glück mit der Anschaffung und dem Besitz von materiellen Dingen gleichgesetzt: ein größeres TV-Gerät, vielleicht sogar ein neues Auto. Dies bestätigten auch die Befragten aus den unteren Einkommensschichten.

Anders verhält es sich bei der Frage nach der Sinnerfüllung. Menschen, die etwa sehr viel Energie geben mussten, um die kranke Mutter zu pflegen, Menschen, die grundsätzlich anderen helfen und geholfen haben, empfinden dadurch einen Unterschied zwischen Glück und Sinn. Sie haben das Gefühl, das Richtige zu tun. Sie werden vielleicht sagen, dass sie momentan *nicht* glücklich sind, dafür seien sie zu erschöpft, zu leer an Energie, aber:

gefüllt mit Sinn.

„Es liegt eben in der Natur des Menschen, sich um andere zu kümmern"[43], sagt Roy Baumeister.

Einem *Etwas* zu dienen, das höher sei als das Selbst, darum gehe es. Das mache das Leben sinnvoll, wenn auch nicht zwangsläufig glücklich. Resümee der Stanford-Studie: Menschen, die eher für den gegenwärtigen Moment leben, sind glücklicher. Menschen, die sich mehr Gedanken über die Zukunft machen und sich genauso mit Erfahrungen in der Vergangenheit beschäftigen, erleben mehr Sinn in ihrem Leben. Gerade schwierige oder leidvolle Erlebnisse verringern zwar das Glück, können jedoch das Gefühl für Sinn im Leben steigern.

Auf dünnem Eis begibt man sich beim Vergleich von Paaren mit Kindern und Partnerschaften, in denen keine Kinder durch die Wohnung schwirren. Dennoch wagt der norwegische Ökonom und Sozialpsychologe Thomas Hansen nach mehreren Langzeitstudien 2012 das Resümee: Menschen, die keine Kinder haben, geht es besser. Der italienische Ökonom Luca Stanca formuliert es in seiner Forschungsarbeit im selben Jahr noch – fast unangenehm – hart: „Aus rein ökonomischer Perspektive ist die optimale Anzahl von Kindern genau null."[44]

Fragt man die gehetzten, oft streitenden und immer wieder in finanziellen Sorgen schwimmenden Eltern nach dem täglichen Glück, treffen die Aussagen der Psychologen durchaus zu. Fragt man sie nach dem Lebenssinn, dreht sich die Sache um 180 Grad. Kinder geben Sinn. Ein Satz, den wenige Eltern infrage stellen. Für mich persönlich gilt: Kinder können Sinn stiften *und* glücklich machen.

Prof. Tatjana Schnell diagnostiziert eine Wohlfühlfalle. Kurzfristige Befriedigungen zwischen Wellness und Lifestyle führen zu langfristiger Abhängigkeit und Frustration. Und das spüren viele Teilnehmer dieser Wohlstandsgesellschaft, auch dass daneben Kreativität und Gestaltungskraft möglich wären. Aber nicht nur das. Da politische und ökonomische Entscheidungsabläufe fast nur noch über Medien kommuniziert werden (abgesehen von der Kommunalpolitik mit ihren mehr oder weniger volksnahen Bürgermeistern), entsteht auch von dieser Seite her ein Gefühl der Ohnmacht. Irgendwie würde man ja gerne nicht nur mitreden, sondern ebenso mitgestalten, nur rentiert sich der Aufwand? Der Alltag ist anstrengend genug. Dabei gilt eine recht banale Antwort als Faustregel: Fühlst du dich in deinem Leben wohl, dann genieße es. Spürst du hingegen immer wieder die Kraft zum Mehr (Das kann doch noch nicht alles gewesen sein!), dann tu etwas und versuche einen Neustart in ein noch genussvolleres Leben.

Eine schon angesprochene Haupthürde bei diesem Unterfangen ist die Multioptionsgesellschaft an sich.

Nichts ist mehr selbstverständlich

Der Glaube, die Religiosität an sich, die Schulform, die Verpartnerung, wenn überhaupt und in welcher Form, Kinder oder keine Kinder, die Ausbildung, die Berufswahl, welche Freunde, welche Partei bzw. Verweigerung des Wahlgangs, welche Urlaubsdestination, welches Restaurant statt zum Stammwirten, welche Kleidung und welche Laufschuhe …

Geh bitte, leb doch einfach und zerbrich dir nicht über alles den Kopf, möchte man da in die Welt hinausrufen. Einfach leben! Funktioniert nur nicht immer. Die Psychologin Schnell ist der Ansicht, dass der fraglose Mensch sein Gestaltungspotenzial verschenke.

Sinnfragen sind für sie die Basis für Engagement. Ohne Engagement vieler Einzelner bricht die Gesellschaft auseinander und dann zusammen.

> *„Es ist besser, eine wichtige Frage zu stellen, als eine unwichtige zu beantworten."*

Worte des Ökonomen Kurt W. Rothschild. Manchmal hat er es, soweit ich mich erinnern kann, auch mit „Eine gescheite Frage ist wichtiger als eine dumme Antwort" formuliert. Man mag sich an dieser Stelle fragen, was hat ein Ökonom mit Fragen nach dem Lebenssinn zu tun?

Sehr viel – wenn er ein guter Ökonom ist.

Viele sehr gute Wirtschaftswissenschaftler sind Menschen, die in mehreren Fachgebieten bewandert sind. Etwa in Ökonomie, Philosophie und wenn möglich auch in Geschichte. Man denke beispielsweise an Adam Smith, Karl Marx oder Joseph Schumpeter. Immer mehr Ökonomen machen sich Gedanken über den Sinn des Wirtschaftens – abseits der mikroökonomischen reinen Nutzenmaximierung. Kluge Politiker machen sich Gedanken über den Sinn von Politik – abseits der Wählermaximierung. Doch von den Anwendungsgebieten wirklich „Sinn"-vollen Handelns zwischen Politik und Wirtschaft später mehr. Vorerst bleiben wir noch beim Sinn des Lebens für jeden Einzelnen.

Die Sinnfrage erfährt, wie schon erwähnt, nach der teils sinnentleerten Glücksmaximierungsfrage eine Renaissance. Federführend in der „modernen" Sinnforschung ist der 1905 in Wien geborene spätere Universitätsprofessor für Neurologie und Psychiatrie Viktor E. Frankl, der Begründer der Logotherapie und Existenzanalyse, manchmal auch „Dritte Wiener Schule der Psychotherapie" genannt. Das Wort *logo* leitet sich vom griechischen *logos* ab und bedeutet: Sinn.

Aufgrund ihrer jüdischen Abstammung wurden Viktor Frankl, im Alter von 37 Jahren, seine Frau und seine Eltern ins Ghetto Theresienstadt deportiert. 1943 starb dort sein Vater, seine Frau im KZ Bergen-Belsen, seine Mutter wie auch sein Bruder wurden im KZ Auschwitz umgebracht. Die gesamte Familie wurde von den Nationalsozialisten ausgelöscht. Viktor Frankl selbst überlebte Theresienstadt, Auschwitz und ein Außenlager des KZ Dachau.

Kann ein Mensch, der alle und alles verloren hat, der in die Abgründe des Menschen geblickt hat und selbst nur durch – ja wodurch und wie eigentlich? – überlebt hat, *trotzdem Ja zum Leben sagen?* Nach menschlichem Ermessen, nein.

Viktor Frankl sah jedoch noch immer *einen* Sinn für sein Leben. 1946 erschien sein Buch „… trotzdem Ja zum Leben sagen: Ein Psychologe erlebt das Konzentrationslager"[45], in dem er von seinen Erlebnissen und Erfahrungen berichtet.

Der Buchtitel enthält eine Textzeile des sogenannten Buchenwaldliedes der österreichischen Häftlinge Hermann Leopoldi (Kapellmeister, Pianist und Komponist) und Fritz Löhner-Beda (Jurist, Fußballspieler in der Nationalmannschaft und Librettist vieler Operetten von Franz Lehár). Hermann Leopoldi, der das Lager überlebt hatte, schrieb später: „Das Lied war im Grunde revolutionär, aber die benebelten Gehirne unserer Antreiber sind lange nicht draufgekommen."[46]

Auszug aus dem Buchenwaldlied:

O Buchenwald, ich kann dich nicht vergessen,
weil du mein Schicksal bist.
Wer dich verließ, der kann es erst ermessen,
wie wundervoll die Freiheit ist!

O Buchenwald, wir jammern nicht und klagen,
und was auch unser Schicksal sei,
wir wollen trotzdem Ja zum Leben sagen,
denn einmal kommt der Tag: Dann sind wir frei!

Für Viktor Frankl ist die Frage nach dem Sinn eines Lebens schon allein deshalb nicht sinnlos, weil sie lebensnotwendig werden kann. Wir Menschen würden unseren Auftrag in dieser Welt nicht erfinden, sondern *entdecken*. Er liege in uns und warte offenbar darauf, abgerufen und umgesetzt zu werden. Jedes Individuum habe laut Frankl eine persönliche Berufung oder Mission im Leben. Dabei gehe es nicht um den allgemeinen Sinn des Lebens. Dennoch gelingt es Frankl nicht zur Gänze, Verallgemeinerungen zu vermeiden. Grundsätzlich sieht er drei Möglichkeiten, er nennt sie Hauptstraßen, wie sich Sinn finden lässt.

Erstens kann mein Leben dadurch sinnvoll werden, dass ich eine Tat setze, dass ich ein Werk schaffe, auch dadurch, dass ich etwas erlebe. Sinn erfüllen kann also im Dienst an einer Sache liegen. Oder ich kann

zweitens *jemanden* erleben. Diesen jemanden in seiner ganzen Einmaligkeit und Einzigartigkeit erleben, heißt, ihn zu lieben. Sinnerfüllung kann also auch in der Liebe zu einer Person bestehen, was gleichzeitig auch Selbstverwirklichung bedeutet. Und es ist wohl mehr als nachvollziehbar, welche dritte Möglichkeit Frankl ebenfalls sieht. Denn

drittens zeige sich, dass dort, wo wir mit einem Schicksal konfrontiert sind, das sich nicht ändern lässt, dass dort, wo wir als hilflose Opfer mitten in eine hoffnungslose Situation hineingestellt sind, dass sich gerade dort das Leben noch immer sinnvoll gestalten lasse. Dort könnten wir sogar das Menschlichste im Menschen verwirklichen, seine Fähigkeit, auch eine Tragödie – auf menschlicher Ebene – in einen Triumph zu verwandeln. Denn das sei das Geheimnis der bedingungslosen Sinnträchtigkeit des Lebens: dass der Mensch gerade in Grenzsituationen seines Daseins aufgerufen sei, gleichsam Zeugnis davon abzulegen, wessen er und nur er allein fähig sei.[47]

Es ist für jeden von uns zu hoffen, dass es nicht diese dritte Möglichkeit sein muss, um in unserem Leben Sinn zu finden. Auch Frankl unterscheidet strikt zwischen Glück und Sinn. Was der Mensch wirklich wolle, sei letztlich nicht das Glücklichsein, sondern der Grund zum Glücklichsein und zur Lust. Wieder sind wir beim Willen zum

Sinn. Und beim Wirkungsprinzip. Lust und Glück sind Auswirkungen der willentlichen Sinnsuche. Sie können ohne diesen Umweg nicht gefunden werden, auch wenn der Kapitalismus und all seine Konsumangebote das Gegenteil suggerieren. Mit neuen Dingen können Glück und Lust nur sehr kurzfristig erkauft oder erlebt werden. Ob das neue Smartphone oder das Lustgefühl in einem Urlaubshotel mit „Erlebnisgarantie" – sobald sich der „neurotische Mensch" (Frankl) nur um die Lust kümmert, verliert er den Grund zu ihr.

> *„Je mehr es einem um die Lust geht, umso mehr vergeht*
> *sie einem auch schon"*[48] *... wieder.*

Ähnlich scheint es mit den Mitteln zu sein, die eigentlich dem Zweck dienen sollten. Aber die Mittel sind selbst Zweck geworden.

Kann etwa Macht allein Zweck sein? Hier ist mit Viktor Frankl übereinzustimmen, der Macht als das bloße Mittel zum Zweck definiert.

In der Politik sollte wohl Macht eher das Mittel sein, um den Sinn – gute Politik in Bund, Land oder Gemeinde – zu erfüllen.

Ein Konzernchef wird, wenn er bei Sinnen ist, die Macht als Mittel und nicht als Endzweck sehen. Sinn werden für ihn gute Firmenergebnisse und Bilanzen sein, die Macht dient ihm als Mittel zum Zweck.

Bringt einem der Besitz eines Autos Sinn? Im eigentlichen Sinne nicht. Sinn gibt wohl nur das Fahren mit diesem Auto bzw., um es noch punktgenauer zu formulieren, um von A nach B zu gelangen.

Ergibt der Besitz eines Smartphones an und für sich Sinn? Eigentlich nicht. Sinn hat telefonieren, Nachrichten schreiben und versenden, E-Mails checken, fotografieren und viele andere Dinge, die mit dem mobilen „Telefon" *mach*bar sind?

Hat ein Wochenendhaus, wo auch immer es steht, einen Sinn, wenn es nicht besucht und darin gewohnt wird?

Hat „shoppen" Sinn, wenn das Gekaufte monatelang zu Hause liegt – nicht selten verpackt wie damals beim Shoppingerlebnis?

Selbstverständlich hat das alles Sinn: für alle Unternehmer, die diese Produkte produzieren, und für jene, die mit ihnen gehandelt haben.

Die Mode hat den halben Konsumkapitalismus
dieser Welt angezogen.

Das, was einst nur für die Mode gegolten hat – ich brauche es nicht, aber es gefällt mir, vor allem deshalb, weil es auch anderen gefällt –, gilt mittlerweile praktisch in der gesamten Konsumindustrie.

Ich brauche das neue iPhone – ist eine eher unwahre Aussage.

Ich will das neue iPhone haben, weil es andere auch haben – ist eine eher wahre Aussage.

Sinnfreies Denken erobert aber schon längst nicht nur klassische Wirtschaftsbereiche. Einmal von der gesamten Unterhaltungsindustrie abgesehen, stellt sich doch die Frage, weshalb sich auch bei einem Großteil des politischen Handels bis zur Informationstätigkeit vieler Medien die Sinnfrage immer dramatischer aufdrängt. Was ist etwa der Sinn eines Fernsehmoderators im Informationsbereich? Seine maximale eigene Bekanntheit oder ein nach Betrachten seiner Sendung besser informiertes Publikum? Müssen Journalistinnen und Journalisten polarisieren (Eigen-*Glücks*gefühl statt Allgemein-*Sinn*) oder sollen sie informieren? Ist es wichtig, ob die deutsche Bundeskanzlerin bei drei von insgesamt Zehntausenden Auftritten in eineinhalb Jahrzehnten zittert oder stellt sich auch in Berichterstattungen wie diesen die Sinnfrage?

Ich denke schon.

Ist Wählermaximierung tatsächlich Sinn von Politik oder wäre es nicht eigentlich und im ursprünglichsten Sinne die Freude an den Gestaltungsmöglichkeiten in einem Land, einer Region oder einer Gemeinde? Oder ist eine rein an Umfragen orientierte Politik eine mit Sinnorientierung?

Ich denke nicht.

Haben wir etwas Besseres als eine Parteiendemokratie gefunden?

Nein. Also lassen wir diese dummen Fragen. Auch wenn sie sinnvoll sind.

Zurück zu dem, was Berufenere zur Sinnfrage sagen, also der Wissenschaft. Sinn ist nicht einfach *da*.

„Sinn muss gefunden, kann aber nicht erzeugt werden"[49],
meint Viktor Frankl.

Zuerst kommt die Wahrnehmung. Mit unseren Sinnen sehen, hören oder spüren wir etwas. Es liegt an uns, mehr daraus zu machen. Bei dieser Wahrnehmung handelt es sich um die Entdeckung einer Möglichkeit vor dem Hintergrund der Wirklichkeit. Mit unseren Gedanken allein werden wir nichts erzeugen können. Außer laut Frankl maximal ein Sinn*gefühl* – oder Unsinn.

Und nochmals zur Erinnerung. Bei all diesen Fragen, die sich nicht selten in mehr oder weniger belastende Grübeleien kleiden, geht es nie um die Suche nach einer allgemeinen Formel. Viele Menschen quälen sich dennoch mit der Frage nach dem Sinn des Lebens. Nach dem Sinn des Seins. Die Frage ist nicht zu beantworten. Sie ist eigentlich sinnlos. Denn wie der Begründer der Logotherapie für mich richtig formuliert:

„Das Sein ist dem Sinn vorgängig."[50]

Wie ist nun der Sinn zu finden? Sinn zu finden, heißt zunächst, die *Sinne* einzusetzen und das Wahrgenommene als Möglichkeit zur Wirklichkeit zu erkennen. Also sehen, hören, riechen, schmecken, tasten, um dann „... mit einem sechsten Sinn die Bewegung zu erfahren und sie mit einem siebten Sinn im Körperinneren selbst zu erspüren"[51], wie es der deutsche Philosoph Wilhelm Schmid formuliert.

Wir werden später auch noch im Detail darauf zurückkommen, dass vor allem Besinnen in der Natur zu den wirkmächtigsten Tätigkeiten zählt, wenn das Ausreizen der Sinnmöglichkeiten gefragt ist. Und wie gerade dadurch die Fülle der Möglichkeiten Wirklichkeiten auszulösen vermag.

Für den, der der sinnlichen Verführungskraft des Lebens nach-gebe, stelle sich die Frage nach dem Sinn des Lebens mehr als ande-ren, philosophiert Wilhelm Schmid.

Vergegenwärtigen wir uns nochmals die vormoderne Zeit, in der von Selbstbestimmung noch lange keine Rede war. Jeder von uns wäre damals zur Fremdbestimmung durch die Gesellschaft verur-teilt gewesen, seinerzeit allerdings eine klare Sache. Niemand hätte sich als Verurteilter empfunden und seinen fixen (zugewiesenen) Platz im Lebensumfeld eingenommen, das natürlich einen winzi-gen Bruchteil jener Dimension aufzuweisen hat als jenes, in dem wir uns heute finden.

Wenn wir uns finden.

All die Einzelteile eines Lebensgerüstes muss der moderne Mensch erst suchen, dann finden – oder auch nicht. Der Schlüssel zur erfolgreichen Suche sind – da sind sich die meisten Philosophen, Psychologen und Soziologen von heute einig – Beziehungen.

An der Spitze der Bewältigungsmöglichkeiten von Lebensangst und Sinnleere findet sich, nicht überraschend, die Liebe. Aber Sinn geben auch Freundschaften oder Kooperationen. Während Letztere durchaus funktionalen Charakter haben können und vermutlich zum Teil auch haben werden, können Freundschaften und Liebe zu echter Sinnerfüllung wachsen.

Was bringt mir die Liebe zu dieser Partnerin, zu diesem Partner oder die Freundschaft zu jenem oder jener? Diesen Fragen wohnt von Beginn an das Zerstörerische, Zynische inne.

Denkt man an die zuvor erwähnte Fülle der Möglichkeiten, so sollte für jeden von uns ein winzig kleiner Teil zur Wirklichkeit werden. Manche Philosophen gehen einen entscheidenden Schritt weiter. Und wenn wir das Leben an sich – und für sich – ebenso betrachten? Als eine kurze Wirklichkeit in den Gesamtmöglichkeiten des unendlichen Universums? Als ein begrenztes „kurzes *Sein*" im Körper einer kon-kreten Gestalt innerhalb eines unbegrenzten, unendlichen gestaltlosen Seins? Als ein aus der Unendlichkeit kommendes, kurz anwesendes ICH, das in diese Fülle des unendlichen WIR wieder zurückkehrt?

Wilhelm Schmid spitzt diese Sichtweise zu: „Vielleicht kann der Aufenthalt in der surrealen Dimension des Seins als ontologischer Schlaf verstanden werden …"[52] Unter Ontologie versteht man im philosophisch-theoretischen Sinn die Lehre vom Seienden. Sie beschäftigt sich mit dem, was es gibt. Und sie fragt zum einen, was es bedeutet, *dass* es etwas gibt, und zum anderen, welche Kategorien von Dingen existieren und in welcher Beziehung sie zueinander stehen. Damit nähern wir uns unweigerlich der Frage nach dem Tod. Wilhelm Schmids Annahme eines ontologischen Schlafes basiert vielleicht auf einer etwas seltsam anmutenden These. Denn man könnte auch fragen, inwieweit ein Toter tot ist. „Körperlich, nüchtern, materiell gesehen, gehen die Atome und Moleküle früher oder später in andere Atom- und Molekülverbände über, kein einziges Atom oder Molekül geht verloren. Der Körper hört in der gegebenen Form zu existieren auf, seine Bestandteile erleben jedoch eine Verwandlung in andere Formen. Die Annahme liegt nahe, dass sich dies mit Seele und Geist ganz ähnlich verhält … Es können doch wohl nur Energien sein, denn das ist es, was den toten Körper vom Lebenden unterscheidet: Die Energien sind nicht mehr in ihm, Wärmeenergie, elektrische Energie, Bewegungsenergie. Wenn aber das Wesentliche eines Wesens die Energien sind, die es beleben, dann gilt: Energie stirbt nicht."[53]

Zugegeben, an diesem Punkt wird es schon sehr technisch. Schmid beruft sich auf den 175 Jahre alten Energieerhaltungssatz des Physikers Hermann von Helmholtz, der auch für jene Energieformen gelten könne, die dem Körper, der Seele und dem Geist eines Menschen zugrunde liegen. Wenn nun die Energie, von der man glaubt, sie gehe durch den Tod eines Menschen auf immer und ewig verloren, *da* bleibe, dann könnten andere Formen, Menschen, Dinge damit aufleben und so wieder – aus der Fülle der universellen Möglichkeiten – zu einer lebenden Wirklichkeit werden. Etwas, das es eben dann gibt. Man muss nicht fragen, was das genau ist, so gesehen, könnten wir es als den ontologischen Schlaf bezeichnen.

Vielleicht geht Leben ja wirklich aus einem riesigen Meer an Energie hervor, verweilt kurz am Meeresufer der wirklichen Welt, wird dann von einem Wellenschlag wieder ausgelöscht und kehrt anschließend ins Meereswasser der Möglichkeiten zurück. Eine Formulierung, die auf den französischen Philosophen Michel Foucault zurückgeht, in dessen Buch „Les mots et les choses" (Buchtitel auf Deutsch: „Die Ordnung der Dinge") es am Ende heißt, dass der Mensch verschwinden werde wie am Meeresufer ein „Gesicht im Sand".

„Die Zuwendung, die einem Menschen vor dem Tod gewährt worden ist, schenkt dieser nach seinem Tod den Lebenden ... So lebt das Wesentliche eines Menschen vielleicht weiter in den Lebenden und trägt zu ihrem inneren Reichtum bei."[54]

Worum es aber hier geht, und damit kehren wir ins Irdische zurück, ist der Lebensdruck, unter den sich immer mehr Erdenbürger setzen, um ja in ihrem „endlichen" Leben nichts zu versäumen. Schnell noch so viel wie möglich an den Errungenschaften des Wohlstands partizipieren, denn das Leben ist kurz, und was danach komme, wisse man nicht, falls überhaupt etwas komme.

Als der Mensch noch an Gott und ein Weiterleben irgendwo da oben geglaubt hat, musste er diesen Stress in dieser Form wohl nicht erleben.

Die Negation des Todes ist für die Philosophie überhaupt eines der massivsten Probleme, die den Menschen belasten. Die Menschen leben heute so, als gäbe es kein Morgen – ausnahmsweise im wahrsten Sinne dieses abgedroschenen Satzes. Würden sie das nicht, sondern die Möglichkeit der Einbettung ihrer 80, 90 oder 100 Lebensjahre in etwas Unendliches begreifen, so wären sie „vom Lebensstress entlastet, dem angeblich, einzigen Leben' alles abverlangen zu müssen"[55].

Ob das mit dem „nicht ängstlich ans Leben klammern" allerdings dahingehend funktioniert, dass das Leben damit weniger dem kapitalistischen Konsum- und sozialen Vergleichsstress unterliegt, das darf berechtigterweise bezweifelt werden.

Ein Erklärungsversuch für diese Behauptung: Angesichts unserer letztlich bescheidenen Anzahl von fünf Sinnen, mit denen wir die Wirklichkeit erfassen können, muss es nicht als übertrieben gelten, die explodierenden Konsummöglichkeiten in den letzten Jahrzehnten als „unendlich" zu bezeichnen. Solange wir uns die Zehntausenden (sichtbaren) Möglichkeiten vor Augen führen, ist noch nichts passiert. Die Einkaufswelt glänzt. Aber mit dem Kauf ändert sich alles. Mit einem einzigen Akt sind alle möglichen Möglichkeiten verschwunden, verbaut, zerstört. Zu Hause angekommen, macht die Wirklichkeit (das gekaufte Produkt) nur noch sehr endliche Freude. Zu groß ist schon bald der Schmerz über den Verlust des *nicht Gekauften.* Hinzu kommt: Der Genuss von Dingen erfordert Zeit. Ebenso der Genuss von Erlebnissen:

Erkennen. Verständlich machen. Erfahren. Genießen.

Diese vier Schritte zur Erlebnisdichte sind unabdingbar – trotz aller Beschleunigungsmechanismen, die unser Gehirn technologiebedingt mitmachen muss und dies ohnehin nur zeitversetzt und in viel geringerem Ausmaß zustande bringt, als vom Produkt- oder Erlebnisanbieter verlangt.

Für das menschliche Gehirn wird *Konsum* immer schwieriger. Der Kaufakt in der Gegenwart trägt die Vergangenheit bereits in sich. Das eben Abgeschlossene ist schon wieder alt, die Zukunft noch weiter weg. Dazu kommt, dass wir dem Genuss immer schneller nachlaufen und ihn immer weniger empfinden, wenn es eigentlich soweit sein könnte. Vielleicht auch, weil wir nach wie vor konditioniert zu sein scheinen: Genießen „darf" erst dann erfolgen, wenn es zuvor durch Leistung verdient wurde. Eine Bedingung, der sich laut Freizeitforschern 99 Prozent aller Menschen unterwerfen. Nur eine oder einer von 100 sagt sich offenbar: Das tut jetzt gut, egal, ob ich es (mir) verdient habe oder nicht.

Der Fragebogen zum Sinn

Über die Unterschiede zwischen Glück(sgefühl) und Sinn haben sich auf jeden Fall schon viele Denker und nun auch wir den Kopf zerbrochen, doch auch wenn man dann irgendwann weiß, *wohin* man wollen könnte, so folgt danach der weitaus schwierigere Teil, wie dies auch gelingen kann. Wobei dieses Erkennen, das Glas auch halb voll zu sehen, als nicht weniger *als der entscheidende Schritt zur Richtungs-änderung* festgemacht werden kann. Oder wie es die US-amerikanische Psychologin, Sinnforscherin und Seligman-Schülerin Emily E. Smith sieht: „Wer den Sinn des Lebens an sich erkannt hat, findet leichter einen Sinn im eigenen Leben", und ab diesem Zeitpunkt werde es „insgesamt als bedeutungsvoller empfunden".[56]

Dabei stellt sich für Nicht-Wissenschaftler eine entscheidende Frage: Wie kann man „wissenschaftlich" zu einem Lebenssinn gelangen? Wie kann mir eine Sinnforscherin, ein Sinnforscher Sinnerfüllung wissenschaftlich weismachen – mir als Individuum, mir als Pädagoge, mir als Politiker, mir als Firmenchef und überhaupt mir als Verantwortungsträger, egal ob nur für mich, meine Kinder, meinen Konzern oder einen ganzen Staat?

Die Sinnforscher glauben tatsächlich an ihre Methoden der Sinnaufsuchung. Auch wenn sie einräumen, dass es „ein schwieriges Unterfangen"[57] ist.

Zunächst werden, wie bei jeder Umfrage auch, möglichst viele Menschen, die repräsentativ ausgewählt wurden, interviewt. Die Forscher wissen von Beginn an, dass bei Fragen wie „Was macht Ihr Leben sinnvoll?" oder „Was sind die drei wichtigsten Dinge, die Ihrem Leben Sinn geben?" selbstverständlich *kulturell abhängige Antworten* gegeben werden. Deshalb setzt schon hier die weitere Analyse an. Handelt es sich dabei um unbewusste Stereotype? Antworten die Befragten so, wie sie glauben, dass es „erwünscht" ist, oder sind sie sich wirklich dessen bewusst, was für sie Sinn hat?

Um all diese Fallen so weit wie möglich zu vermeiden, werden spezielle wissenschaftlich fundierte Gesprächstechniken angewendet, konkret sogenannte entscheidungsorientierte Gespräche, wobei gleichzeitig stets darauf geachtet werden muss, dass diese Art von „diagnostischer Situation" nicht eine Form annimmt, die den Vorwurf der Intervention durch den Interviewer auslösen könnte. Ein Fragebogen sollte klarerweise nie das messen, was der Sinnforscher, die Sinnforscherin für sinnvoll hält, und die eigentlichen Antworten bedeutungsloser werden lassen. Zudem birgt Exploration, also das Aufsuchen bestimmter Sachverhalte und Stimmungen mittels qualifizierter Gesprächsführung, immer auch eine Projektionsgefahr in sich. Aber belassen wir es bei der Akzeptanz dieser wissenschaftlich basierten Gesprächsführung, ohne detaillierter auf das „Wie" einzugehen, und vertrauen vorerst der Zuverlässigkeit der Methodik.

Bei diesen strukturiert-explorativen Interviews wird so lange immer wieder nachgefragt, bis *begründete* Antworten gegeben werden. Dabei müssen Umwege gegangen werden, um zu den wirklichen Sinninhalten zu gelangen. Für Tatjana Schnell sind das „persönlich relevante Überzeugungen, bedeutsame Handlungen und außergewöhnliche Erfahrungen"[58] der Interviewten. Diese sogenannte Leitertechnik ist zeitaufwendig und mühsam. Erinnert mich ein wenig an längere Interviewformate im Fernsehen. Ob in der ORF-Pressestunde oder in einem ORF-Sommergespräch. Mit dem dort vorhandenen Zusatzproblem, dass politisch tätigen Gästen diese berüchtigten, vor dem Coach-Spiegel erlernten Antworten anhaften. Sie können in einer Live-Sendung maximal drei- bis viermal hinterfragt werden. Dann muss ein Themenwechsel her. Erstens beginnt sich der TV-Konsument bei der vierten gleichen Nachstoßfrage zu langweilen, und zweitens hat auch eine Polittalk-Stunde maximal 60 Minuten, meist eher 50 Minuten Sendezeit. Und was nach dem dritten Nachfragen nicht kommt, kommt in dieser Kunstwelt ohnehin nie. Aber auch wir Normalbürger, wir Menschen auf der Suche nach einem ganz anderen Sinn, als Wähler zu gewinnen, haben in den letzten Jahren unglaublich viel in Bezug auf Verbalmasken dazugelernt. Meist nicht bewusst, aber wenn etwa in Tatjanas „LeBe"-Fragebogen „Familie" eine der Top-5-Antworten zur Frage nach den wichtigsten Lebensbedeutungen ist, dann wird im Interview immer wieder nachgefragt, also *geleitert* werden. Denn natürlich ist den fragenden Psychologinnen und Psychologen bewusst, dass es gut ankommt, die Familie an erster Stelle zu nennen, auch wenn der Befragte in seinem Innersten spürt und weiß, dass er nicht die Wahrheit sagt, etwa, weil er diese Familie an fünf von sieben Tagen nicht einmal sieht. Aus diesem Grund wird weitergefragt. Was bedeutet denn Familie für Sie *genau*? Was am Familienleben hat für Sie mehr und weniger Sinn? Dann wird die Antwort auf die Antwort hinterfragt. Nehmen wir an, es wird das Stichwort „Heimat" genannt. Familie ist für mich Heimat, also: Welche Heimat? Was bedeutet Heimat überhaupt für Sie?

Eltern kennen das. Ein Kind gibt sich ab einem bestimmten Alter auf keinen Fall mit einer Antwort zufrieden.

Was *ist* ein Auto? – *Wohin* fährt dieser Mann? – *Warum* fährt er zur Arbeit? – Was *macht* er dort? – *Warum* verdient er dort Geld? – Was *macht* er mit dem Geld? – *Was* kauft er dann? – *Warum* kauft er nicht etwas anderes.

Manchmal enden wir bei Gott und schreien unser armes Kind an, dass wir doch nicht wissen *können*, wie der liebe Gott aussieht.

Die andauernde Fragerei, das Nachfragen bis zu einem Fundament, auf dem man an eine letzte Lebensbedeutung gestoßen ist, ist auch im wissenschaftlichen Interview sehr anstrengend. Aber, so formulieren es Schnell und La Cour, es wird in vielen Fällen auch als „sehr klärend – als ob man im Kopf aufräumte"[59] – erfahren.

Die Wissenschaftler an der Universität Innsbruck berichten von durchwegs nahezu euphorischen Reaktionen der Befragten auf die Methode der Sinnsuche mittels LeBe-Fragebogen, was wenig überraschend ist. Wer würde schon in wissenschaftlichen Arbeiten zugeben, dass bestimmte Ansätze misslungen sind. Und tatsächlich kann die Veröffentlichung der Reaktionen von befragten Studienteilnehmern auch ein klarer Hinweis auf das Gelingen der „wissenschaftlichen Sinnsuche" sein.

Ein kleiner Auszug:

„Ich weiß jetzt, welchen ersten Schritt ich gehen muss, um Veränderung möglich zu machen."

„Ich habe einen interessanten Impuls für mein Handeln bekommen."

„Ich habe den Mut dafür gewonnen, meine Situation zu verändern."

„Als ich fertig war, dachte ich: Wow, was ist hier passiert? Ich habe viel darüber nachgedacht. Es war positiv. Es war die Unmittelbarkeit und Einfachheit des Prozesses. Der Prozess war das Wichtige. Vieles wurde viel klarer, weil man Entscheidungen treffen, manche Sachen abwählen musste."

Auch Schnell/La Cour stellen sich übrigens der Frage,

hat es einen Sinn, nach dem Sinn zu fragen?

Wir haben diese Frage eingangs bereits mit „Ja" beantwortet. Natürlich kann jeder Mensch, vom Politiker angefangen über den Unternehmer und Spitzensportler bis hin zum Künstler, bis an sein Lebensende der Sinnfrage ausweichen. Aber sie kommt. Sei es, wie schon erwähnt, in den letzten Tagen, Wochen oder Monaten des Lebens, nach einem Schicksalsschlag oder nach dem Abschied von einem Liebsten. Plötzlich löst sich der Boden unter den Füßen auf, wie Schnell und La Cour es formulieren, der Schmerz überschattet alles. Das Ungewohnte, Neue macht Angst. Das innere Heim fehlt. In Phasen wie diesen könnte man gewappnet sein. Indem man sich *jetzt* mit der Frage nach dem eigenen Lebenssinn befasst, vielleicht sogar mittels eines professionellen Fragebogens. Die so entstehende Orientierungshilfe als Rüstzeug für alles, was noch kommen mag.

Der LeBe-Fragebogen[60] versucht insgesamt 26 Lebensbedeutungen zu bewerten. In sechs Stufen kann die jeweilige Frage mit 0 (stimme überhaupt nicht zu) bis 5 (stimme vollkommen zu) bewertet werden. 26 Fragen, die insgesamt fünf Sinnpaketen zugeordnet werden können.

Mit dieser Methode kann offenbar tatsächlich ganz gut eingeschätzt werden, ob die befragte Person ihr Leben eher sinnerfüllt wahrnimmt oder ob man doch eher in eine Sinnkrise taumelt oder schon in einer steckt?

Sinnfragen zu beantworten – der LeBe-Dialogtest sollte übrigens nicht länger als eine Stunde dauern –, bedeutet, dass es wichtig ist, über das tief in uns Sitzende zu sprechen. Als Hauptproblem erscheinen auf den ersten Blick wohl die dafür fehlenden Formulierungen, doch darum geht es nicht. Vielmehr müssen wir uns fragen: *Wissen* wir überhaupt, was uns wirklich wichtig ist? Abseits von Tradition, Erziehung, sozialem Umfeld und Meinungsmache?

Wir für uns allein. Ich für mich.

Oder nach Tatjana Schnell und Peter la Cour: „Wir leben in einer Gesellschaft, die uns die Freiheit eröffnet, alles Mögliche oder nichts zu glauben."[61]

Mit „alles Mögliche" sind seit einigen Jahren auch die sogenannten „Großen Erzählungen" gemeint, die unser Leben prägen und enorm beeinflussen und es uns so schwer machen, unseren ureigenen Sinn zu erforschen. Die Philosophie ist uns da schon Jahrzehnte voraus, und zwar im umgekehrten Sinn. Sie, vor allem die französische Philosophie, prophezeite bereits in den letzten Jahrzehnten des alten Jahrtausends das „Ende der großen Erzählungen"[62] und die dadurch für uns noch viel schwierigere Aufgabe, abseits (!) dieser Geschichten die eigene zu finden – man könnte vielleicht auch sagen: die Ich-Erzählung.

Für den 1998 verstorbenen französischen Philosophen Jean-François Lyotard sind ideologisch-politische Konstruktionen, die die Grundwerte der europäischen Zivilisation zerstören wollen, solch „große Erzählungen". Aus dem ideologischen Schutt großer „Ideen" solle das Prinzip Freiheit wieder ausgegraben werden. Freie, gerechte Gesellschaft, freies Individuum – eigentlich die Grundthese der Postmoderne. Politik dürfe nie über die Bedürfnisse des Menschen hinweggehen, um abstrakte Ziele zu verwirklichen.[63]

Eigentlich könnten wir unsere Lebensgeschichte auch selbst schreiben. Brauchen wir aber, um in uns den Sinn zu finden, die „Große Gebrauchsanleitung" von außen?

Die Antwort ist wohl in vielen Fällen: Ja.

Vielleicht aber auch: Ja – noch immer. Noch brauchen die meisten Individuen irgendeine Orientierung, einen Richtungsgeber.

Seit einiger Zeit stecken wir im Subjektivierungsprozess. Überzeugungen treffen auf eigene Erfahrungen und werden permanent abgeglichen und infrage gestellt. Es ist ein mühsamer Prozess. Schließlich geht es um nichts weniger als um den Neuaufbau von in sich zu spürenden Wichtigkeiten, die Jahrtausende als tradierte Selbstverständlichkeiten zur eigenen Geburt mitgeliefert wurden. Gebrauchsanweisungen ohne Garantiezertifikate. Eine Art siebter Sinn der *Wesentlichkeit*. Worauf es im Leben (vermeintlich?) wirklich ankommt. Eine Art Bonustrack am Album der sechs Sinn-Songs Sehen, Riechen, Schmecken, Hören, Fühlen und Gleichgewicht. Wobei Letzterer ohnehin meist vergessen wird, wenngleich er erst im 19. Jahrhundert als Gleichgewichtsorgan im Innenohr von Wissenschaftlern entdeckt worden ist. Bis dahin hatte Aristoteles die Nase vorne. – In „De anima" nannte er erstmals die fünf Sinne und schloss die Existenz irgendeines weiteren aus.

Heute sieht die Wissenschaft eigentlich das Doppelte, werden zu den Signalen von außen auch jene von innen dazugezählt wie das Wahrnehmen des eigenen Körpers (die Propriozeption) oder die Wahrnehmung der Temperatur, jene des Schmerzes und jene der inneren Organe (viszeraler Sinn).

So betrachtet, wäre der Sinn für das Wesentliche bereits die Nummer 11. Doch genau diese Nummer 11 wird seit einigen wenigen Jahrzehnten nicht mehr nur durch Tradition und Erziehung mitgeliefert. Das, worauf es im Leben wirklich ankommt, müssen wir immer mehr selbst entdecken. Das hat allerdings auch Vorteile. Ein neues Haus lässt sich etwa schneller auf die grüne Wiese stellen und wird zudem den Anforderungen der Gegenwart und nahen Zukunft wohl in jedem Ziegel oder Holzstück mehr gerecht als ein aufwendig zu adaptierender Altbau.

Aber da *ist* anderseits auch nichts mehr, auf dem sich aufbauen ließe. Nichts. Wieder mit dem Vorteil, dass ich auf nichts Gegebenes zu achten habe. Freiheit pur, wie sie Menschen in zivilisierten Gesellschaften nie zuvor gehabt haben.

Was die Sinnwahrnehmung und gar die Sinnerfüllung nicht einfacher macht, sondern sie eher noch in nie erfahrene Komplexität treibt. Sinnerfüllung basiert vorrangig auf Sinnerfahrung, der dann eine in den meiste Fällen unbewusste Bewertung folgt. Entsprechend folgender Kriterien[64], empfinde ich – nach der Sinnerfahrung – mein Leben als

- kohärent,
- bedeutsam,
- orientiert,
- zugehörig.

Kohärenz

ist nicht einfach zu erklären. Versuchen wir es über das sogenannte Kohärenzgefühl. Es herrscht dann vor, wenn wir das, worum es geht, zunächst verstehen. Alles hängt mit allem zusammen (lat. cohaerere = zusammenhängen). Erst darauf aufbauend, könnte eine zuversichtliche Lebenseinstellung entstehen. Denn aufgrund von Erfahrungen sind bestimmte Entwicklungen vorhersehbar, wodurch die Wahrscheinlichkeit gegeben ist, dass sich manche Dinge so entwickeln, wie man es eben erwarten kann und muss. Daraus kann wiederum eine Überzeugung reifen, dass das eigene Leben selbst gestaltet und bewältigt werden kann.

Auf Gedanken wie diesen hat der israelisch-amerikanische Soziologe Aaron Antonovsky das Konzept der Salutogenese entwickelt, wonach Gesundheit kein passiver Gleichgewichtszustand ist, sondern ein aktives Geschehen voraussetzt. Man beschäftigt sich im Gegensatz zur Pathogenese nicht mit der Frage „Warum wird der Mensch krank?", sondern mit der Frage „Was hält den Menschen gesund?" Erinnert ein wenig an die Positive Psychologie.

Die Bedeutsamkeit

im Rahmen des Sinnerlebens sollte keiner näheren Erklärung bedürfen. Wichtig ist jedenfalls, spüren zu können, wie die betreffende Sache handzuhaben ist. Die jeweilige Sinnerfahrung sollte am Weg des Lebens auch zu einer

Orientierung

führen, zu einer Art Kompass. Oder wie der frühere österreichische liberale Politiker Matthias Strolz einmal so schön formuliert hat, zum „Pilot seines Lebens" zu werden.

Zugehörigkeit

schließlich bedarf keiner besonders konkreten Deutung – es geht darum, sich als bedeutsamer Teil eines größeren Ganzen zu fühlen. Für immer mehr Menschen des 21. Jahrhunderts ist dies längst keine Selbstverständlichkeit, die Zahl der Single-Haushalte explodiert, die Zeit in den oft unsozialen Medien wächst proportional zur Angst vor dem Scheitern mitten in einem großen Ganzen. Da schon lieber allein bleiben mit dem Draht zur Netzwelt als verunsichert im realen Menschengemenge.

Dennoch: Eine Sinnerfahrung, die irgendwann zur Sinnerfüllung wachsen soll, braucht Familie, Freunde, Kollegen, Gleichgesinnte, zumindest am Diskurs Interessierte, Sportfreunde, Glaubensfreunde, welcher Gruppe auch immer. Im Idealfall mehrerer. Dabei geht es um Gebrauchtwerden und Verantwortungsgefühl statt Isolation und Sinnleere. Die vier Kriterien der Kohärenz, Bedeutsamkeit, Orientierung und Zugehörigkeit können nicht isoliert gesehen werden, und es ist das „Vorhandensein von Sinnerfüllung meist nicht bewusst, kann aber bewusst gemacht werden"[65], sagen die Philosophen Schnell und La Cour. Was bedeutet, dass alles, was an „Sinnlichem" auf mich einströmt, zunächst *nicht* in mir ist. Und selbst dann, wenn wir so etwas wie ein Kohärenzgefühl empfunden haben, müssen weitere Hürden übersprungen werden, damit es vom unbewusst Erlebten ins Bewusstsein wandern kann.

Denn alles, was ich nur denke, habe ich noch lange nicht erfahren. Das Hinein*denken* in eine Sache, eine Aufgabe, mag löblich sein, genügt aber nicht.

Das Bauchgefühl

Es bedarf zunächst einer Verbindung dessen, was wir durch unsere Sinne wahrgenommen haben, und dem Denkprozess. Diese ergibt allerdings noch keine *Erfahrung*. Erfahrung wird durch die Verbindung von Zeitphasen, die schon vergangen sind, und Dingen, die ich schon erlebt habe, gewonnen. Der deutsch-koreanische Philosoph Byung-Chul Han: „Auch die Erfahrung beruht auf einer temporalen Erstreckung, auf einer Verschränkung von Zeithorizonten. Für das Subjekt der Erfahrung ist das Vergangene nicht einfach verschwunden oder verworfen … Der Abschied verdünnt sich nicht in der Präsenz des Gewesenen."[66]

Bei der Erfahrung handelt es sich also einen längeren Zeitraum und sie muss ihre Tore stets offen lassen für das, was noch kommt. Das Erlebnis hingegen ist eher punktuell und betrifft einen kurzen Zeitraum.

Erst wenn wir etwas sinnlich wahrgenommen und erfahren haben, kennen wir es. Doch haben wir es dann auch schon *erkannt*? Haben wir dann schon eine Erkenntnis erlangt?

Nein. Es kann keine Erkenntnis sein, wenn wir meinen, etwas wirklich zu wissen, nicht aber danach handeln. Die uns tatsächlich reifer machende Erkenntnis ist erst dann wirklich in uns, wenn das, worum es geht, vom Geist nach unten gerutscht und als Bauchgefühl gelandet ist.

Was nützt es zum Beispiel zu wissen, dass süße Lebensmittel dick machen, und ich sie dennoch weiter konsumiere? Wenn ich Ungesundes im Speiseplan nur einschränke, wird der Effekt des sich körperlich besser Fühlens nicht eintreten, erst, wenn es zumindest über einen längeren Zeitraum gelungen ist, gar nichts Süßes in mich zu stopfen, wird sich ein positiveres Lebensgefühl einstellen. All das ist ebenso auf andere Bereiche umzulegen: auf Alkohol, auf Bewegungslosigkeit, Dauerstress, Smartphone-Sucht, Beziehungen. Ein dahin Gesagtes „Mache ich nicht mehr!" oder „Das war das letzte Mal!" verhallt im Du, im Empfänger der Botschaft, wenn er weiß, dass den Worten nur selten Taten folgen. Dieses Abrutschen vom bloßen Gedanken über einen festen Willen, über wahre Entschlossenheit „hinunter" in das Bauchgefühl einer wohltuenden, ja wärmenden Stimmigkeit – genau das wäre es. Der Türöffner zu einem echten Sinn*gefühl*.

Einen Sonntag lang den Sinn suchend durch die Natur zu wandern, in der Hoffnung, durch diesen Philosophentipp den Sinn am späten Nachmittag dort zu entdecken … das wird nicht reichen.

Wie überhaupt daran zu erinnern ist,

Sinn*suche* ist sinnlos.

Das hat sie mit der Suche nach dem Glück gemein. Es geht immer darum, die Bedingungen dafür zu schaffen, dass die Viererkette an Wahrnehmung – Erfahrung – Kenntnis – Verinnerlichung durch Handeln überhaupt möglich wird.

Den „Erfindern" des LeBe-Fragebogens zufolge wird das Leben eines Menschen von diesem besonders sinnerfüllt empfunden, wenn er oder sie zumindest drei der fünf großen Fragenkomplexe zu den oben genannten Kriterien sinngemäß mit „Ja, das ist bei mir so" beantwortet hat.

Zur Erinnerung und Verinnerlichung nochmals die fünf Sinn-pakete nach Schnell und La Cour[67]:

Sinnerfüllung Sinnkrise

Selbsttranszendenz
- Selbsttranszendenz vertikal
  - Soziales Engagement
  - Explizite Religiosität
- Selbsttranszendenz horizontal
  - Naturverbundenheit
  - Selbsterkenntnis
  - Gesundheit
  - Generativität
  - Spiritualität

Selbstverwirklichung
- Herausforderung
- Individualismus
- Macht
- Entwicklung
- Leistung
- Freiheit
- Wissen
- Kreativität

Ordnung
- Tradition
- Bodenständigkeit
- Moral
- Vernunft

Wir- und Wohlgefühl
- Gemeinschaft
- Spaß
- Liebe
- Wellness
- Fürsorge
- Bewusstes Erleben
- Harmonie

- *Vertikale Selbsttranszendenz* („*Eine höhere Macht*" – tatsächliche Religiosität, Spiritualität)
- *Horizontale Selbsttranszendenz* („*Das größere Ganze*" – gesund, sozial engagiert, über das eigene Leben hinauswirkend, naturverbunden, zur Selbsterkenntnis fähig)
- *Selbstverwirklichung* („*Mich entwickeln*")
- *Ordnung* („*Struktur und Sicherheit*")
- **Wir- und Wohlgefühl** („*Für mich sorgen/mit anderen sein*")

Nicht alle 26 Lebensbedeutungen („LeBe") zählen gleich viel. Für die Sinnerfüllung ganz besonders wichtig ist die Generativität. Ich wünsche nicht nur, nein, ich sehe mich letztlich dazu verpflichtet, Dinge zu tun, die über mein eigenes Leben hinauswirken. Das ist am intensivsten mit Kindern spürbar. Dieses „Weitergeben" gehört wohl zu den schönsten Erfahrungen, die man als Bürger dieser Erde machen darf.

Generativität ist aber auch erlebbar, wenn *Dinge* geschaffen und getan werden, die den folgenden Generationen zur Verfügung stehen. Man denke etwa an wissenschaftliche Errungenschaften, Kunstwerke, Musikstücke, sportliche Meisterleistungen von einflussreichen Persönlichkeiten wie Freud, Mozart, Gandhi, Goethe oder Ronaldo oder an eine ehrenamtliche Tätigkeit, die über das eigene Leben hinauswirkt, oder noch besser an eine Institution, die man selbst geschaffen und aufgebaut hat. Es muss ja nicht gleich das Werk des Schweizer Geschäftsmanns Henry Dunant werden, der vor mehr als 160 Jahren am Schlachtfeld von Solferino miterlebte, wie Zehntausende verletzte Soldaten einfach liegen gelassen wurden. Mitten im Gemetzel kam ihm der Gedanke zur Hilfsorganisation des Roten Kreuzes.

Sinnsuche – Sinn wahrnehmen – Sinn erkennen.

Ein mühsamer Weg – im Vergleich zum schnellen Glück.

Also „Sinn statt Glück"?

Nein. Glück kann und soll *auch* sein. Zusätzlich zum Sinn. Aber Glück, so raten Psychologen, die in der Glücksforschung stecken geblieben sind oder bewusst in ihr verharren, soll über eine *Tätigkeit* und nicht durch ein *Produkt* erreicht werden.

Glück erleben statt erkaufen.

Sport statt Sport im Pay-TV. Reisen statt Luxusgüter. Verweilen statt beeilen.

Landschaften sehen, Aktivitäten erleben, Leute kennenlernen.

„Man könne durchaus auch *Dinge* als einen Teil seiner Identität begreifen, aber sie blieben immer von der Persönlichkeit getrennt"[68], meinte schon 2003 der US-amerikanische Psychologe Thomas D. Gilovich. Das bis zuletzt verschobene Reiseerlebnis schmerzt am Lebensende mehr als jedes nicht gekaufte Auto.

Aber Achtung!

All diese Erkenntnisse gelten nur unter einer Voraussetzung: wenn alle Grundbedürfnisse weitgehend gestillt sind. Wenn also der eigene Lebensstandard in etwa dem der Durchschnittsbevölkerung eines Landes entspricht oder diesem gegenüber zumindest nicht drastisch nach unten abweicht. Das heißt, erst wenn Essen, Trinken, Sicherheit, ein einfaches Heim und Jahrzehnte nach dem Zweiten Weltkrieg in Europa auch ein Kleinwagen und einmal Urlaub im Jahr Teil der kleinen Wohlstandswelt geworden sind. Erst wer das erreicht hat und darüber hinaus ein wenig mehr verdient als bisher, kann sich den Luxus leisten, sich Gedanken über Sinnerfüllung zu machen.

Der Sinn von „Geschichten"

Die in Zürich geborene und in Montreal aufgewachsene Vertreterin der Positiven Psychologie Emily E. Smith schreibt in ihrem 2018 auf Deutsch erschienenen Buch „Glück allein macht keinen Sinn", dass das „Verstehen der Welt durch Geschichten" eine von vier Hauptsäulen eines erfüllten Lebens ist – neben den uns schon bekannten Säulen „sich zugehörig fühlen", „die eigene Bestimmung finden" und

„sich als Teil eines größeren Ganzen erfahren". Sie konzentriert sich in ihrem Buch jedoch meist auf sehr dramatische Lebensgeschichten. Sie erzählt von Menschen, die nach schweren Unfällen und dauerhaften großen körperlichen Einschränkungen die Sicht auf ihr Leben ändern. Meist zum Positiven. Geschichten, die fesseln, schmerzen und wohl jede Leserin und jeden Leser in eine längere Nachdenklichkeit mitnehmen.

Doch das muss nicht sein. Sein Leben ändern, sich selbst in eine neue Erzählung stellen, dafür reicht eine einzige Entscheidung. So banal es klingen mag, aber es kann auch die geänderte Sichtweise auf das halb volle denn das halb leere Glas zum entscheidenden Impulsgeber werden.

Die moderne Psychologie und Psychotherapie beschäftigt sich mit Lebensentscheidungen, die wir irgendwann getroffen haben, aber als Geschichte des falschen Weges und deshalb als *schlecht* gespeichert haben. Forscher konnten wissenschaftlich darstellen, dass eine Neubearbeitung, Umdeutung, ja sogar eine Änderung einer bestimmten Geschichte um eine wichtige Lebensentscheidung möglich ist. Dabei geht es nicht darum, ein Minus in ein Plus umzudeuten, sondern in sehr vielen Fällen um das Erkennen, dass das Speichern einer „Geschichte von damals" aufgrund der zur Verfügung gestandenen Fakten völlig unangemessen und meist auch wenig schlüssig erfolgt ist. Dass manches vielleicht gar nicht so schlimm war, wie wir es in Erinnerung behalten und immer wieder (dunkel eingefärbt) weitererzählt haben.

Geschichten zu erzählen, kann jedenfalls sinngebend wirken. Vor allem für Menschen, denen es in ihren Geschichten gelingt, ihr persönliches Wachstum zu betonen und schmerzliche Erfahrungen als für sie selbst gewinnbringend zu verarbeiten und auch weiterzugeben. So in etwa könnte man das Forschungsprojekt des Erzählpsychologen Dan P. McAdams zusammenfassen. McAdams arbeitet seit Jahren an der Entwicklung eines lebensgeschichtlichen Modells der menschlichen Identität und beschäftigt sich mit Generativität, dem autobiografischen Gedächtnis sowie psychologischen Biografien.

Forscher in diesen Bereichen halten es aufgrund empirischer Daten für möglich, dass schlechte Erfahrungen eine aufbauende, positivere Be- und Umdeutung bekommen können, wenn sich – und das ist entscheidend – die Betroffenen selbst als Handelnde begreifen. Vereinfachend ist man versucht zu sagen: Sieh das Gute im Schlechten.

Als revolutionär neu ist diese Erkenntnis nicht zu betrachten, wie ein neuerlicher Blick auf Viktor Frankl zeigt.

Es empfiehlt sich – durchaus auf längeren Autofahrten –, Vorträge des Wiener Psychiaters anzuhören. Etwa jenen, als Frankl im Oktober 1979 im übervollen Audimax der Universität Wien über seine Besuche bei Schwerstverbrechern im Hochsicherheitsgefängnis San Quentin in Kalifornien in den 1960er-Jahren berichtet und eine Geschichte wie diese zum Besten gibt.

Ein Häftling habe dort lautstark, fast schimpfend dem Anstaltsleiter Folgendes erzählt – Viktor Frankl *schreit* diese Geschichte beinahe den Hunderten Studentinnen und Studenten der Neurologie und Psychiatrie entgegen:

*„Da schicken sie uns jeden Monat einen Psychiater, einmal aus Los Angeles, einmal aus San Francisco, dann wieder aus Los Angeles. Und JEDER von ihnen hat uns Häftlingen immer wieder und wieder das Gleiche gesagt: Ihr seid's arm, ihr seid's Opfer, ihr Armen seid das Produkt eurer Kindheit. Wir konnten es einfach nicht mehr hören. Und da kommt dann plötzlich dieser Kerl aus Europa, dieser Frankl, und sagt uns auf einmal ganz etwas anderes. Nix arm seid ihr, ihr seid's Menschen wie du und ich. Und als Menschen habt ihr damals die Freiheit gehabt, **so** oder eben **so**, also anders, zu handeln. Ihr habt die Freiheit gehabt, einen Unsinn anzustellen, eine Gemeinheit zu begehen oder was weiß ich was. Was auch immer. Aber JETZT habt auch ihr als Menschen eine Verantwortung. Eine Verantwortung, über eure Schuld HINAUSzuwachsen. DAS haben wir hören wollen. Nicht das Geschwafel der anderen Psychiater, die machten aus uns nur reparaturbedürftige Apparate – aber der da aus Europa, der nimmt uns als Menschen ernst.“*[69]

Und, fährt Frankl fort, ja brüllt es fast ins Auditorium Maximum: *„DAS heißt, sich human auf jemanden einzustellen. Das andere ist Reduktionismus: der Mensch als Produkt psychodynamischer, sozioökonomischer, chemischer Vorgänge und Prozesse. Aber der Mensch ist doch MEHR als das und dadurch ist er ja überhaupt erst Mensch."*

Viktor Frankl ist es gelungen, durch das Angebot eines neuen Blickwinkels in den Häftlingen, deren Leben im Gefängnis zu Ende gehen wird, ein wenig Hoffnung auszulösen – inmitten der sichersten Haftanstalt Kaliforniens.

In Frankls Vorträgen, Büchern und Interviews stecken unzählige Geschichten. Geschichten über Sinnfindung – auch in Situationen, die auf den ersten Blick voll grenzenloser Aussichtslosigkeit, Verzweiflung oder Tristesse zu sein scheinen. Einen alten Mann, der über den Tod seiner Frau, mit der er jahrzehntelang zusammenlebte, nicht hinwegkommen konnte, fragte er nach einem möglichen Sinn dieses Todes. Und erkundigte sich danach, was wäre gewesen, wenn Sie zuerst gestorben wären? Dann, so antwortete der Mann, hätte sie vermutlich das durchgemacht, was ich jetzt erleiden muss. Sehen Sie, antwortete Frankl, dann hat der Tod Ihrer Frau *zumindest* den Sinn gehabt, dass *ihre Frau* das jetzt *nicht* durchmachen muss. Der Mann sei dann aufgestanden, habe sich mit großer Intensität bedankt, und – mit Tränen in den Augen – den Raum verlassen, erzählt Viktor Frankl.

Ergriffen lässt einen auch die folgende Doppelgeschichte zurück. „GEO Wissen" beginnt damit 2014 einen Beitrag im Heft „Was gibt dem Leben Sinn"[70].

„Nach allem, was später bekannt wurde, hatte Mitchell Heisman eigentlich viele Gründe, sich des Lebens zu erfreuen. Er schrieb ein Buch und war davon erfüllt. Er musste nicht arbeiten, weil er genug Geld geerbt hatte. Und als alleinstehender, attraktiver Mann von Mitte 30 fand er ohne Schwierigkeiten Frauen, die mit ihm ausgehen wollten.

Martha Masons Alltag war dagegen schwierig. Mit elf Jahren bekam sie Kinderlähmung – drei Tage nachdem ihr Bruder daran gestorben war. Sie überlebte, aber der Virus lähmte sie völlig, sodass sie ihre Tage und Nächte fortan in einer ,eisernen Lunge' verbringen musste, einem

*360-Kilo-Metall-Zylinder, der ihren Brustkorb mechanisch aufblies und
zusammenpresste. Gut 60 Jahre lag sie in dem Apparat. Sie war nicht in
der Lage, zur Toilette zu gehen, musste gefüttert werden und konnte nur
trinken, wenn ihr jemand einen Strohhalm in den Mund schob.*

*Mitchell und Martha haben einander vermutlich nie kennengelernt.
Doch was ihre Geschichten verbindet – zugleich aber auch meilenweit
trennt – ist der Umstand, dass beide durch die Fügungen ihres Lebens
sehr bewusst mit einer Frage konfrontiert waren, die zunehmend auch
die Wissenschaft beschäftigt: Worin liegt der Sinn unseres Daseins?*

*Für Martha kam dieser Moment erstmals, als sich ein Arzt ans Bett
der damals Zwölfjährigen setzte und ihr erklärte, wie ihre Zukunft aussehen würde: nie mehr laufen, nie selbstständig sein, kein Leben vom Hals
abwärts. Es war eine niederschmetternde Diagnose für das Mädchen
aus einem 44-Seelen-Dorf im Südosten der USA, doch sie erweckte in
Martha den Ehrgeiz, sich nicht unterkriegen zu lassen. Sie ließ sich von
ihren Lehrern Lernmaterial in ihr Elternhaus bringen und absolvierte
das Gymnasium als Klassenerste; später errang sie einen Abschluss an der
Hochschule. Sie lud sich Besucher ins Haus und war im Dorf bald als
gute Zuhörerin und Trösterin bekannt. Sie las mit Leidenschaft. ‚Trotz
der Widrigkeiten, die mein nutzloser Körper verursacht, sehe ich das
Leben als Abenteuer, für das es sich jeden Morgen lohnt aufzuwachen‘,
schrieb sie als 66-Jährige in ihrer Autobiografie, die sie mithilfe eines
sprachgesteuerten Computers verfasste.*

*Mitchell Heisman kam zu einem anderen Schluss. Spätestens seit dem
Tod seines Vaters, da war er zwölf Jahre alt, zweifelte er am Zweck des
menschlichen Daseins – ein Thema, dem er sein Buch widmete. Fünf
Jahre schrieb er daran, 1904 Seiten. Und kam zu dem Fazit: ‚Jedes Wort,
jeder Gedanke, jede Emotion führt zurück zu einem Grundproblem:
Das Leben ist sinnlos.‘ Zwei Tage, nachdem er sein Buch beendet hatte,
kleidete er sich in einem weißen Smoking und zog weiße Schuhe an. Er
band sich eine weiße Krawatte um, warf einen Trenchcoat über und
steckte einen Revolver ein. Es war Jom Kippur, der jüdische Feiertag der
Versöhnung. Mitchell – ein Jude – ging zu einer Kirche, stieg die Stufen
hinauf, richtete die Waffe auf seinen Kopf und erschoss sich.“*

Wenn man nach Geschichten Ausschau hält, stößt man nicht nur auf dramatische Erzählungen. Deshalb lasse ich nun ein Beispiel aus der Welt des Sports folgen, das aufzeigt, worum es bei der Frage nach dem Lebenssinn auch gehen kann. Blenden wir nun zurück in das Jahr 2006. Deutschlands Star-Torhüter Oliver Kahn wird bei der Fußballweltmeisterschaft im eigenen Land nicht aufgestellt, sondern durch Jens Lehmann ersetzt. Kahn ist fassungslos. Dass er dann im letzten Spiel, dem um Platz drei gegen Portugal, doch einlaufen darf, dämpft seine Wut nur geringfügig. Zwölf (!) Jahre später gibt Kahn dem SPIEGEL dieses Interview:

SPIEGEL: War es ein Fehler, 2006 als Nummer zwei hinter Jens Lehmann mitzufahren?
Kahn: Im Rückblick war das sicher eine meiner besseren Entscheidungen.
SPIEGEL: Warum?
Kahn: Sich einer Sache unterzuordnen, die größer ist als das persönliche Schicksal, und dabei nicht den ganzen Tag mit einem „Beleidigte-Leberwurst-Gesicht" herumzulaufen, kann der eigenen Entwicklung nicht schaden. Zudem hatte ich mit dem Spiel um Platz drei gegen Portugal einen vernünftigen Abschied aus der Nationalmannschaft. Diese Wochen gehören für mich zu den wichtigsten in meiner Karriere.[71]

Sätze, wie sie ein Experte für Generativität nicht besser formulieren hätte können, schreibt später die ZEIT. Aber in diesem Interview fällt noch eine weitere Passage auf:

Kahn: Bei einem noch jungen Sportler gibt es zwei Möglichkeiten. Entweder er wächst an der Situation, was viel mentale Arbeit erfordert, oder, wie ich bereits bei der TV-Analyse im ZDF gesagt habe: So etwas kann auch mal eine Karriere zerstören.
SPIEGEL: Ihnen ist schon bewusst, dass er Ihren Kommentar auch mitbekommt?

Kahn: Für Phrasendrescherei nach dem Motto „Kopf hoch, das wird schon wieder" bin ich nicht zu haben. Weil es der Situation nicht gerecht wird, sondern sie banalisiert. Wie oft haben wir erlebt, dass Sportler nach so einem Fiasko nicht mehr ihr höchstes Niveau erreicht haben. Andererseits haben wir zum Beispiel Bastian Schweinsteiger gesehen, der im Champions-League-Finale 2012 gegen Chelsea den entscheidenden Elfmeter verschossen hat. Was wurde damals für eine Häme über ihn ausgeschüttet. Ein Jahr später wurde er Champions-League-Sieger und 2014 Weltmeister, weil er die richtigen Schlüsse gezogen hat. Ich wünsche Loris Karius, dass es ihm gelingt, ähnlich gestärkt aus diesem Erlebnis hervorzugehen.

Sinnsuche ist sinnlos

Was für das Glück gilt, trifft erst recht auf den Sinn zu: Nur wer nicht suchet, der findet. Wer, statt planlos durchs Haus zu laufen, überlegt und nachdenkt, der kommt eher ans Ziel. Wann, wo und unter welchen Umständen ist etwas verloren gegangen? Die letzten Stunden rekonstruieren …

Bei der Suche nach Sinn hilft das alles nicht. Wie schon zuvor angeführt, hilft dabei, wenn überhaupt, nur das Vorhandensein ganz bestimmter Umstände. Natur, wenig Ablenkung und alle sieben Sinnesorgane auf Empfang gestellt. Und wer den Sinn wirklich sucht, dem entkommt er auch schon wieder.

Versuche mit einer Hand zu klatschen, soll im Zen-Buddhismus einmal gelehrt worden sein. Nach heutigem Erkenntnisstand wird das nicht gelingen (Klatschen auf andere Körperteile oder Dinge gilt nicht). Dabei geht es nicht um das Ziel, sondern um den Weg. „Nur" um das Nachdenken, das Sinnieren darüber, wie man zum Ziel gelangen könnte, den Verstand also für neue Gedankenwege zu öffnen und – im besten Fall – dadurch zu neuen Erkenntnissen zu gelangen.

Der Mensch wird den Sinn weitersuchen – trotz prominenter Empfehlungen, es nicht zu tun.

Friedrich Nietzsche warnt in „Der Antichrist" davor, „das Schwergewicht des Lebens nicht ins Leben, sondern ins ‚Jenseits'"[72] zu verlegen, denn so habe man „dem Leben überhaupt das Schwergewicht genommen. Die große Lüge von der Personal-Unsterblichkeit zerstört jede Vernunft, jede Natur im Instinkte – alles, was wohltätig, was lebensfördernd, was zukunftsverbürgend in den Instinkten ist, erregt nunmehr Misstrauen. So zu leben, dass es keinen Sinn mehr hat zu leben, das wird jetzt zum Sinn des Lebens"[73].

Theodor Adorno: „Leben, das Sinn hätte, fragte nicht danach."[74]

Ludwig Wittgenstein: „Die Lösung des Problems des Lebens merkt man am Verschwinden dieses Problems."

Der Wiener Schriftsteller und Sprachtheoretiker Oswald Wiener (bewusst in Kleinschreibung): „lass dich leben. es geht ohne motiv."[75]

Aber was nun? Ist das Philosophieren, Psychologisieren und Sozialforschen vergeblich?

Nein, ist es nicht. Denn trotz aller Warnungen. Der Mensch sucht immer weiter.

Und das ist *auch* gut so!

Warum?

Weil die Forschung im zweiten Jahrzehnt dieses Jahrhunderts nicht geschlafen hat. Der Zusammenhang zwischen einem Leben, das sinnvoll und sinnerfüllt erlebt wird, sowie körperlicher Beständigkeit gilt als eindeutig. Das, was Viktor Frankl schon in seinem weltweit aufrüttelnden Buch „… trotzdem Ja zum Leben sagen" beschreiben konnte, gelangt zusehends auf wissenschaftlich erforschte Beine. Frankl, selbst jahrelang in fürchterlichsten Konzentrationslagern, hatte beobachtet, dass Häftlinge, die bis auf die Knochen abgemagert und enderschöpft Tag um Tag weiterarbeiteten, weil sie noch *irgendeinen* Sinn sahen, länger lebten als jene, die sich aufgegeben hatten. Jahrzehnte später versucht man einen Beweis für diesen Zusammenhang zu finden.

Älteren Menschen, die einen Sinn im Leben sehen, ist es offenbar möglich, den kognitiven Abbau im Zuge eines Alzheimers zu verlangsamen. Das besagt eine Studie der Universität Chicago. Die Probanden mussten nicht nur irgendeinen abstrakten Lebenssinn angeben, sondern es wurde anhand eines längeren Fragebogens sehr genau überprüft, ob sie es tatsächlich noch für wert befunden haben zu leben, und wenn ja, *worin* diese Menschen ihren Sinn im Alter gesehen haben.

Die folgenden Fragen[76] mussten je nach innerer Einstellung gewichtet werden.

1. *Ich fühle mich gut, wenn ich an das denke, was ich in der Vergangenheit getan habe und was ich in Zukunft hoffen werde.*
2. *Ich lebe das Leben einen Tag nach dem anderen und denke nicht wirklich an die Zukunft.*
3. *Ich neige dazu, mich auf die Gegenwart zu konzentrieren, weil die Zukunft mir fast immer Probleme bringt.*
4. *Ich habe einen Sinn für Richtung und Zweck im Leben.*
5. *Meine täglichen Aktivitäten erscheinen mir oft trivial und unwichtig.*
6. *Früher habe ich mir Ziele gesetzt, aber jetzt scheint das Zeitverschwendung zu sein.*
7. *Ich mache gerne Pläne für die Zukunft und arbeite sie in die Realität um.*
8. *Ich bin eine aktive Person bei der Umsetzung der Pläne, die ich für mich selbst festgelegt habe.*
9. *Einige wandern ziellos durchs Leben, aber ich bin keiner von ihnen.*
10. *Manchmal habe ich das Gefühl, ich hätte alles getan, was es im Leben zu tun gibt.*[77]

Zu dem Zeitpunkt, als die Senioren befragt wurden, waren sie kognitiv gesund. Sie konnten also Informationen gut aufnehmen und für sich weiter verarbeiten. Das mittlere Alter, in dem sie verstorben waren, belief sich auf 89 Lebensjahre. Nach deren Tod versuchte ein Wissenschaftlerteam rund um Patricia Boyle mittels Gehirnautopsien Alzheimerspuren wie etwa Amyloid-Plaques und Tau-Fibrillen zu entdecken.

Das Ergebnis: In den Gehirnen von in den letzten Jahren sinnerfüllt lebenden Menschen waren zwar ähnlich viele Spuren von Alzheimer zu finden wie bei jenen, die in ihrem Leben keinen großen Lebensweck mehr gesehen hatten.

Aber: Jene Studienteilnehmer mit einem starken Lebenssinn hatten vor ihrem Tod eine deutlich bessere kognitive Leistung als solche, die im „Sinn-Fragebogen" eher eine negative Antwort zu ihrem subjektiven Wertgefühl abgegeben hatten. Die Unterschiede blieben auch dann noch signifikant, wenn Alter, Depressionen, die Größe des sozialen Netzwerks oder körperliche Aktivität berücksichtigt worden waren.

Resümee der Forscher: Wer im Leben einen Zweck sieht, geistig und sozial aktiv ist, fühlt sich im Großen und Ganzen glücklich und zufrieden und wird gesellschaftlich mehr anerkannt. Damit könnten die sogenannten neuronalen Reserven gehalten werden, das Gehirn könnte wirkungsvoller arbeiten, und rein pathologische Vorgänge könnten zwar nicht aufgehalten, aber durch andere Prozesse länger kompensiert werden.

Auch die Universitätsprofessorin für Persönlichkeits- und Differentielle Psychologie an der Universität Innsbruck, Tatjana Schnell, sieht eine bessere körperliche Gesundheit und sogar eine längere Lebensdauer durch Sinnerfahrung empirisch belegt. Dazu kommt, dass jemand, der sein Leben lohnenswert findet, bereit ist, mehr für Fitness und gesunde Ernährung zu tun sowie den Suchtmittelgebrauch zu verweigern oder zumindest deutlich einzuschränken.

Die Sinnerfüllung habe auch einen „Puffer-Effekt". Sinn-Menschen würden sich von Stress und schwierigen Ereignissen nicht so schnell umwerfen lassen wie Menschen, die der Sinnfrage gleichgültig gegenüberstehen.[78]

Während 2004 in einer repräsentativen Umfrage in Deutschland nur 4 % der Befragten angaben hatten, unter einer Sinnkrise zu leiden, halten wir übrigens heute bei 11 % – Tendenz steigend.

„Einer der Wendepunkte war sicherlich die Bankenkrise 2007/2008. Erst dann begannen viele, die Sinnhaftigkeit dieses Wirtschaftssystems zu hinterfragen, dessen Prämissen wie individuelle Freiheit, Leistung, Wettbewerb und Konkurrenz ja auch unser Privatleben geprägt haben und heute noch prägen. Es kamen Fragen auf wie: Was haben wir letztendlich von individueller Freiheit? Warum sollten wir alles auf Leistung und Wachstum setzen? Ist Konkurrieren wirklich besser als Zusammenarbeit? Dieses Infragestellen von bisher grundlegenden Überzeugungen hat bewirkt, dass das Fundament an Stabilität verliert und der existenzielle Boden unter den Füßen schwindet. All das begünstigt dann auch eine Zunahme der Sinnkrisen"[79], meint Tatjana Schnell.

Wobei die Sinnkrise schon die vorletzte Stufe – vor der Sinnlosigkeit – ist. Und vor der Krise kommt noch die Leere. Und da zeigen sich viel dramatischere Werte. Die Frage nach dem Sinn *meines* Lebens (nicht zu verwechseln mit dem Sinn *des* Lebens) ist mir egal. Diesen Satz unterschreibt heute jeder dritte Deutsche. Bei jungen Menschen sind es alarmierende 50 Prozent. Laut Psychologin Schnell sind die Werte in Österreich, Frankreich oder Skandinavien nahezu gleich. Diese vielen Millionen Menschen vermissen den Lebenssinn nicht einmal. Sie halten sich aus großen Fragen eher heraus, leben vor sich hin, sind weder besonders zufrieden noch unzufrieden und der Ansicht, dass das Leben eben so sei, wie es sei. Klingt nach wenigen Problemen und einem halbwegs gut bewältigbaren Alltag. Wären da nicht zwei zentrale Punkte, die das so Dahinleben nicht nur trostlos, sondern auch gefährlich machen könnten.

Zum einen schließt man sich mit dieser Einstellung von jedem Quellwasser der Lebensfreude aus. Da sprudelt nichts mehr. Und irgendwann vielleicht nur noch Alkohol. Zum anderen wird es gefährlich, wenn *diese* Menschen ein Schicksalsschlag trifft. Vom Tod eines geliebten Menschen über eine Trennung nach einer langjährigen Partnerschaft bis zum Jobverlust. Wenn nach solchen Ereignissen nur das *Nichts* ist, weil auch schon vor diesem einschneidenden Erlebnis wenig bis nichts war, sind Selbstmordgedanken, Depressionen oder Angstzustände sehr wahrscheinlich.

Viktor Frankl sah schon vor mehr als einem halben Jahrhundert eine große gesellschaftspolitische Komponente eines sinnleeren

Lebens großer Menschengruppen. Er schrieb oder donnerte mit lauter Stimme durch die Hörsäle: „Wer im eigenen Leben ein ‚existenzielles Vakuum' spürt, macht entweder, was die anderen tun – und da haben wir den Konformismus –, oder aber er tut nur, was die anderen von ihm wollen, und da haben wir den Totalitarismus."[80] Dass solche Menschen, egal ob jung oder älter, politisch viel leichter und nachhaltiger verführbarer sind, liegt auf der Hand und spiegelt sich weltweit in den Wahlergebnissen wider.

Sinnleere löst mittels von außen angebotener Sündenbockaggression schlummernde Wut und Ablehnung noch viel schneller und effizienter aus. Was kein neues Phänomen ist. Denn das Leben sinnentleerter Menschen dreht sich nur um einen einzigen Faktor: den Faktor Ich. Warum muss *ich* das durchmachen? Warum straft Gott immer nur *mich?* Warum haben andere so viel und *ich* so wenig? Bis zu: *Mir* ist so langweilig.

Die Frage, was kann *ich* dazu beitragen, damit – es muss ja nicht gleich die ganze Welt sein – es meinem Umfeld besser geht, wird ohnehin nie gestellt, jene nach einer möglichen Aufgabe, die es innerhalb einer Gemeinschaft zu erfüllen gebe, schon gar nicht.

Dass diesen Menschen nicht nur das vorherrschende Gesellschaftssystem (ich und meine sozialen Medien), sondern unsere gesamte Art des Wirtschaftens in die Hände spielt, müsste zwar nicht nochmals ausdrücklich betont werden, wir machen es trotzdem: In einem Wirtschaftskreislauf, in dem Egoismus, Individualismus, Konkurrenzdenken, Rationalisierung systemimmanent sind, sollte man sich über das Entstehen von absoluter Ich-Bezogenheit und Narzissmus nicht wirklich wundern. Dieses Denken zieht sich – und das ist die fatale Breiten- und Ausstrahlungswirkung der Industrie-, Kommunikations- und Informationswelt – quer durch alle Betätigungsfelder. Auch Oliver Kahn hat offenbar erst nach 86 Länderspielen in dreizehn Jahren für das deutsche Nationalteam erkannt, dass er in seinem Kopf nicht nur für sich beziehungsweise den Jubel um ihn, sondern eigentlich für ein Team aus elf Spielern und – den Gesamtkader betrachtend – für mehrere Dutzend Kollegen und letztlich für ein ganzen Land gespielt hat.

Aber steckt nicht in vielen von uns auch ein Oliver Kahn von damals, als es ihm noch nicht gelungen ist, sich als Teil des Ganzen sehen zu können, und er für diesen Reifungsprozess Jahre gebraucht hat?

Egal, wie sportaffin Sie sind, versuchen wir mit folgendem kleinen Beispiel eine winzige Charakter- und Seelenerforschung. Worüber freut sich ein Kind mehr? Über einen 1:0-Sieg seines Teams, bei dem es *kein Tor* geschossen hat, oder über ein 1:1, bei dem das Tor seines Teams durch das Kind gefallen ist? Oder wie empfindet es bei einer 1:2-Niederlage, bei der das Tor durch es selbst gefallen ist ... Freut es das Kind nicht sogar mehr, dass sein Team zwar verloren hat, das Tor aber nur ihm zu verdanken ist? Vielleicht sogar mehr als der 1:0-Sieg ohne sein öffentliches Aufscheinen als Torschütze und bei dem im schlimmsten Fall vielleicht das Siegestor just von jenem Mitspieler erzielt worden ist, mit dem es beim Trainer seit Jahren in harter Konkurrenz steht?

Kommt es bei einem Erfolg im Unternehmen, in dem ich zwar angestellt bin, aber gerade zu diesem Erfolg nichts beitragen konnte, zur Mitfreude mit den Kollegen? Vielleicht gar mit dem direkten Konkurrenten, der meinen Urlaub dazu benützt hat, um meine Vorarbeit zum gefeierten Finale zu bringen?

Wie sieht es mit der relativen Zufriedenheit des Menschen tatsächlich aus? Soziologie, Psychologie, Verhaltens- und Neuroökonomie werden in ihren Forschungen immer präziser, wenn es um den wissenschaftlichen Nachweis geht, dass uns Dinge nur dann freuen, wenn sie der Nachbar, der Kollege, wer auch immer, nicht auch schon hat. Und wenn, dann nicht in jener aktuellen Ausführung, in welcher ich selbst das Betreffende erworben habe. Eine Gehaltserhöhung freut mich nur dann wirklich, wenn eine direkte Vergleichsperson sie nicht im gleichen Ausmaß auch bekommt. Und gleich unmittelbar nach Bekanntgabe verpufft die Freude, wenn die Kollegin, der Kollege sie in viel stärkerem Ausmaß bekommen hat.[81]

Der Sinn hat keine Faustregel

Wer sich auf die meist sinnlose Sinnsuche begibt, steckt in vielen Fällen in einer Zweifelphase seines Lebens. Das „Wozu das alles?" tritt nicht erst ab dem 50. Lebensjahr auf, oft viel früher, meist mit dem ersten Fünfer (oder Schul-Sechser in Deutschland), der Zweifel trifft bereits im Kindesalter sehr viele von uns.

Wie wir gesehen haben, sind Antworten sehr wohl da, aber ein Antwortenpaket für knapp acht Milliarden Menschen? Lebenssinnmodelle als Zahnbürsten gegen den Zweifelbelag? Wohl kaum. Nicht einmal in einer Zweierbeziehung gleichen einander die Darsteller. Und so muss man bedauerlicherweise festhalten, dass es für vieles Lebenssituationen eine Faustregel geben mag, für den Sinn nicht.

Aber wir haben die *Zeit*. Konkreter formuliert, eine Zeitspanne. Von mehreren tausend Jahren. Und das ist wahrlich nicht nichts.

Wenn über Jahrtausende hinweg kluge Köpfe Ähnliches denken, sagen und weitergeben, dann können zumindest so etwas wie „Maximen" entstehen, also Regeln und Ansichten. Vielleicht sogar eine „Oberste Lebensregel" oder eine sich an einer „Regel ausrichtende Verhaltensweise". Sie kann im besten Fall zunächst zu einem Maximum an individuellem Lebenssinn führen, dann aber auch ein harmonisches Zusammenleben ermöglichen und im Idealfall eine funktionierende Staatsordnung entfachen. Ein Ansatz, der im Zuge dieses Buches entwickelt werden soll. Wir wollen versuchen darzulegen, was ein „gutes Leben" Einzelner zu einer besseren Politik und Ökonomie beitragen könnte.

Was, wie wir bereits wissen, in der Ökonomie gescheitert ist, die oft unkritische Übertragung mikroökonomischer Modelle („Homo oeconomicus") auf die Makroökonomie (die gesamte Volkswirtschaft), könnte doch zum Teil funktionieren, wenn eine bestimmte Schwellengröße der *von einer Sache Überzeugten* überschritten ist.

Dieses Phänomen lässt sich besonders gut bei der weltweiten Klimadebatte beobachten. Jahrzehntelang von Wirtschaft und Politik ignoriert, ist seit 2017 die notwendige Schwellengröße überschritten.

Mittlerweile werden Massenwahlkämpfe „klimatisiert", und manche Parteien, denen man vor einigen Jahren nicht immer zu hundert Prozent abnehmen wollte, dass sie die Erde nicht doch für eine Scheibe halten, betteln um eine zumindest ansatzweise Grün-Glaubwürdigkeit.

Auch beim Sinn haben wir den Zeitfaktor. Allerdings hapert es noch immer an der Umsetzung. Wer heute Fragen stellt wie „Was ist eigentlich der Sinn von Arbeit, von Wirtschaft und vor allem der *eigentliche* Sinn von Politik?", lebt noch weit unterhalb der Schwellengröße eines europäischen oder gar weltweiten Umdenkprozesses.

Ein jüngerer Sozialdemokrat in Österreich meinte einmal in einem Vieraugengespräch vor wenigen Jahren zu mir: „Wenn ich meine Genossen frage, warum wir eigentlich immer und immer wieder über die Arbeit als dem höchsten Gut eines Menschenlebens reden und nicht darüber, wie ein Menschenleben – ohne Lohnarbeit – *auch* aussehen könnte, erklären sie mich für verrückt."

Eigentlich unverständlich, wäre doch das ein Thema mit dem sich – trotz Digitalisierung und Roboterisierung – ohnehin keine einzige Partei beschäftigt. Eine neue Chance für jede zukunftsbereite politische Bewegung.

Mit der Sinnfindung allein kann jedoch keine Weltformel gefunden werden, wie es auch Alexander Batthyány, der Leiter des Viktor-Frankl-Instituts in Wien und Universitätsprofessor für Psychologie und Existenzanalyse, formuliert: Man könne die Frage nach dem Lebenssinn auch zu stark überhöhen. Man müsse mit seinen Erkenntnissen ja nicht gleich die ganze Welt retten.

Außerdem besteht so die Gefahr einer Endlosschleife oder, wie es Philosophen und Mathematiker bezeichnen, eines *regressus ad infinitum*. Demnach würde wie bei den Kindern jede Antwort wieder eine neue Frage aufwerfen. Ein permanenter Rückgang in einer unendlichen Reihe von Ursachen und Wirkungen. Jede Begründung muss wieder begründet werden – bis man schlussendlich bei der Antwort landet: „Weil das ebenso ist!" Beim Sinn schwer möglich.

Psychologin Schnell meint dazu, angesprochen auf jüngere Menschen, denen die Sinnfragen komplett egal sind und dadurch lediglich genervt reagieren: „Es ist immer auch gefährlich, nach dem Sinn seines Lebens zu fragen. Vielleicht ist da ja nichts."[82]

Nun aber genug sinniert. Über den Sinn. Und die Suche nach dem Sinn, sei sie für manche noch so sinnlos oder gar gefährlich.

Kommen wir nun zur Weisheit und zur Debatte um eine höhere Lebenszufriedenheit.

„Wer ein Warum zum Leben hat,
erträgt fast jedes Wie."

Friedrich Nietzsche. Und Leitsatz Viktor Frankls.

WEISHEIT

Streben nach Glück: schon wieder out.
Streben nach Sinn: gut, aber nicht alles.
Streben nach Weisheit: erlebt (zu Recht) eine Renaissance.

philosophia: die Liebe zur Weisheit
Geboren: 387 vor Christus
Alter (2020): 2407 Jahre
Geburtsort: Akadimia Platonos, damals wie heute ein Stadtviertel im
Nordwesten Athens

Vermutlich 387 oder 388 vor Christus kaufte der griechische Philosoph Platon ein kleines gepflegtes Waldgrundstück, einen Oliven-
hain, außerhalb der Stadtmauern im Nordwesten Athens – benannt
nach Akademos, dem Helden von Attika (jener griechischen Halb-
insel, inmitten derer auch Athen liegt). Akademos soll die Stadt vor
der Zerstörung bewahrt haben, man hatte ihm den Heiligen Hain
vor den Toren Athens gewidmet. Platon entwickelte daraus einen
philosophischen Garten, eine Art Diskussionsstätte für seine Schüler.
Später ließ er dort ein Gebäude errichten: die erste „Akademische
Schule", künftig „Platonische Akademie" genannt. Die Schulmitglie-
der sollten fortan den Namen *Akademiker* tragen.

Erst in der Neuzeit etablierte sich der Begriff Akademie für künst-
lerische oder wissenschaftliche Hochschulen beziehungsweise für die
Akademie der Wissenschaften, eine Vereinigung von Gelehrten.

Seit einigen Jahren kommt es nun zur Wiederentdeckung alter Weisheitslehren und im Zuge dessen zu einer sogenannten

dritten Welle an Antwortmöglichkeiten bei der Suche nach mehr Lebenszufriedenheit.

Dieses Kapitel versteht sich als eine Art Ermunterung zur Lektüre. Gerade in den letzten Jahren sind einige sehr gelungene Publikationen erschienen, vielen gemein ist die folgende, zu Beginn formulierte Frage: Warum strengen sich die Menschen heutzutage nur so an, wenn sie wissen wollen, worum es im Leben wirklich geht, was ein gutes Leben ausmacht oder was denn *ein* möglicher Lebenssinn ist, der sie nach einiger Zeit des Studiums auch zu *ihrem* Lebenssinn führt? Es ist doch ohnehin schon alles gedacht. In den vergangenen 3000 Jahren.

Weisheit für dich und mich

In der Nikomachischen Ethik des Aristoteles gilt Tugend als die Voraussetzung für das menschliche Glück und vor allem für die menschliche Glückseligkeit und diese als *das* Lebensziel des Menschen. Doch Achtung! Auch Aristoteles will keine Gebrauchsanleitung liefern, für ihn sind seine Definitionen nur Anhaltspunkte für ein gelungenes Leben. Deutlich sagt er hingegen, was nicht Lebensziel sein solle, wenn man wirklich glücklich werden wolle. Reichtum oder Ehre sind für den Philosophen, Physiker und Biologen Aristoteles unter vielen anderen nur Mittel zum Zweck und dienen deshalb nicht der Erlangung von Glück und Glückseligkeit.

Das Erreichen dieses Lebenszieles setze nicht nur eigenes, gutes Handeln voraus, sondern auch, dass der Mensch keine schweren Schicksalsschläge erleben müsse. Schwierig werde es auch, wenn bestimmte Faktoren fehlen, die die Glückseligkeit trüben „wie gute Herkunft, wohlgeratene Kinder, Schönheit; denn wer sehr hässlich aussieht oder von niederer Herkunft oder einsam und kinderlos ist, den kann man wohl nicht glücklich nennen, und noch weniger vielleicht den, der gänzlich schlechte Kinder oder Freunde hat oder gute, die gestorben sind"[83].

Tugendhaftigkeit und das tugendhafte Leben haben für Aristoteles einen höheren Wert als die äußeren Güter – weil ein gut und tugendhaft lebender Mensch ein Unglück mit Stärke und Stolz angemessen und gelassen nehmen könne. Dann sei es für ihn möglich, trotzdem glücklich zu bleiben.

Die Kernbegriffe seiner Philosophie sind *phronēsis* (Klugheit), *sophia* (Weisheit) und *eudaimonia* (Glückseligkeit).

Phronēsis bedeutet „denkende Umsicht", Aristoteles meint damit eine Art Selbsterziehung des einzelnen Menschen mit dem Ziel, *sophia*, die Weisheit, zu erlangen. Und diese Weisheit wird einerseits in der *eudaimonia* spürbar – in der anzustrebenden Glückseligkeit, nennen wir sie eine

lächelnde innere Ruhe –,

und andererseits verdeutlicht sich die Weisheit in der *theoria*, für Aristoteles eine „geistige Schau". Durch das Denken kommt man zu einer Erkenntnis. Oder wenn nicht, dann heißt es: weiter Tugend „üben".

Doch wozu das alles?

Weil wir von den Philosophen einiges über das Leben lernen können. In der Schule wurde die Philosophie zwar gestreift, aber wie hingegen das Leben funktioniert, das wird den Eltern überlassen, die es aber auch nie gelernt haben. Warum also nicht ein Unterrichtsfach „Lebensschule"?

Alain de Botton, Philosoph und Gründer der Londoner „School of Life", formuliert es in mehreren Interviews sinngemäß so: Zur Erlernung von Lebenszufriedenheit brauche man Erziehung, denn jeder, der wisse, wie wichtig Bildung sei, spüre auch, dass es eben immer einen Bereich gebe, den man sich bis heute selbst beibringen müsse.

Das Leben.

Wer sich mit der Seele beschäftige, für den gebe es nichts Inspirierenderes, als sein Grundstudium mit zentralen Weisheitstexten der Antike zu beginnen, sagt der Philosoph Albert Kitzler und begründet: „Alles Wesentliche für eine gelingende Lebensführung ist in der Antike gesagt worden, in einer Klarheit, Tiefe und Breite, die später nicht mehr erreicht wurde … Die Menschen erlebten damals ganz ähnliche Ängste, Sorgen, Enttäuschungen, Sehnsüchte, Träume und Freuden wie wir. Nur die äußeren Verhältnisse, das historische und kulturelle Umfeld haben sich geändert. Aber auf solche Äußerlichkeiten kommt es am allerwenigsten an." [84]

Die Philosophen, denen man jahrhundertelang vorgeworfen hatte, sich im Elfenbeinturm zurückzuziehen, haben nun Patientenblut geleckt. Denn einige von ihnen haben mittlerweile sogar philosophische Praxen eröffnet. Und es werden immer mehr. Seit einiger Zeit beginnen Psychologen, Psychiater und Psychotherapeuten darüber nachzudenken, ob ihnen die Weisheitsliebenden den Rang ablaufen könnten. Es gilt: „Plato, Not Prozac!", so der Titel eines Bestsellers (auf Deutsch: „Bei Sokrates auf der Couch. Philosophie als Medizin für die Seele"), was suggeriert, dass *Philosophen zu lesen* deutlich gesünder sei, als Antidepressiva zu nehmen (etwa Prozac, die frühere US-Wunderdroge gegen Depressionen, in Deutschland und Österreich bekannt unter Fluctin). Das ist natürlich Unsinn. Depressionen oder andere psychische Erkrankungen können nicht von und mit Dr. med. Sokrates gelindert oder gar weggelesen werden. Bei pathologischen Fällen sollten Ärzte, Psychologen und Psychotherapeuten zurate gezogen werden.

Aber für jeden Menschen, den Zweifel oder wiederkehrende Grübelspiralen quälen, für jene, die sich viel zu oft fragen, ob denn das alles noch einen speziellen Sinn habe, empfiehlt sich die Ordination „Zur Weisheit" durchaus. Und so boomen seit einigen Jahren die philosophischen Praxen, Cafés, Diskussionsrunden, Wanderungen, ja sogar Pauschalurlaube, und das in garantiert sinnspendenden Landschaften, residierend in denkerfreundlichem Ambiente. – Manchmal auf sinnentleertem Hochpreisniveau.

Natürlich mögen so manche professionell betreute Foren mit seriösen Referenten einen konkreten Nutzen bringen, doch ist anzumerken: Was beim Glück oder Sinn gilt, trifft auch auf die Weisheitssuche zu. Die Suche tut gut – wahrscheinlich –, in der Regel funktioniert sie allein aber nicht. Das Auffinden eines individuellen Lebenssinnes bleibt eine komplexe Angelegenheit.

Und trotzdem: Philosophische Praxen können wertvoll sein. Psychologen und Psychotherapeuten gestehen professionellen praktischen Philosophen inzwischen zu, dass sie ihren Patienten sehr wohl helfen können. Auch philosophische Gespräche dauern meist eine Stunde, empfohlen werden sie wöchentlich oder 14-tägig.

Die Problemstellungen sind ohnehin ähnlich. „Arbeite ich im richtigen Beruf?" – „Soll ich sie oder ihn heiraten oder nicht?" – „Ich finde im jetzigen Tun keinen wirklichen Sinn." – „Mir fehlen Orientierung und Richtungsgeber. Was kommt *nach* der Religion?" Werte, Lebenseinstellungen, Rollenbilder, Verhalten in komplexer werdenden Gesellschaftsstrukturen, Richtungen, die einzuschlagen wären. Und immer öfter und schließlich auch der *Sinn* dieses Buches: „Was mache ich, wenn Digitalisierung, Roboter oder Künstliche Intelligenz meinen Arbeitsplatz, mein jahrelang geübtes Tun, um eine ganz bestimmte Aufgabe zufriedenstellend zu meistern, überflüssig machen?"

Das lässt sich auch weitaus größer dimensionieren. „Was mache ich als Politiker, wenn ich nicht mehr weiß, was die Menschen wollen?" Die philosophische Antwort wäre eindeutig: einfach die Frage anders stellen: „Was kann ich tun, damit es vielen besser geht, ohne dass es dadurch anderen schlechter geht?" – „Welche Maßnahme ist also für viele sinnvoll, und was fällt mir für jene ein, denen diese Maßnahme Nachteile bringt?"

Klimaschutz durch steuerliche Lenkungseffekte bei gleichzeitiger Beachtung der Pendlerprobleme wäre etwa so ein sinnvoller Gedankengang. Doch dazu später.

Bleiben wir bei der Frage: Gibt es die oft Hunderte Jahre alten Lebensweisheiten, die dem Patienten auf der Philosophencouch relativ rasch helfen können?

Moderne Philosophen antworten mit einem eindeutigen Ja. Viele Menschen müssten heute wieder lernen, etwas zu riskieren und nicht permanent die Fehlervermeidung als oberste Maxime zu leben.

Ein weiser Philosoph von damals für jede Lebenslage von heute?

„Selbstverständlich", sagt der deutsche Philosoph und Jurist Albert Kitzler, der in seinem Buch „Wie lebe ich ein gutes Leben – Philosophie für Praktiker" *weise* Antworten auf brennende Fragen von heute parat hat zu den Themen: Harmonie – Freiheit und Unabhängigkeit – Freundschaft – Vorbilder – Heiterkeit – Tod – keine Zeit haben – Schicksale – Einfachheit – und und und. Da ist für jeden Fragenden etwas dabei.

Bei aller Begeisterung für Weisheit zum Mitnehmen, dass das nicht das ist, was wirklich Weise unter Erlangung von Weisheit verstehen, liegt auf der Hand, denn Weisheit muss jahrelang geübt werden, Texte müssen in ihrer Gesamtheit verstanden, ihr Inhalt erkannt und letztlich erfahren werden.

Dennoch gilt: *Jede* Beschäftigung mit den großen Denkern vergangener Zeiten lohnt sich. Und sei es nur, um relativ rasch herauszufinden, dass viele, eher ist anzunehmen, fast alle Coaches, Berater, Lebenslehrer von heute von den Großen von damals abgeschrieben haben.

Und wenn sogar Konfuzius zu seinen Schülern gesagt haben soll:

„Ich gebe nur weiter, aber ich schaffe nichts Neues"[85],

dann ist eigentlich schon Demut vor dem Alten angebracht. Und dieses Alte müsse man, laut Konfuzius, auch üben, das Neue solle man kennen.

Beginnen wir aber mit dem Grundthema der Weisheitslehre in West und Ost.

Innehalten

Das Leben kann auch einfach (dahin)gelebt werden. Letztlich sind die Abläufe fast jedem von uns klar. Gewohnheiten haben sie zu Sicherheiten gemacht. Und dennoch *suchen* immer mehr Menschen. Aber wozu? Weil sie plötzlich – mitten in den Abläufen – nachdenklich werden. Will ich das noch alles so? Dazu sollte man ab und zu einmal stehen bleiben. Es muss ja nicht gleich das Sabbatical sein, also für ein ganzes Jahr. Zehn Minuten am Tag sollten genügen, sagen etwa die Psychotherapeuten von heute. Jeder Mensch braucht andere Zeiträume, um zuerst in das berühmte Gedankenloch zu fallen, das sich anfangs so gar nicht gut anfühlt, dann aber plötzlich Kraft entstehen lässt. In meinem Fall sind es ziemlich genau zehn Tage. Erst nach zehn Tagen – in einem Urlaub – startet, wie von selbst, die Selbstreflexion.

Manche halten deshalb diese Stelle von Laotse (auch Laozi) für die wichtigsten je erdachten Worte: „Schaffe Leere bis zum Höchsten! Wahre die Stille bis zum Völligsten! Alle Dinge mögen sich dann zugleich erheben. Ich schaue, wie sie sich wenden. Die Dinge in all ihrer Menge, ein jedes kehrt zurück zu seiner Wurzel. Rückkehr zur Wurzel heißt Stille. Stille heißt Wendung zum Schicksal, Wendung zum Schicksal heißt Ewigkeit. Erkenntnis der Ewigkeit heißt Klarheit."[86]

Oder in einer anderen Übersetzung: „Erreiche die äußerste Passivität. Halte fest an der Grundlage der Ruhe. Die zehntausend Dinge nehmen Gestalt an und steigen zur Tätigkeit auf. Ich aber sehe zu, wie sie zur Ruhe zurückkehren. Wie Pflanzen, die üppig sprießen, aber zur Wurzel zurückkehren, der sie entsprossen sind. Zur Wurzel zurückkehren ist Stille, es heißt, zum eigenen Schicksal zurückkehren. Zum eigenen Schicksal zurückkehren heißt, das ewige Gesetz finden. Das ewige Gesetz erkennen ist Erleuchtung."[87]

Dieses Herausziehen aus dem Alltag, wie man es heute formulieren würde, sollte von einer gewissen Regelmäßigkeit oder besser von einer fixen Regelmäßigkeit sein. Ob es nun die zehn Minuten am Tag sind, einige Stunden am Stück in der Woche oder ein bestimmter längerer Zeitraum im Jahr, kann jeder für sich selbst definieren. Unschwer zu erraten: Am besten wäre die Dreierkombination. Kurz täglich, mittellang pro Woche und ein längerer Zeitraum im Jahr. Allein. Ohne Technik. Und am besten in der Natur.

Mittlerweile arbeiten bereits sogenannte Naturtherapeuten, die Wald oder Wiese Sessel und Couch klar den Vorzug geben, allerdings wenden Psychoanalytiker ein: welch Irrtum! Nichts sei für den Ratsuchenden wichtiger als die Einheit von Ort und Zeit, keinesfalls dürfe der Raum ständig zur Disposition stehen.

Wo auch immer. Innehalten gehört zu einer der wichtigsten weisen Handlungen der Philosophen von damals. „Vom glücklichen Leben" schreibt der römische Philosoph, Naturforscher und Staatsmann Lucius Annaeus Seneca und hält in diesem Werk fest:

> *„Man muß der Seele Etwas zu lieb thun, und ihr*
> *zu Zeiten Muße gestatten, die ihr für Nahrung und*
> *Stärkung dient; auch in freien Spaziergängen muß man*
> *umherschweifen, damit die Seele unter offenem Himmel*
> *und in der weiten Luft sich stärke und hebe. Zu Zeiten*
> *wird auch eine Spazierfahrt und Reise und Ortsver-*
> *änderung, ein Zusammenspeisen mit Freunden und*
> *ein nicht sparsam gefüllter Becher neues Leben in uns*
> *bringen; zuweilen darf's wohl gar zu einem Räuschchen*
> *kommen, nicht daß es uns ersäufe, aber doch,*
> *daß es uns untertauche."*[88]

Seneca plädiert übrigens für fixe Mußestunden – und zwar täglich:

> *„Auch große Männer haben sich ... jeden Monat an*
> *gewissen Tagen Ferien gegeben; Manche theilten jeden*
> *Tag zwischen Muße und Geschäftssorgen. So erinnern*
> *wir uns z.B. des Asinius Pollio, jenes großen Redners,*
> *den sein Geschäft über die zehnte Stunde zurückhielt;*
> *nicht einmal Briefe las er mehr nach dieser Stunde, damit*

nicht etwa ein neues Geschäft erwüchse; aber in diesen
zwei Tagesstunden legte er die Müdigkeit des ganzen
Tages ab. Manche machen um die Mittagszeit eine Pause
und verschieben auf die Nachmittagsstunden irgend eine
leichtere Arbeit … Auch unsere Vorfahren verboten,
daß nach der zehnten Stunde noch ein neuer Vortrag
im Senate gemacht werden dürfe. Der Soldat theilt
seine Wachen ein und für die von einer Unternehmung
Zurückkehrenden ist die Nacht dienstfrei."[89]

Loslassen

Zentrale Themen von damals – und heute – sind Sorge und Angst, etwas zu verlieren. Das ist normal, logisch, und es handelt sich um nachvollziehbare Gefühle. Wenn wir beides in einem angemessenen Ausmaß erleben. Was an dieser Stelle nicht gemeint ist, ist eine pathologische Verlustangst, die sich aus früheren traumatischen Erlebnissen speist. Wir *behandeln* die jedem Menschen innewohnende Angst – die Bewusstwerdung der eigenen Vergänglichkeit auf der einen Seite und auf der anderen die Angst davor, jemanden oder etwas loszulassen. Beides ist letztlich eine Gestalt des Todes.

Wie diese Angst zu überwinden sei, gilt als eine *der* zentralen Aufgaben der Philosophie. Dabei muss es nicht nur um die große Frage der Begrenztheit des Lebens gehen, meist tritt diese Angst in Gestalt der alltäglichen Sorge in unser Leben. Passiert meinen Liebsten nichts, wenn sie heute früh das Haus verlassen, sehe ich sie abends wieder, kann ich meine körperliche und geistige Gesundheit noch länger behalten, bleibe ich auch morgen noch in meinem Beruf, hält meine Beziehung, meine Partnerschaft, überdauern Freundschaften Krisen? Bis hin zu Fragen, ob ich mir die Wohnungsmiete oder die Betriebskosten des Hauses, mein Auto oder den jährlichen Sommerurlaub trotz Wirtschaftskrise auch im kommenden Jahr noch leisten werde können.

Diese Diskrepanz zwischen dem Wunsch nach Sicherheit, Vorhersehbarkeit, Stabilität, Unveränderlichkeit des Lebens und der Realität wird gerade im 21. Jahrhundert immer größer.

Nichts ist mehr stabil, wenig hält, fast alles ändert sich.

Diesen Satz habe ich im Februar 2020 geschrieben. Corona gab es damals nur in China. Dass diese Worte nur vier Wochen später wie ein Meteorit einschlagende Wirklichkeit bei uns in Europa werden würden, das kann ich erst heute kurz vor der Veröffentlichung dieses Buches einfügen. Auch, dass die ökonomische Sicherheit eine zutiefst trügerische ist, müssen wir gerade im Corona-Jahr feststellen. Niemand hatte im zweiten Jahrzehnt dieses Jahrhunderts auch nur ansatzweise geahnt, dass Anfang des dritten Jahrzehnts eine Weltwirtschaftskrise folgen wird, die jene aus 2008 und 2009 noch weit in den Schatten stellt.

Aber vielleicht lohnt sich gerade jetzt die Zeitreise zurück zu den Stoikern der Antike. In der Säulenhalle auf dem Marktplatz (Agora) von Athen, in dieser „Stoa", soll Zenon von Kition vor mehr als 2300 Jahren gelehrt haben, dass Gelassenheit gegenüber den Veränderungen in der Welt und der Natur zu tatsächlicher Weisheit führt. Dass Gelassenheit alles andere als eine bewusste Entscheidung ist, das war dem Philosophen bewusst, deshalb könne auch die für ein weises Leben zwingend notwendige emotionale Selbstbeherrschung nicht einfach für sich beschlossen werden – sie müsse vielmehr immer wieder und wieder *geübt* werden. Für einen Stoiker hat jeder von uns einen Platz in der Weltordnung. Um Seelenruhe zu erlangen, muss dieser Platz erkannt und dann mit Leben erfüllt werden.

Auch damals waren Normen und Vorgaben innerhalb von Bürgergemeinden (auch Stadtstaaten, „Polis") durch territoriale Machtverschiebungen in die Krise geraten. Statt gewohnter Verpflichtungen innerhalb eines bestimmten Personenverbandes mussten die Menschen zusehends selbst herausfinden, was ein Leben lebenswert mache, weshalb die Entstehung der antiken philosophischen Richtungen (Epikureer und Stoiker) bis heute nicht als Zufall gedeutet wird.

Es erinnert an heute.

Fehlt die eindeutige Weltanschauung, muss ich mich
selbst in der Welt anschauen.

Das Ziel ist seit Tausenden Jahren das Gleiche. Die Frage, wie man am besten dorthin, zur Seelenruhe, gelangen könnte, ebenso. Und die beiden vorgeschlagenen Richtungen haben sich letztlich wenig verändert: einerseits die Lebensfreude und der Genuss des Epikur, andererseits die Weisheit durch die Seelenruhe des Zenon von Kition in Zypern.

Ohne hier explizit auf die drei Säulen der stoischen Lehre näher einzugehen, die Vorgänge im Kosmos, die logische Erkenntnis und die Ethik, nochmals ein Grundgedanke, wodurch wir auch wieder zur Frage gelangen, ob man Verlustangst durch „stoisches" Verhalten wenn schon nicht verhindern, doch zumindest vermindern könne.

Der deutsche Gegenwartsphilosoph Albert Kitzler beschreibt es so: Man könne sich immer wieder bewusst machen, dass wir all das wie Besitz, Beruf, Erfolg, gesellschaftliche Anerkennung, persönliche Beziehungen nicht sind. Denn all das unterliege der Veränderung, komme und gehe also. Und deshalb würde ein Stoiker sagen:

„Sage nie von einem Ding, ich habe es verloren, sondern
ich habe es zurückgegeben."[90]

Blicken wir an dieser Stelle noch um rund hundert weitere Jahre zurück auf den sogenannten Vorsokratiker Demokrit von Abdera, der im vierten und fünften Jahrhundert vor Christus gelebt hat. Für ihn war Weisheit das Wichtigste im Leben eines Menschen. Nur durch sie könne es ihm gelingen, sich durch nichts mehr überraschen zu lassen. Ein weiser Mensch habe nach Demokrit gesehen, erkannt, verstanden und in sich gespeichert, dass alles im Leben kommt und geht. Die Liebe, das Glück, Eigentum, Katastrophen, Kriege, ja sogar Wunder. Und jeder, der das verstanden hat, den kann auch nichts mehr aus der Ruhe bringen. Es ist so, wie es ist.

Loslassen heißt für Demokrit, sich von der ewigen Suche nach Anerkennung durch andere schrittweise zu verabschieden sowie von der vermeintlichen Notwendigkeit, viele materielle Dinge zu besitzen. Beides mache unsere Lebenszufriedenheit letztlich von einem Zufall oder der Willkür und Laune anderer Menschen abhängig.

Weise sei für Demokrit ein Mensch, der in der Geborgenheit des Seins ruhe – „wie in einer festen Burg", schreibt Albert Kitzler in seinen großen Gedanken für kleine Pausen: „Dort (in seiner Burg) bleibt er ein teilnahmsloser Betrachter."[91]

Ein wirklich weiser Mensch kennt also weder Angst noch Sorge. Wie wird man nun ein wirklich weiser Mensch?

In den letzten Jahren habe ich sehr viel über Weisheit gelesen. Bin ich jetzt weise?

Leider gar nicht. Denn *weise* gelebt habe ich nicht.

Weisheit heißt üben.

Die moderne Weisheitsforschung

Genügt das Wissen um weise Gedanken für ein weises Leben?

Nein. Zu *wissen*, dass man mit den lustvollen Dingen des Lebens – vom Essen und Trinken angefangen über Extremsport bis zum Nachgeben jedweden sexuellen Verlangens – maßvoll umgehen sollte, ist zu wenig.

Sokrates sieht das differenziert. Selbstverständlich sei es möglich, einerseits zu wissen, was gut ist, sich aber andererseits dennoch für die allgemein als unvernünftig bezeichnete Handlung zu entscheiden, weil diese die Lust maximiert. Das mache allerdings nur der Hedonist, weil er das Gute und das Lustvolle gleichsetzt, er handle nur deshalb so, weil er nicht weiß, dass das Gute etwas anderes ist als das Lustvolle, der Hedonist handelt für Sokrates also wider besseres Wissen. Würde er um *das Gute* Bescheid wissen, hätte das auf jeden Fall das moralisch richtige Handeln zur notwendigen Folge.

Menschen, die Dinge tun, die ihnen letztlich schaden, weil sie zwar meinen, alles zu wissen, tatsächlich aber die Folgen ihres Handelns ver-(oder gar nicht)kennen, haben nichts *wirklich begriffen*.

Und Sinn gibt denn auch nur die Handlung, die Tat – nicht das bloße Wissen darum, welche Tat man denn auszuführen hätte.

Insofern genügt die erste hier erwähnte „Weisheit" auch nicht. Das *Innehalten* ist gut und wichtig und zu bestimmten Zeiten richtig, danach sollte jedoch wieder eine Handlung erfolgen, eine, über die man vielleicht bei der Lektüre erfahren hat. Dann ist die Anwendung die logische, zeitliche Folge des Denkprozesses.

Doch das bedeutet wieder üben, üben, üben. Solange, bis bestimmte Verhaltensweisen und Reaktionsmuster in Fleisch und Blut übergegangen sind.

Interessanterweise ist die heutige Gesellschaft eher bereit, mit ihrem Körper zu üben als mit ihrem Geist. Fitnessstudio ja, aber bestimmte Rituale, die den Geist trainieren, nein.

Angeblich werden bei einer allabendlichen Niederschrift von *fünf* Dingen, die man tagsüber als an und „für sich" gut empfunden hat, auf lange Sicht unbewusst eintrainierte negative Grübelspiralen – nach einigen Monaten Übung – für immer durchbrochen. Da sich neue Synapsen im Gehirn gebildet haben, übrigens egal, wie alt man ist.

Lesen – an das eigene Ich anpassen –
handeln – verinnerlichen.

Zu Risiken und Nebenwirkungen lesen Sie die Originalschriften und fragen Sie Ihren praktischen Philosophen, meinetwegen auch Ihren Apotheker.

Nichts gilt für alle. Und in keinem einzigen Lebensbereich. Deshalb muss jeder noch so weise Lehrsatz auf die eigenen, individuellen Lebensmöglichkeiten zugeschnitten werden.

Oder mit den Worten von Seneca: „Wir ... müssen sodann jene mancherlei Lesefrüchte unter Aufbietung unserer vollen geistigen Kraft und Fähigkeit zu einem gleichartigen Ganzen verschmelzen, dergestalt, dass, wenn man auch erkennt, woher es entnommen ist, es sich doch, verglichen mit der Ursprungsstelle, als etwas anderes darstellt."[92] Was nun nichts anderes heißt, als dass man alles Gelesene und Erlernte „durch die eigene Feder in ein neues, einheitliches Ganzes übertragen"[93] solle.

Erst wenn die Handlungen in Gewohnheiten übergegangen, zu verinnerlichten Selbstverständlichkeiten geworden sind, kann praktische Weisheit gelingen. Beim Duschen oder schon erwähnten Zähneputzen hat es ja auch weitgehend funktioniert, warum nicht beim täglichen 10-Minuten-Rückblick auf das Gute am Tag – oder wobei auch immer?

So kann Weisheit auch in uns, in Familien, Gruppen, ja in ganzen Gesellschaften gedeihen oder, um es ein wenig theatralischer zu formulieren: die kleine Weisheit des einzelnen Bürgers als Keimzelle weiserer Gesellschaften – als Gegenentwurf zu fortschreitender Abstumpfung, digitaler Bespielung oder gefährlicher politischer Verengung und Radikalisierung. Mehr dazu etwas später.

Zunächst der große Sprung aus der Antike um zwei bis zweieinhalb Jahrtausende in die Gegenwart. Wenn offenbar so vieles von damals auch heute aktuell ist und sich unsere Seelenzustände nicht wirklich verändert haben, warum stellt man dann das Alte nicht auf wissenschaftliche Beine von heute oder zumindest auf ein in Ansätzen aktualisiertes Fundament, in dem sich statt Stoas und Agoras, also Hallen und Plätzen, auch Smartphones und Videokonferenzen finden?

Rund um die Weisheit wird mittlerweile wieder intensiv geforscht. Die Wurzeln reichen zwar bis in die 1920er-Jahre zurück, wirklich begonnen haben die ersten *modernen* Forschungen allerdings erst in den 1980er-Jahren. Weisheit wurde damals als Expertenwissen über die wichtigsten Lebensthemen eines Menschen verstanden und wurzelte in der Entwicklungspsychologie. „Weisheit ist eine hohe Einsichts- und Urteilsfähigkeit in schwierige und unsichere Fragen des Lebens"[94], sagt die deutsche Psychologin und Gerontologin Ursula Staudinger.

Mit einer recht kleinen Gruppe von Weisheitsforschern begab sich Ursula Staudinger ins Labor. Sie beschreibt die damalige Vorgangsweise so: Zuerst habe man Fallbeispiele für schwierige Lebensprobleme entwickelt und sie dann Studienteilnehmern im Uni-Labor vorgelegt. Anschließend sollte laut und strukturiert nachgedacht werden, und zwar in dem Sinn, wie es die Probanden zuvor bei Weisheitsforschern erlernt hatten. Also so zu argumentieren, wie es wirklich weise Menschen vermutlich getan hätten. Dazu musste man natürlich die fünf wichtigsten Qualitätskriterien kennen. Und danach wurden die von den Probanden erstellten Denkprotokolle dann auch bewertet.

- Faktenwissen über grundlegende Lebensprobleme.
- Strategisches Wissen im Umgang mit Lebensfragen (Sind die eingesetzten Mittel zur Zielerreichung angemessen, stimmt das Kosten-Nutzen-Verhältnis?).
- Das Wissen im Kontext der Lebensspanne (Wird das definierte Lebensproblem in historische, kulturelle, altersabhängige und persönliche Fakten eingebettet?).
- Werte (Lebensprobleme müssen immer im Rahmen des Wertesystems der betreffenden Person angesehen werden, das muss nicht (!) das eigene sein, aber: Es müssen auch universelle Werte miteinbezogen werden. – „Ein weiser Mensch würde nie das eigene Wohl über das von anderen stellen, denn das widerspricht den moralischen Vorstellungen in allen großen Religionen und Kulturkreisen"[95], sagt Ursula Staudinger.).
- Erkennen und Umgehen mit den Ungewissheiten (Ein wirklich weiser Mensch hält nicht nur an seinen bisherigen Erkenntnissen fest, sondern weiß, dass er unerwartet neue Informationen bekommen kann, die das bisherige Resümee nach einer Lösungssuche relativieren können. Ein weiser Mensch/ein weiser Versuchsteilnehmer hat dann die Größe, einen möglichen Fehler zuzugeben und die zuletzt gefundene Lösung zu adaptieren.).

Diese fünf Punkte gelten bis heute als das *Berliner Weisheitsparadigma*.

Je nachdem, wie die Denkprotokolle der Teilnehmer ausfallen, beurteilen zwei Professoren die Antworten und bewerten sie mit Punkten. Angeblich schaffen nur wenige Probanden Punktezahlen, die zur Bewertung „Ja, Sie sind weise" führen – was nicht wirklich überraschend ist.

Ein Beispiel: Jemand erhält einen Telefonanruf von einem guten Freund. Dieser sagt, er könne nicht mehr weiter, er werde sich das Leben nehmen. Was könnte man in einer derartigen Situation bedenken oder tun?

Mit der Antwort *„Selbstmord ist nie eine gute Idee, man muss versuchen, den Freund davon abzuhalten"* erhält eine Versuchsperson nur wenig Weisheitspunkte. Sehr hoch wurde hingegen die folgende Antwort bewertet.

„Ich denke, dass es auch egal ist, ob er es wirklich tut, auf jeden Fall ist das ein unglaubliches Zeichen von Isolation und innerlicher Vereinsamung. Weiß ich, ob dieser gute Freund nicht depressiv ist oder krank ist? Also zunächst mal, meine ich, wäre es wichtig, bei diesem Telefonat immer wieder zu fragen: Warum? Wieso? Was ist los? Ist es schon öfter gewesen, dass du solche Gedanken hast? Aber ich glaube, dass es bei so einem ersten Signal noch gar nicht mal geht, jetzt da unbedingt in die Tiefe zu gehen, sondern ich denke einfach, dass es schon mal wichtig wäre, sich viel Zeit am Telefon zu nehmen, um den anderen sprechen zu lassen, dann glaube ich, dass man nicht ohne Hilfe anderer auskommt und dann auch versuchen müsste, den Freund dazu zu überreden und dafür zu gewinnen, einen Fachmann aufzusuchen. Ich würde wohl meinen, dass der Freund dem Freund so lange helfen muss und zur Verfügung stehen muss, bis diese Gefahr gebannt ist. Es geht natürlich um die Sinnfrage – auch nach dem Sinn des Leidens. Wenn die Sinnfrage gekoppelt ist mit ganz konkretem Leid, also wenn jemand querschnittsgelähmt oder schwer krebskrank ist oder auch ganz schwer schizophren ist, stellt sich diese Frage natürlich anders. Dann muss ich dem anderen zugestehen und würde es ihm auch sagen, dass diese Teile, die das Leben unmöglich machen, da wünsche auch ich,

dass die sterben, aber ich hoffe dann doch, dass ein anderes Leben ent-
steht, ein sinnvolleres Leben."⁹⁶

Nach der Auswertung von mehr als 1000 Denkprotokollen habe sich angeblich gezeigt, dass Weisheit nicht mit hoher Intelligenz und auch nicht mit hohem Alter wahrscheinlicher wird.

Zwischen 13 und 25 Jahren steigt unsere Weisheit rasch an.
Dann stagniert sie.

Das Hauptproblem, wenn wir älter werden: Unsere Flexibilität im Denken lässt nach. Dieser Umstand ist für unsere Weisheit nicht förderlich, hingegen – und das kann in den mittleren und späteren Lebensjahren die fallende flexible Denkfähigkeit bremsen – eine große, weitreichende Lebenserfahrung schon. Wer viel erlebt, gesehen, bereist, gelernt und erfahren hat, hat eine „größere Chance weisheitsbezogene Einsichten zu gewinnen"[97].

Ein Schluss, der sich aufdrängt und von der Psychologin Judith Glück von der Alpen-Adria-Universität in Klagenfurt bestätigt wird. Denn tatsächlich sind Laborsituationen eben nicht das reale Leben, ein Vorwurf, wohl eher ein Faktum, das auch den Verhaltensökonomen immer wieder vorgehalten wird, die in ihren Versuchen mit Testpersonen das wirtschaftliche Handeln mit Beispielen aus der Spieltheorie so lebensnah wie nur irgendwie möglich zu simulieren versuchen. Die individuell empfundene Wirklichkeit sieht dann doch immer wieder mehr oder weniger anders aus. Judith Glück greift das Selbstmordbeispiel des Berliner Weisheitstests auf und merkt an, dass ein Mensch, der nun wirklich einen Freund vom Selbstmord abhalten will, für viele Aspekte weisen Handelns einfach blind sei. Eine Einsicht, bei der wir nicht unbedingt psychologisches Expertenwissen brauchen – zu sehr sind uns selbst erlebte Schocksituationen bekannt, in denen wir alles andere als weise reagieren.

Man ahnt, worum es weisen Weisheitsforschern geht. Offenbar darum, durch Erfahrung gesammelte Kräfte dann mobilisieren zu können, wenn wir sie wirklich brauchen. Am besten Weg zur Weisheit ist man laut Judith Glück, wenn man aus „einschneidenden Lebenserfahrungen gestärkt hervorgeht"[98]. Erfahrungen, die einen massiv verändern, nach denen kaum noch etwas so ist wie vorher. Dabei muss es sich nicht nur um Trennungen, Scheidungen, schwere Erkrankungen oder den Tod eines geliebten Menschen handeln, das können durchaus auch positive Ereignisse sein. Die Geburt eines Kindes etwa. Vielleicht ja auch ein Lottogewinn, der die weitere Lohnarbeit – theoretisch – nicht mehr erforderlich macht, so man das wirklich auch so will.

Weisheit heißt aber nicht, mit dem einschneidenden negativen Erlebnis irgendwie umzugehen, irgendwie, koste es, was es wolle, damit fertigzuwerden. Den meisten von uns *helfen* anfangs die Gefühle Hass oder Wut, zumindest das „Nie und nimmer verzeihen" auf jene Person, die uns – natürlich ungerechterweise – verlassen hat. Wirklich weise Menschen schaffen es aber, anders mit diesem schmerzlichen Erlebnis umzugehen. Sie stellen laut Weisheitsforschern Fragen wie: Was könnte den Ex-Partner, die Ex-Partnerin zu dieser Entscheidung gebracht haben? Ist es mir irgendwie möglich, diese Entscheidung aus Sicht des anderen nachzuvollziehen? Und: Was kann ich daraus lernen?

Weisen Menschen gelingt es offensichtlich tatsächlich, eine Negativspirale umzudrehen und aus einem schmerzlichen Erlebnis sogar Kräfte für eine persönliche Weiterentwicklung zu mobilisieren.

Weisheit lässt sich übrigens laut guter, wissenschaftlich fundierter Weisheitstests nicht vortäuschen. Natürlich gelingt es einigen Probanden, Antworten zu geben, von denen sie meinen, dass es sich mit Sicherheit um weise Antworten handelt. Diese Rollenspiele können aber nie sehr lange durchgehalten werden. Geübte Psychologen erkennen sehr rasch, dass die vermeintlich weisen Antworten meist mit dem Ziel der Anerkennung gegeben worden sind.

Die Weisheitsforschung, von der wir hier sprechen, bezieht sich auf Mitteleuropa, das soll nur als kurzer, aber notwendiger Hinweis darauf dienen, dass in anderen Weltregionen vielleicht noch weisere oder weniger weisere Menschen leben. Im iranischen Raum etwa werden laut der Forscherin Judith Glück weise Menschen eher *als in ein bestimmtes Wert- und Regelsystem eingefügt* gesehen, während es bei uns um individuelle Weisheit geht. Im asiatischen Raum gilt als weise, wer bescheiden ist, bei uns muss ein Weiser schon auf sich aufmerksam machen – Philosophen, die niemand kennt, mögen die allerweisesten sein; wenn wir von ihnen nichts erfahren, bleiben sie mit ihrer Weisheit unter ihresgleichen. Im asiatischen Raum sind sie in die Gesellschaft eingegliedert und in puncto Gelassenheit sollen sie den mitteleuropäischen Weisen auch – zumindest ein wenig – überlegen sein. Für Judith Glück gelten in dieser Kultur weise Menschen als „sehr viel stärker ... religiös und als eingefügt in Wert- und Regelsysteme, während bei uns schon Kinder weise Figuren als stärker individuell sehen. Bei uns wird viel häufiger eine weise Figur gesehen, die im Mittelpunkt steht und Rat gibt, während im asiatischen Raum eher eine bescheidenere Figur als weise definiert wird, die sich einfügt und sich mehr durch emotionale Aspekte, wie eine gewisse Gelassenheit, auszeichnet"[99].

Zusammenfassend kann gesagt werden: Weise Menschen sind empathisch, können sich also in Menschen hineinfühlen, aber auch politische oder ökonomische Ideen und Entscheidungsmöglichkeiten in größere Zusammenhänge stellen. Weise Menschen haben im Großen und Ganzen ihre Emotionen im Griff oder lassen sich von diesen zumindest nicht so stark führen, dass sie gegen ihre eigene Stimme der Vernunft handeln. Sie wissen um ihre finanziellen Möglichkeiten und Grenzen Bescheid, und auch, welche sexuellen Aktivitäten ihnen langfristig mehr Schaden zufügen als kurzfristig Lustgewinn bringen. So, wie sie überhaupt klar und rasch erkennen können, ob ein bestimmter kurzfristig zu erwartender Gewinn (in allen Lebensbereichen) wirklich erstrebenswerter ist als Entscheidungen, die nachhaltig als positiv und „gut" erlebt werden können.

Entscheidend ist: Weise Menschen *wollen* auch wissen. Auch dann, wenn es schwierig wird. Dort, wo oder wovor die meisten zurückschrecken, da werden sie so richtig wissbegierig. Komplexe Zusammenhänge halten sie nicht ab, im Gegenteil, sie ziehen sie an, sie begehren förmlich den Lösungsversuch. Dazu ist es immer wieder notwendig, sich selbst zu hinterfragen, sein eigenes Wollen, seine eigene potenzielle Energie.

Vor 20 Jahren hieß es dann: Weisheit ist Wissen plus eine weise Persönlichkeit. Aus meiner Sicht greift Viktor Frankls Definition am besten: Menschsein verweise immer auf etwas über sich selbst hinaus. Auf einen Sinn, den der Mensch dann erfüllen könne oder einfach auf ein mitmenschliches Sein. Und nur in dem Maße, in dem dem Menschen dieses *Selbst-Transzendieren* gelingt, verwirklicht er sich auch selbst.

Das bedeutet nicht, das eindeutig Unmögliche möglich machen zu müssen. Im Gegenteil. Von Dingen, die nicht (mehr) gehen, sollte man die Finger lassen. Als 40-Jähriger auf internationale Einsätze im Profifußball zu hoffen, ist zwar möglich. Aber nur in der Welt der Hoffnungen. Mit 70 Jahren am Piano zu beginnen, mag zu einem großen persönlichen Erfolg reifen. Mit der Musikerkarriere in einem großen Orchester wird es vermutlich nichts mehr werden. Auch TV-Moderator einer Jugendsendung wird für Kollegen in meiner Branche wohl ein schwieriges Unterfangen, wenn man sich im eigenen siebten Lebensjahrzehnt befindet.

Dem widerspricht allerdings auch Hermann Hesse, der einst schrieb: „Man muß das Unmögliche versuchen, um das Mögliche zu erreichen."

Nichts muss man.

„Wer den Hafen nicht kennt, in den er segeln will, für den ist kein Wind der richtige." Könnte man dem mit dem römischen Philosophen Lucius Annaeus Seneca entgegenhalten.

Wer hingegen den Hafen schon kennt, zum Beispiel die Gelassenheit, sollte sich auch vom stärksten Wind nicht mehr in andere Richtungen treiben lassen.

Stellt sich die Frage: Sind weise Menschen eigentlich glücklich?

In jenem Zeitfenster, in dem sie zwar erkennen, dass mehr und vermutlich viel mehr in ihnen steckt, als ihnen bis jetzt bewusst geworden ist, das aber noch nicht umsetzen konnten oder wollten, wohl eher nicht. Erst da beginnt die Auseinandersetzung mit sich selbst, „weil Weisheit sich durch die intensive und durchaus auch schmerzhafte, reflektive Auseinandersetzung mit Lebenserfahrungen entwickelt. Menschen auf dem Weg zur Weisheit neigen nicht zum Verdrängen und Ignorieren, sie befassen sich intensiv auch mit ihren eigenen Schwächen und Fehlern. Durch diese Auseinandersetzung aber entwickeln sie schließlich großes Selbstwissen und sind mit sich selbst ,im Reinen', sodass sie das Leben mit allen seinen Seiten annehmen und auch genießen können."[100] So gesehen, sind Weise also anfangs noch nicht, aber offenbar irgendwann dann doch sehr glücklich oder, sagen wir, zufrieden in einem rund um sinnerfüllten Leben.

Zur Weisheit in Gesellschaft und Staat

Bis jetzt haben wir sehr viel über das Ich und insbesondere über die individuelle Weisheit gesprochen.

Ich und Glück.

Ich und Sinn.

Ich und Weisheit.

Widmen wir uns nun dem Du.

Was hat der Mitmensch davon, wenn sein Partner, seine Partnerin, seine Kollegin oder gar sein Parteifreund „weise" ist?

Auf den ersten Blick sehr viel. Aber, um diesem Projekt, weiser Mensch reißt seinen Partner, seine Partnerin mit und begeistert sie oder ihn von seinen Überzeugungen, Wirklichkeit einzuhauchen, bedarf es bestimmter Voraussetzungen. Zunächst in der Begrifflichkeit.

Denn die höchste Erkenntnis eines weisen Menschen ist
die, dass er die Wirklichkeit beeinflusst.

Wie das denn? Um das zu beantworten, vergegenwärtigen wir uns noch einmal den altchinesischen Ansatz zur „Liebe zur Weisheit". Wenn tatsächlich jemand den langen Weg der Selbsterkenntnis gegangen ist, dann darf er oder sie *jetzt* keinesfalls stehen bleiben. Dann wäre ihr oder ihm im alten China zugerufen worden:

Und jetzt verändere die Welt!

Der deutsche Philosoph Albert Kitzler erinnert hier an Konfuzius' Grundgedanken aus dessen Schrift „Das große Lernen", der besage, dass jede erfolgreiche Gestaltung und Beeinflussung der Wirklichkeit von der Klärung der eigenen Persönlichkeit auszugehen habe. „Wenn die Persönlichkeit gebildet ist, dann erst wird das Haus geregelt; wenn das Haus geregelt ist, dann erst wird der Staat geordnet; wenn der Staat geordnet ist, dann erst kommt die Welt in Frieden."[101]

Erkenntnis, ohne danach zu handeln, ist nicht Weisheit. Egal ob Konfuzius, Sokrates oder Philosophen von heute wie Albert Kitzler oder Byung-Chul Han, alle sind sich in dieser Frage einig. Wer nur redet, durchaus auch Weises, aber nicht danach handelt oder gar gegenteilig, ist nicht weise und hat im Grunde nichts begriffen. Er hilft damit weder seinem Partner, seiner Familie, seinen Arbeitskollegen noch irgendwelchen Institutionen. „Kehr zuerst vor deiner eigenen Tür", ist ein – richtiger (!) – Satz, den man so jemandem entgegenrufen möchte, der zwar Sinnvolles von sich gibt, aber bei sich zu Hause konträr dazu handelt.

Demgegenüber stehen Menschen, die handeln, damit etwas bewirken wollen und das manchmal auch schaffen. Denken wir etwa an Greta Thunberg, jene schwedische Umweltaktivistin, die mit 16 Jahren Schulstreiks für das Klima initiiert hat und mit diesen Gedanken und Erkenntnissen nicht nur ihr Heimatland Schweden, sondern seit 2019 die halbe Welt bereist und so zu einem der bekanntesten Menschen der gesamten Weltbevölkerung geworden ist. Was sie letztendlich *tatsächlich* bewirken wird, wissen wir nicht.

In dem altchinesischen Text „Li Gi – Das Buch der Riten, Sitten und Gebräuche" heißt es zur Frage, ob denn nicht eher einem Einzelnen die Kraft dafür fehle, wirklich Großes zu bewegen: „Wer sein Wesen durchdringen kann, der kann das Wesen der Menschen durchdringen. Wer das Wesen der Menschen durchdringen kann, der kann das Wesen der Dinge durchdringen."[102]

Für all das benötigt man Zeit. Zeit, die umso knapper wird, je mehr wir sie mit Ablenkungen zupflastern. Je mehr wir also Zeit mit erratischem Zeitvertreib totschlagen, desto weniger bleibt uns für das Wesentliche. Ohne das Wesentliche ist jedoch ein Durchdringen des menschlichen Wesens und letztlich des Wesens der Dinge und der Welt an sich nicht möglich. „Je besser wir aber die Dinge und Verhältnisse um uns herum verstehen, umso effektiver können wir auf sie einwirken. Diese Effektivität ist gemeint, wenn es heißt, dass die höchste Erkenntnis die Wirklichkeit beeinflusst"[103], schreibt Kitzler. Wer sich selbst ausreichend kennengelernt hat, der kann seinen Horizont der Selbsterkenntnis langsam auf seine Mitmenschen, seine ihn umgebende – teils belagernde – Lebensumwelt erweitern. Auf seine Familie, seine weiteren Verwandten, auf Freunde, Bekannte, Arbeitskollegen, Vorgesetzte und Branchenkollegen.

Das Betrachtungsfeld ist vom Ich über das
Du hinaus zum Wir gewachsen.

Sage da noch jemand, es wäre nicht möglich, durch Selbsterkenntnis auch eine neue Wirklichkeit zu schöpfen. Selbstverständlich stoßen wir mit einem derartigen Anspruch, den oder die anderen zu verstehen, zu begreifen und daraus einen „Gewinn für die Welt" zu schaffen, an sehr menschliche Grenzen. Schon die Philosophie der Antike empfiehlt bei jedem Ärger über andere die Frage: Hätte ich in ihrer oder seiner Situation nicht vielleicht genauso oder ähnlich gehandelt? Und das unter Miteinbeziehung dessen, was wir über diesen Menschen alles wissen. Marc Aurel soll formuliert haben, dass man immer berücksichtigen müsse, dass alles, was Menschen tun, eine Vorgeschichte habe. Heute würde man es beispielsweise so ausdrücken: Hat sie oder er angesichts ihrer oder seiner schwierigen Kindheit gar nicht anders handeln *können?* Ist, wissend um seine oder ihre frühkindlichen Kränkungen, sein oder ihr emotionaler Ausbruch, so gesehen, nicht verständlich? Bei dem, was sie oder er durchgemacht hat, muss ich ihr oder ihm ja den Wutausbruch gegen mich verzeihen …

Da verlangt die Philosophie schon ein wenig viel von uns. Es ist unmöglich, alle Faktoren, die mein momentanes Gegenüber betreffen, egal in welchem Lebensbereich – ob privat oder Arbeit –, in mein Verhalten ihr oder ihm gegenüber einzubeziehen. Darüber hinaus haben wir es sehr oft auch mit tatsächlichen psychischen Erkrankungen zu tun: von narzisstischen Persönlichkeitsstörungen, kompensierenden Verhaltensweisen aufgrund frühkindlicher Minderwertigkeitskomplexe über tief sitzende Kränkungen bis zu Borderline oder Burn-out-Erschöpfungen. Oder mit Energieräubern, denen Empathie und Gespür teils komplett fehlen oder abhandengekommen sind.

Nein, wir müssen nicht therapieren, einordnen genügt.

Wie auch immer wir anderen begegnen, auch wenn wir nicht alles über sie oder ihn wissen und in unser Urteil einbeziehen können, weise sind wir erst dann, wenn wir nicht mehr hassen. „Wenn wir … uns morgen gleichwohl wieder über die Ignoranz, Dreistigkeit oder Rücksichtslosigkeit der Anderen aufregen, so zeigen wir dadurch, dass unser Wissen noch nicht umgeschlagen ist in Lebenspraxis."[104]

Jetzt wagen wir den großen Sprung zum Wir.

Sollte es dem „Ich" irgendwann gelingen, mit Sinnerfüllung und Weisheit zu handeln, dann vielleicht dem „Du" und letztlich gar dem „Wir". Warum sollte es dann nicht auch in den großen Weltbereichen menschlichen Lebens möglich werden.

Ein großer Satz.

Aber denken wird man ja noch dürfen.

Aus den vielen „Weltbereichen" wollen wir jene herausnehmen:

• Politik
• Wirtschaft und Umwelt
• Große (chronikale) Ereignisse / Kultur
• Wissenschaft
• Gesellschaft/Zusammenleben
• Freizeit und Sport

Zwei dieser „Weltbereiche" wollen wir uns nun näher anschauen: Wirtschaft und Politik. Beginnen wir mit der Wirtschaft.

Weisheit und Wirtschaft

Was ist überhaupt Wirtschaft?

Definieren wir es so: Grundsätzlich soll Wirtschaft Bedarf und Bedürfnisse des Menschen abdecken. Die jeweiligen Gesellschaften müssen nun entscheiden, wie die (knappen) Ressourcen Mensch, Natur, Technik (konkret: Humankapital, Naturkapital, Sachkapital) in der Produktion eingesetzt werden, um unterschiedliche gewünschte Produkte herzustellen und diese dann unter den verschiedenen Gruppen von Menschen aufzuteilen.

In früheren Zeiten waren die Güter knapp, weil die Menschen immer viel mehr wollten, als die Wirtschaft erzeugen konnte. Die Knappheit stand im Mittelpunkt des Wirtschaftens. Heute in unseren Wohlstandsgesellschaften ist das Gegenteil der Fall. Das Angebot übersteigt die Nachfrage, denken wir beispielsweise an Smartphones. Knapp sind heute vor allem jene Ressourcen, die unser Planet zur Verfügung stellt. Die Gesellschaften von heute müssen sich deshalb stets drei Fragen stellen:

1. *Was* wollen wir, und in welchen Mengen?
2. *Wie* wollen wir es? (Wie setzen wir die Ressourcen ein?)
3. *Für wen* produzieren wir Güter und stellen Dienstleistungen zur Verfügung?

Menschen brauchen etwas zu essen, zum Anziehen und etwas, worin und worauf sie wohnen können. Sie wollen aber auch von A nach B kommen und das, wenn möglich, immer schneller oder zumindest genauso schnell wie gewohnt, dafür aber zwischen weiter auseinanderliegenden Orten. Menschen wollen kommunizieren. Nicht immer mit denselben Personen. Dafür mit immer mehr Menschen – die Distanz spielt dabei keine Rolle. Menschen wollen einander vergleichen. Die Mode ist für dieses Unterfangen ein wunderbares Instrument.

Auch wenn wir heute meinen, mit der Knappheit der Güter sei es vorbei, so stimmt das zum einen grundsätzlich nicht und zum anderen schon, weil unser Planet das nicht mehr lange mitmacht.

Warum stimmt das grundsätzlich nicht?

Weil nicht einmal die oben beschriebenen Bedürfnisse weltweit befriedigt werden können. Gut geht es vielen, aber noch lange nicht allen.

Wir werden uns, wie bereits erwähnt, mit dem Leben in Europa, konkret mit den Wohlstandsgesellschaften innerhalb weiter Teile der Europäischen Union beschäftigen.

Exakt zur gleichen Zeit, als im Nachkriegseuropa die Europäische Wirtschaftsgemeinschaft (EWG) gegründet wurde, stellt auf der anderen Seite des Atlantik der US-Soziologe David Riesman im Jahre 1957 folgende Frage: „Jetzt, da wir in den Anfängen der Überflussgesellschaft leben, welches Ziel haben wir dann noch, wenn die absolute Knappheit überwunden ist und die meisten materiellen Wünsche befriedigt sind?"[105]

Seine Antwort fiel düster aus. Man habe keine zureichenden Pläne für Ersatzziele und auch keine politische Maschinerie, durch die Verständnis und Unterstützung für derartige Pläne entstehen würden.

Ganz ehrlich: Haben wir sie heute?

In Ansätzen: Ja. Allgemein und weitreichend: Nein!

Noch immer dominieren Bruttoinlandsprodukt, Wachstum, Gewinnmaximierung und „Geld in die Wirtschaft pumpen" die öffentliche Diskussion, wenn es um Fragen der Wirtschaft, des Wohlstands und der Zukunft geht. Darüber hinaus auch Beschäftigungszahlen, Verteilung und Gerechtigkeit, aber dann stets im Zusammenhang mit Defiziten und Schuldenquoten. Hinzu kommen seit einigen Jahrzehnten die Themen Nachhaltigkeit und Klimapolitik. Alles wichtig und richtig. Aber dazu muss erstens außerdem gesagt werden, dass grünes Wachstum ebenso ein Wachstum ist und dass das, auch wenn es eleganter klingt, nichts daran ändert, dass es den Marktgesetzen folgen muss. Und zweitens ist zu fragen: Wo ist der *Sinn* des Wirtschaftens in Gesellschaften, die bereits relativ viel haben, in denen Bedürfnisse in bestimmten Produktsegmenten schon lange nicht mehr gedeckt, sondern nur noch *erzeugt* werden? Wer kommt auf die Welt und verlangt nach einem iPhone 12, 15 oder 20?

Wir haben schon einmal über Zweck und Mittel gesprochen. Die Wirtschaft allein, das Wirtschaften, ist nicht der Zweck unseres Lebens. Es ist ein Mittel zum Zweck der Ermöglichung eines guten und zufriedenstellenden Lebens.

„Der Ur-Zweck allen Wirtschaftens aber besteht in der dauerhaften Versorgung der Menschen mit Gütern, die sie zum Selbsterhalt benötigen und ihnen das Leben erleichtern; in der dauerhaften Befreiung von materieller Not – vernünftigerweise ohne dabei natürliche Lebensgrundlagen und Menschen zu schädigen"[106], schreibt Oliver Stengel, wissenschaftlicher Mitarbeiter im Bereich Nachhaltige Entwicklung an der Hochschule Bochum.

Aber schon in dieser Definition zeigt sich das Hauptproblem. Jeder Wirtschaftsteilnehmer, jede Wirtschaftsteilnehmerin hat dazu seine/ihre Sicht der Dinge – und diese Blickwinkel liegen einander naturgemäß diametral gegenüber, also maximal weit auseinander.

Der Produzent, der Händler, der Dienstleister, der Unternehmer kann sein Wirtschaften durchaus als Lebenszweck sehen, schließlich lebt er vom Gewinn, den seine Arbeit abwirft, und ist sein eigener

Chef. Der Beschäftigte, der für Lohn an einem Produkt arbeitet, das ihm nicht gehört, wird die Sache wohl anders sehen. Nicht selten fehlt ihm die Identifikation mit dem Endprodukt zur Gänze, weil Arbeitsteilung in ihrer heutigen Form das meistens auch gar nicht mehr ermöglicht und zulässt. Ein Arbeitnehmer wird die Frage, ob Wirtschaften Lebenszweck sein kann und muss, wohl anders beantworten. Für ihn dominiert die Funktion des Mittels zum Zweck. Ohne Arbeit kein Lohn, ohne Lohn keine Güter und Dienstleistungen, ohne Lebensmittel kein würdiges, zumindest relativ selbstbestimmtes Leben – außerhalb der Arbeitszeit.

Es liegt zwar ohnehin auf der Hand, aber dennoch die Anmerkung: Menschen, die in ihrem Beruf aufgehen, weil sie ihn lieben, egal, wer ihr Vorgesetzter ist, oder generell kreative Berufe ausüben, haben einen viel freundlicheren Blick auf die Wirtschaft und das Wirtschaften. Trotzdem steigt die Zahl der Psychologen, Soziologen und auch der Ökonomen, die vor einem grundsätzlichen Problem warnen:

Stell dir vor, es ist Kapitalismus und immer weniger gehen hin.

Den einen fehlt die Zeit, den anderen das Geld, um an der immer komplexeren, schnelleren und unübersichtlicheren Konsumwelt noch teilzunehmen. Lebenssinn des Einzelnen und Sinn des Wirtschaftens könnten in einem kapitalistischen System dann wunderbar zueinanderfinden, wenn … Ja, wenn die betreffende Person, die konkrete Unternehmerin, der konkrete Unternehmer grundsätzlich eher ein rational denkender Mensch ist. Wir erinnern uns: das rationale Weltbild verfolgend, das hedonistische zumindest im Großen und Ganzen ablehnend.

Wie kann es sein, dass es beim rationalen Weltbild durchaus möglich ist, dass das Handeln des Einzelnen auf ein gesamtes System umgelegt werden kann?

Bei der Ökonomie geht es um den effizienten und rationalen Einsatz von Kapital, um – und das ist entscheidend – daraus einen

Ertrag zu erzielen, der höher ist als in anderen Unternehmen. Beim ausführenden Unternehmer, also beim Individuum, dominiert der Gedanke der eigenen Bestätigung und der Anerkennung von außen, dass sein Lebenskurs der Richtige war. Eben, weil ich meinen (rational dominierten) Lebenssinn verwirklicht habe, habe ich mehr erreicht als andere.

Dieses seit nunmehr 250 Jahren vorherrschende Prinzip, dass der Egoismus und die Rationalität des Unternehmers automatisch, wie durch die von Adam Smith im 18. Jahrhundert formulierte „Unsichtbare Hand", zu *Wohlstand für alle* führt, dominiert bis heute die Volkswirtschaftslehre. Zwar mit immer mehr Einschränkungen und Ausnahmen, aber der Grundgedanke ist geblieben – bis dieses ökomische Zahlengebäude erstmals Ende der 1920er-Jahre in der ersten Weltwirtschaftskrise als Handlungsanleitung versagt hat und nochmals in der zweiten großen Weltwirtschaftskrise ab 2008. Seither mehren sich die Zweifler. Einige Ökonomen meinen, Schuld an allem sei der Umstieg von der Realwirtschaft (Güter, Dienstleistungen) auf die immer verrückter gewordene Finanz- und Spekulationswirtschaft. Das stimmt auch. Aber man darf hier nicht auf den Sinn und die Moral vergessen. Denn welchen Sinn haben Wirtschaft und Wirtschaften, wenn nur noch kühles, rationales Denken zählt?

Die sogenannte Verhaltensökonomie hatte weltweit gehofft, mittels Abertausender Laborversuche mit Testpersonen unter Einsetzung von Gehirnscannern zu beweisen, dass der wahre Mensch kein Egoist ist und sich in seinen Handlungen letztlich *unbewusst* eher vom Fairness-Prinzip leiten lässt. Das ist richtig. Aber ist es nicht so, dass Fairness-Prinzipien nur bestimmte Menschentypen antreiben, eben jene, die ihren Lebenssinn nicht nur in Rationalität und Effizienz sehen? Die vielleicht sogar dem romantischen Sinn-Typus – wie im Kapitel „Sinn" beschrieben – zuzurechnen wären? Oder die auch durchaus, zumindest ab und an, dem Hedonismus frönen, in dem kühle Kalkulation wenig Platz findet?

Vermutlich schon, denn man hat in Studien erkannt, dass junge Menschen, die Volkswirtschaftslehre studieren (unterrichtet im neoklassischen Mainstream), immer mehr ihren Modellen gleichen, mit denen sie in ihrem Studium rechnen müssen, und sie selbst in ihrem späteren Leben immer mehr dem Modell des „Homo oeconomicus" ähneln. Rational denkende Teilnehmer am Wirtschaftsleben, kühle Rechner. Ich entschuldige mich schon jetzt bei allen Studierenden der Nationalökonomie. Denn natürlich wird und muss das alles nicht so sein. Aber die Gefahr besteht. Wie sieht es nun mit der Macht des Kapitalismus aus, wenn die dafür geeigneten Wirtschaftsteilnehmer am Werk(en) sind.

„Der wirtschaftliche Erfolg, das Kapital, das Geld ist zur Währung bzw. zum Maß der Selbstbestätigung und Anerkennung geworden. Im Umgang mit dem Geld beweist sich die Rationalität. In der rationalistischen Konzeption des guten Lebens, der zufolge der Sinn des Lebens in der Verwirklichung formaler, instrumenteller Rationalität liegt, liegt folglich eine wesentliche moralische Quelle des kapitalistischen Leistungs- und Wachstumsdenkens"[107], formuliert es der Philosoph Michael Zichy und geht noch einen Schritt weiter. Für ihn hätten mittlerweile sowohl Hedonisten als auch Romantiker im Kapitalismus Platz gefunden. Demzufolge wären sowohl der Rationalist wie auch die beiden anderen „Sinn-Typen" ins System eingebunden.

„Dass (auch) der Hedonismus relativ rasch ein Naheverhältnis zum Kapitalismus entwickelt" habe, liegt für Zichy auf der Hand. Denn wirtschaftlicher Erfolg ermögliche es, immer mehr *raffiniertere* Bedürfnisse zu befriedigen. Der Kapitalismus halte für den Hedonisten nicht nur die Befriedigung körperlicher, sondern im weiteren Sinne auch geistiger Bedürfnisse bereit – und das in einem zuvor nie dagewesenen Ausmaß: „von dem Genuss von Kunst und Kultur über das Ausleben von Fernweh und Abenteuerlust bis hin zur Befriedigung von Spieltrieb und der Lust am Risiko. Darüber hinaus bietet der Kapitalismus ein hervorragendes Betätigungsfeld für verschiedenste Leidenschaften wie etwa der Gier nach Macht, Geltung und Einfluss."[108]

Und sogar dem Romantiker komme der Kapitalismus entgegen, so Zichy, denn der Kapitalismus erlaube, das gute romantische Leben zu verfolgen, aber um den Preis, einen Teil der zur Verfügung stehenden Zeit dem kapitalistischen System insofern zu opfern, dass eben gearbeitet werden müsse, um einen Lohn zu erhalten. Erst dadurch könnten die Grundbedürfnisse des Lebens befriedigt werden. Der romantische Mensch lebe eigentlich für den Feierabend, für das Wochenende, für den Urlaub. Arbeiten gehe er unter anderem auch, um sich seine Freizeitaktivitäten (Familie, Sport, Kunst etc.) finanzieren zu können.

Ist also die wissenschaftliche Philosophie auch schon längst vom Kapitalismus geprägt – nur wir haben es noch nicht gemerkt?

Mitnichten. Denn nach dem, was alles *möglich* wäre, folgen die überdimensional großen „Aber". Da wären zunächst die Kollateralschäden: Umweltschäden, begrenzte Ressourcen, das Klimaproblem und die immer weiter aufgehende Schere zwischen Arm und Reich, was für einen rein rationalen Ökonomen, eigentlich jeden rational lebenden Menschen, ein massives Denkproblem aufwirft. Verspricht der Kapitalismus doch ad definitionem ein „Immer-Mehr" und zeitgleich die so gern gelesene Prämisse: Der nächsten Generation wird es besser gehen als der derzeitigen, so wie es dieser besser als der letzten Generation gegangen ist.

Doch dieses Spiel ist aus.

Die Erzählung des Selbstbetrugs einer unendlichen Fortschrittsgeschichte mit positiven Verteilungseffekten für alle.

Selbstverständlich ist nicht zu leugnen, dass heute weltweit weniger Menschen in Armut leben als vor einigen Jahrzehnten. Aber die Mittelschicht dünnt aus. Sie bezahlt nach unten und nach oben. Seit Jahren ist klar, wer ins Berufsleben einsteigt, verdient nur noch einen mehr oder weniger großen Anteil dessen, was die Elterngeneration an Starteinkommen netto zur Verfügung hatte. Gespart wird überall. Die Kaufkraft sinkt.

Das soll ein rationaler Kapitalist nun verstehen.

Die Verteidiger jenes kapitalistischen Systems, das rein auf den Markt abzielt, schießen zurück und berufen sich dabei meist auf den österreichischen Nobelpreisträger Friedrich August von Hayek, der das Soziale als ökonomischen Unsinn bezeichnet hatte, weil es wichtig, aber nicht Bestandteil des Wirtschaftens sein könne: Schuld an den *nicht zu leugnenden* Störungen im System sei nicht der Kapitalismus, sondern seien die Eingriffe des Staates. Würde man alle Teilnehmer der freien Marktwirtschaft frei arbeiten lassen, würden sich mögliche Schieflagen im System sozusagen selbst wieder gerade richten. Die wundersame „Unsichtbare Hand" würde schon dafür sorgen. Die Effizienzbeschleunigung in der Leistungsgesellschaft sei deshalb keinesfalls zu Ende. Und der ewig geltende Grundsatz, dass es nicht allen, aber vielen immer besser und besser gehen werde, gelte selbstverständlich auch weiterhin. Dank der Kraft und Innovationsfähigkeit des Unternehmers mit all seinen zufriedenen Mitarbeitern?

Aber es stimmt nicht. Der relative Wohlstand des Mittelstands nimmt in der westlichen Welt kontinuierlich ab. Wer heute nichts erbt und nur arbeitet, wird kein Lebenseinkommen mehr erzielen können, mit dem sich eine Eigentumswohnung in anspruchsvolleren Stadtgegenden oder gar ein eigenes Haus an den Rändern größerer Städte finanzieren lässt. Hinzu kommt seit der Jahrtausendwende eine völlig neue Einstellung der Jugend und junger Erwachsener zur Arbeit an sich. Eine der ersten Fragen, die ich selbst als Führungskraft in einem Medienunternehmen öfter als je zuvor gestellt bekomme, ist die nach der garantierten Freizeit. Zeitausgleich statt Einkommenszuwachs sind so zum Gebot der Arbeitsstunde geworden – undenkbar noch in meiner Elterngeneration, in deren Leben Pflichtbewusstsein und Aufgehen, oft Aufgeben, „in der Firma" rational verordneter Lebenszweck zu sein schien.

Viele Männer und immer mehr Frauen haben sich und ihr Leben schlicht aufgegeben, um jedweden Kratzer am Glanz der Firmenloyalität von Beginn an auszuschließen. Mein Vater wusste bis zu seiner gegen seinen ausdrücklichen Willen erzwungenen Frühpensionierung in einem großen, weltweit tätigen Konzern mit stolz geschwellter Arbeitnehmerbrust zu vermelden: „Nicht einen einzigen

Tag in diesen vier Jahrzehnten hat ein Krankenstand den Weg zur Arbeit verhindert."

Nach wie vor gilt zwar der Kapitalismus als die nachvollziehbarste und letztlich am effektivsten Wohlstand schaffende Art des Wirtschaftens, aber es ist sein Image, an dem geknabbert wird. Von allen Seiten.

Und jene, die den großen Markt Jahrzehnte als Werk des liberalen Teufels angeprangert haben, haben ihn zwar mittlerweile längst übernommen, lästern jedoch über folgende unangenehme Begleiterscheinung, die aus ihrer Sicht mit dem Kapitalismus ja gar nicht unbedingt notwendig wäre: über die Demokratie. Solange ihr meint, Kapitalismus sei gleichzeitig mit Demokratie möglich, werden wir euch zeigen, wie das besser und effizienter geht. Peking weiß, was leistungsbereite Menschen wünschen.

Und in der Tat ist die Volksrepublik China in den letzten Jahren mit Kommunismus plus Kapitalismus zur ökonomischen Weltmacht (noch) hinter den USA geworden. Je krisenanfälliger der westlich geprägte Kapitalismus wird, desto größer wird auch die Bereitschaft derer, die es sich in diesem System gemütlich gemacht haben, es von innen heraus zu sprengen – Das klingt auf den ersten Blick widersprüchlich. Aber wenn ich das, von dem ich bisher geglaubt habe, dass es mich ewig absichern, ja beschützen wird, plötzlich in existenzialistischer Gefahr sehe, dann steigt auch meine Bereitschaft, es gleich zu zerstören, in der Hoffnung, es werde schon ein neues System entstehen.

So lautet zumindest die Argumentation einiger pessimistischer Wirtschaftspsychologen. Denn sowohl der hedonistische als auch der romantische Typ brauchen die materielle Absicherung durch das System, das ihnen eigentlich zuwider ist. Eine Work-Life-Balance, auch wenn sie noch so sehr in Richtung „Life" rutscht, benötigt „Work", weil sie ohne Arbeit verhungert. Der Romantiker verlangt erst recht eine Grundsicherung, die der Kapitalismus erst ermöglicht, damit er zur Gänze seinen Hobbys nachgehen und in ihnen aufgehen kann.

Damit entsteht ein auf den ersten Blick paradox wirkender Zustand.

Gerade lang andauernde, intensive Wirtschaftskrisen
könnten den Kapitalismus retten.

Eine Art Gleichgewicht des Schreckens, eine Formulierung, die man aus der Zeit des Kalten Krieges kennt, könnte entstehen.

„Auf der einen Seite ein kapitalistisches Wirtschaftssystem mit seinen Aufschwüngen und Abschwüngen – auf der anderen Seite die sozialen Träumer der Gegenbewegung, die die Abschwünge und damit die Grundsicherung ihrer moralischen Gedanken mehr fürchten als der Teufel das gute Leben. Wenn die Wirtschaftskrise noch heftiger wird, könnte es sein, dass die Neuorientierung unter materiell-existenziellen Sorgen begraben wird"[109], schreibt Michael Zichy.

Jedenfalls dürfte der Preis für den Weiterbestand des Systems ein immer höherer werden. Nicht nur wegen der Begrenztheit der natürlichen Ressourcen. Die Gefahr besteht auch in einer moralischen Leere. Schon im 1972 erschienenen berühmten Bericht des Club of Rome über „Die Grenzen des Wachstums" von Dennis L. Meadows, Donella Meadows und Jørgen Randers war davon zu lesen, dass man diese leeren Orientierungen zu füllen habe, erinnert Zichy.

Denn eines ist gewiss, das wissenschaftsskeptische Lager wird auf den Plan treten beziehungsweise hat es das längst getan und erinnert, wie erwähnt, an den „Club of Rome". An dessen nicht oder nur zum Teil eingetroffene Aussagen der Grenzen des Wachstums aus dem Jahr 1972 und das damals prognostizierte Ende der Rohstoffe in 100 Jahren. Die Wachstumswarner von damals haben allerdings einiges unterschätzt: den technologischen Fortschritt, den die Menschheit in den darauffolgenden Jahrzehnten erzielen würde, eine weitaus effizientere Ressourcenverwendung und neue Rohstoffvorkommen. Die Grundaussage von 1972 könnte dennoch halten: Wenn die Zunahme der Weltbevölkerung, der Industrialisierung, der Umweltverschmutzung, der Nahrungsmittelproduktion und der Ausbeutung von natürlichen Rohstoffen anhalten werde, seien die Rohstoffe im letzten Viertel des 21. Jahrhunderts zu Ende.

Im Oktober 2018 hatte ich die Ehre eine Veranstaltung zum Thema Wirtschaft und Umwelt in der Oesterreichischen Nationalbank zu moderieren, in dessen Rahmen auch „50 Jahre Club of Rome" gefeiert wurde und bei der auch dessen Co-Präsident Professor Ernst Ulrich von Weizsäcker am Podium saß. Eben war sein Buch beziehungsweise das seines Mitautors Anders Wijkman von der Schwedischen Königlichen Akademie der Wissenschaften erschienen. Der brandneue Bericht des Club of Rome mit dem zweideutigen Titel „Come on". Also im Sinne von „Mach mir doch nichts vor" (auf Österreichisch-Wienerisch eher „Geh bitte!") oder „Geh doch (unseren) Weg mit". Auf Deutsch ist das Buch unter „Wir sind dran" veröffentlicht worden. Es enthält interessante Ansätze. Nicht wirklich neue, aber in ihrer Zusammenfassung zum Innehalten geeignet.

Der Grundgedanke ist die Tatsache, dass sich zur Zeit der Entstehung und Verbreitung der ersten Wirtschaftstheorien Ende des 18. und ab Mitte des 20. Jahrhunderts zwei völlig unterschiedliche Welten zeigen.

Die damals *leere* Welt (Weltbevölkerung: knapp eine Milliarde Menschen) und die seit den 1950er-Jahren *volle*, und immer vollere Welt (Weltbevölkerung: bald acht Milliarden Menschen). Damals eine Zeit der schier endlosen Fülle an natürlichen Ressourcen und heute eine Zeit, in der die Beschränkungen immer greifbarer werden. Aber auch in einer Zeit, in der so getan wird, als würden wir nach wie vor in einer leeren Welt leben.

In einer leeren Welt könnte maximales Wachstum übergeordnetes Ziel bleiben. In einer vollen Welt müsste dieses Ziel von sozialen und ökologischen Zielen sozusagen überholt werden. Dazu brauche es eine neue Aufklärung mit dem Hauptziel, dass unsere Wirtschaftsaktivitäten unseren Planeten nicht ruinieren. Dazu gehört für Weizsäcker und Co. aber auch, dass das Wirtschaftssystem – unter dem Diktat der Finanzmärkte – den Abstand zwischen Arm und Reich nicht permanent vergrößert. Und – so wie wir es auch in diesem Buch zumindest in Ansätzen zu beschreiben versuchen:

Man müsse aus einer schon lange andauernden
philosophischen Krise herausfinden.

Denn auch unsere Denkmuster würden aus der Zeit der *leeren* Welt stammen, weshalb Weizsäcker die „neue Aufklärung" als Ziel für die Menschheit nennt.
Klingt gut, aber was meint er konkret damit?
Wir treffen auf ein bekanntes Wort.
Weisheit.

„Die Weisheit der Synergien zwischen Gegensätzen sollten
Meilensteine auf dem Weg zu einer neuen Aufklärung sein."[110]

Und so kommt der Club of Rome in seinem Bericht fast 50 Jahre nach den „Grenzen des Wachstums" auf sieben Gegensätze, zwischen denen eine Balance hergestellt werden müsste:

- **Zwischen Mensch und Natur:** Tiere, Pflanzen, Landschaften, Gewässer und Mineralien sind mehr als Ressourcen für Konsumwünsche einer wachsenden Bevölkerung.
- **Zwischen kurz- und langfristig:** langfristige Ethik statt plötzlich auftauchender Konsumwünsche.
- **Zwischen Geschwindigkeit und Stabilität:** Die Beschleunigungsgesellschaft setzt den „Langsamen" in der Gesellschaft immer mehr zu (vor allem älteren Menschen, aber auch Babys und Kleinkindern).
- **Privat und öffentlich:** Der Staat solle wieder die Regeln für den Markt schaffen und nicht umgekehrt.
- **Zwischen Frauen und Männern.**
- **Zwischen Gleichheit und Leistungsanreiz:** Eine (durchaus erwünschte) gesunde Leistungsgesellschaft braucht ein öffentlich garantiertes System von Gleichheit und Gerechtigkeit.
- **Zwischen Staat und Religion.**

Man sieht, es handelt sich bei diesen „Gegensätzen" nicht um neue Erkenntnisse, dennoch erscheint es berechtigt, sie einmal in ihrer Gesamtheit verbunden zu sehen und damit vielleicht die Forderungen des deutschen Naturwissenschaftlers (Physik) Ernst Ulrich von Weizsäcker nachvollziehbarer zu machen.

Für jetzt sei klargestellt: Das Ziel neuen Lebens und Wirtschaftens ist nicht die Abschaffung des jahrzehntelang mehr oder weniger gut funktioniert habenden Wirtschaftssystems, es muss aber möglich sein, den Kapitalismus als hauptsächlichen Sinn unseres Lebens durch neue Werte zu ersetzen.

Zichy formuliert es ähnlich und spricht von einer notwendigen Ablöse des Kapitalismus als zentralem Lebensinhalt. Darüber hinaus bietet er einen Lösungsvorschlag, eine Alternative der „Währung des Kapitalismus", an: Ein postkapitalistisches Paradigma hätte als Währung der Anerkennung und Selbstbestätigung nicht den wirtschaftlichen Erfolg, sondern „ein möglicher Kandidat dafür wäre die Qualität zwischenmenschlicher Beziehungen und die für zwischenmenschliche Beziehungen investierte Zeit"[III].

Zur Verdeutlichung dessen, was er mit Umdenken meint, führt Zichy ein Beispiel eines Freundes an, der einen von der Arbeit heimkommenden Menschen heute beschreibt: „Wow, der Nachbar hat ein tolles neues Auto." Schön wäre es, wenn er nach Hause käme und sich zukünftig denken würde: „Wow, der Nachbar spielt schon seit einer Stunde mit seinen Kindern."

Was auch immer wir in den Mittelpunkt unseres Lebens stellen, nur wenigen gelingt es, diese Entscheidung völlig unabhängig von den Lebensumständen oder, wie es in Politik und Wirtschaft letztlich wenig aussagend heißt, von den jeweiligen Rahmenbedingungen zu treffen. Aussteiger aus Gesellschaft und System leben vielleicht tatsächlich in einer Felsspalte des früheren Hippie-Ortes Matala auf Südkreta, manche von ihnen rennen oder radeln um die Welt (selten ohne Begleitung eines finanzkräftigen Getränkesponsors) und manch andere schaffen es, überhaupt nichts zu tun, weil in der Familie genug Geld für eines oder mehrere Menschenleben da war, bevor man selbst das Licht der mit großem Erbe ausgestatteten Welt erblickt hat.

Die allermeisten von uns brauchen sie jedoch, diese politischen Rahmenbedingungen, wenn sie ein Leben führen wollen, das die Lohnarbeit nicht als Mittelpunkt definiert.

Weisheit und Politik

Es erstaunt schon, dass politische Parteien der Zukunft, oder auch Nichtzukunft, der Arbeit nach wie vor so wenig Platz einräumen. 2020 ist in Österreich die erste Mitterechts/Grün-Regierung mit dem Slogan angetreten, man könne sehr wohl „Klima *und* Grenzen" schützen. Ein durchaus treffender Marketingspruch von Mitterechts und Grün. Eine moderne Sozialdemokratie oder auch eine völlig neue Wahlbewegung hätte antworten können: „Klima, Grenzen *und* Menschen" schützen – hat sie aber nicht. Dementsprechend trist stellt sich die Situation der meisten sozialdemokratischen Parteien quer durch Europa dar. Warum greift niemand das Thema auf, dass junge Menschen von heute zwar gerne arbeiten wollen, aber keinesfalls so viel wie ihre Eltern- oder Großelterngeneration? Dass die logische Konsequenz daraus der Verzicht auf bestimmte materielle Güter bedeutet, ist bei vielen zwar im Herzen, aber nicht im Kopf angekommen. Dafür gilt in gar nicht so wenigen Familien noch das „Der Papa wird's schon richten oder zahlen", da aus den letzten Generationen doch noch relativ viel an Bestand da ist, auf den man zugreifen kann.

Auf einem Planeten der begrenzten Ressourcen und des Umdenkens der Menschen – weg von *„Arbeit ist alles"* zu *„Zufriedenheit ist auch etwas"* – wird sich die Politik allerdings in diese Thematik einklinken *müssen*. Wenn nicht, werden die Richtungsentscheidungen auf der Straße und in den Internet-Foren getroffen werden. Was Greta Thunberg möglicherweise in der Klimapolitik angestoßen hat, könnten dann Bewegungen wie *0,1 Prozent* oder *Occupy* beim *menschlichen Dasein an sich* auslösen.

Dabei wird es völlig egal sein, ob der Weg zur
Lebenszufriedenheit von links oder von rechts kommt.

Aber die Politik hat sich bisher dem Thema „Sinn und Weisheit"
wenig angenommen. Sie wird sich dennoch um das neue gute Leben
kümmern müssen. Davon sind wir hier überzeugt.

„So wie unser politisches System beschaffen ist,
braucht man als erfolgreicher Politiker andere
Qualitäten als Weisheit." [112]

Ein dramatischer Befund der Weisheitsforscherin Judith Glück im
SWR-Fernsehen.

Reine Polemik? Mitnichten. Sie stützt sich dabei auf wissenschaftliche Erkenntnisse. Eine dieser Erkenntnisse besagt, dass ein weiser
Mensch grundsätzlich auch Menschen zuhört, die völlig anderer
Meinung sind als er selbst. Im Extremfall kann es sogar möglich sein,
dass er am Ende einer längeren Diskussion durchaus dessen Meinung
oder zumindest einen Teil dieser Meinung annimmt.

Kann eine Politikerin, ein Politiker so handeln?

Kann sie oder er schon. Aber nicht lange. Denn bald wird sie
Politikerin oder er Politiker gewesen sein.

Politik machen, heißt, seinen Standpunkt durchsetzen,
koste es, was es wolle. Auch den Verstand.

Simple Botschaften anbringen, die das Wählervolk versteht, das ist
heutzutage in vielen Ländern Politik. Erfolgreiche Politik.

Weise wäre es hingegen, würden sich in einem Land alle demokratisch gewählten Parlamentsparteien zusammensetzen und „faktenfun-
dierte Kompromisse"[113] schließen, meint Judith Glück. Und weiter:

„Machtstreben und Weisheit schließen sich leider aus." [114]

Demnach wird jemand, der wirklich weise ist, also wohl kaum Konzernmanager oder Bundeskanzlerin werden. Werden *wollen*. Nicht, weil sie oder er das nicht könnte, sondern weil man sich vielleicht nicht verbiegen lassen will, denkt die Weisheitsforscherin Judith Glück. Und es sei die Hinzufügung gewagt: Da Ausnahmen bekanntlich die Regel bestätigen, wird es wohl auch weise Politikerinnen und Konzernmanager geben. Zumindest hat es sie immer wieder gegeben und gibt es sie auch heute noch.

Wichtig ist dem Autor dieser Zeilen, der in dreieinhalb Jahrzehnten einiges an Erfahrung durch Gespräche und Interviews mit Politikerinnen und Politikern gewinnen konnte, aber auch eine nur auf den ersten Blick damit *nicht* zusammenhängende Feststellung: Weg mit allgemeiner Politikerbeschimpfung!

Niemand, der nicht ein wenig Einblick hat, macht sich darüber eine Vorstellung, welch unglaublicher Zeit- und Nervenaufwand in diesem Job steckt. Und noch dramatisch schlechter – jawohl schlechter – ist die Lebenswelt eines Politikers geworden, seit Smartphones alles, aber auch wirklich alles festhalten, sobald sich die Politikerin, der Politiker in der Öffentlichkeit bewegt. Jeder kleinste Fehler kann es ganz groß hinaus- und hinaufschaffen. In die nationale und – je nach Bedeutsamkeit der betreffenden Person – gar weltweite Empörung, genannt Shitstorm. Ein Bierglas zur falschen Zeit, eine Zigarette ohnehin nie mehr, ein Knicks vor dem russischen Präsidenten, der überraschenderweise zur Hochzeit angereist ist. Der Politik auf die Finger schauen, Missstände aufdecken, die vierte Macht im Staat sein. Kritischen Journalisten werden die selbstbelobigenden Formulierungen ob ihrer enormen Wichtigkeit in einer Demokratie bald ausgehen, so sehr fehlt manchen von ihnen das Talent zur Selbstreflexion.

Selbstverständlich ist all das zu den Aufgaben von Medien eben Beschriebene demokratiepolitische Notwendigkeit – wer wird schon Korruption das Wort reden, aber es geht um eine unzulässige Gleichmacherei: Ob an Stammtischen, auf Leserbriefseiten oder in den Sozialen Medien, eher öfter als selten gelten Politiker als unanständig und unfähig. Von Ausnahmen abgesehen stimmt das nicht.

Diese Einstellung ist noch weitaus demokratiegefährdender. Denn wer sollte dann noch Politiker, Politikerin werden? Und es passt in dieses Bild, dass fast jede Journalistin, jeder Journalist scheitert, wenn sie oder er tatsächlich die Seite wechselt. Nach wenigen Monaten erfährt es jeder Ex-Journalist, jede Ex-Journalistin am eigenen Leib, wie ungemein schwierig es ist, das besser zu machen, was man zuvor jahrelang kritisiert hat.

In Erinnerung kommt einer der wenigen selbstreflexiven Leitartikel in Deutschland, nachdem man begriffen hatte, dass man mit dem Bundespräsidentschaftskandidaten Christian Wulff nicht fair – um es bei dieser sanften Formulierung zu belassen – umgegangen war. Unter dem Titel „Fürsorgliche Vernichtung" schrieb einer der bekanntesten Journalisten Deutschlands, Hans-Ulrich Jörges, schon im April 2013 (!) als Chefredakteur des STERN, dass man endlich auch die Rolle der Medien diskutieren müsse. Er bezieht sich konkret auf den Umgang mit dem 2012 zurückgetretenen deutschen Bundespräsidenten Christian Wulff, aufgestellt von der CDU, sowie den SPD-Kanzlerkandidaten für die Bundestagswahl 2013, Peer Steinbrück.

„Es ist Zeit – und Anlass wahrlich genug –, über Macht und Hybris der Medien nachzudenken. Auch selbstkritisch. Denn deren Auftreten und Wirkung haben sich verändert, dramatisch … Rudeljournalismus nenne ich das Phänomen. Die Verirrung von kritischem Journalismus, den es mit Zähnen und Klauen zu verteidigen gilt, in besinnungslose, lustvoll schmähende Kampagnen. Ohne Widerworte, ohne abweichende Stimmen, ohne Selbstbesinnung. Die gab es früher verlässlich, die gibt es heute immer seltener. Denn ideologische Gräben sind planiert, publizistische Lager aufgelöst. Das Rudel folgt Leitwölfen, vereint in Skandalisierung und Emotionalisierung. Das Ergebnis ist eine Medienrepublik, in der Journalisten nicht mehr argumentieren, wer regieren sollte und wer nicht, sondern in der sie darüber entscheiden. Das journalistische Ethos pervertiert zu fürsorglicher Vernichtung. Politiker verfolgen das mit angehaltenem Atem und geballter Faust in der Tasche – aber stumm …

Und ich? ‚Aus' hieß es über meiner Kolumne, die unmittelbar vor Wulffs Rücktritt erschien: ‚Mit Verlaub, Herr Präsident, Sie haben keinen Arsch in der Hose.' Das war im Ton daneben. Ich habe dem Druck nachgegeben, nicht die Kraft aufgebracht, weiter allein zu stehen. Bei Steinbrück warf ich die Frage auf, ob sein Schweigen nach einer Razzia bei der Deutschen Bank damit zu tun habe, dass er dort privilegierter Privatkunde ist. Kunde stimmt zwar, aber sonst war das ein böser Verdacht. Auch wenn sich alles in mir dagegen sträubt: Ich war Teil der Meute."

Einen Leitartikel wie diesen hat man in den letzten Jahren nicht oder kaum mehr gelesen. Dieses Buch ist wahrlich keine Verteidigungsrede für Politiker, aber zumindest soll es wieder einmal wo geschrieben stehen: Politikerbeschimpfung allein bringt uns keinen Millimeter weiter. Ein Appell zu weiserem Verhalten in bestimmten Politikbereichen, denen mit Parteitaktik schon lange nicht mehr beizukommen ist, ist durchaus angebracht und notwendig.

Ob die Anfang 2020 beginnende Corona-Katastrophe oder die Weltdebatte rund um den Klimawandel – was nützen Einzelmeinungen, Bauchgefühle, rechte Leugnung („Was für ein Klimawandel?") oder eine Argumentation exakt und stur entlang der Parteilinie, Abweichungen untersagt?

Nichts.

Was sollte es da Sinnvolleres geben als die viel geschmähten Runden Tische, an denen alle Platz finden sollten, die wirklich etwas zu sagen haben. Vor allem die Wissenschaft und weise Politiker, die im bestimmten ordnungspolitischen Rahmen das umsetzen, was neuester Stand der Forschung ist. Was sollten wir denn sonst tun? Hier die Trump-Politik, dort jene von Greenpeace? Oder uns entscheiden müssen zwischen linker und rechter Klimapolitik? Oder eine Nord-Süd-Politik?

Und tatsächlich ist es keineswegs so, dass sich politische Verantwortungsträger, vor allem in Europa, nicht des Themas „Wir sind mehr als nur unser Wirtschaftswachstum" angenommen hätten. Sowohl in der Wirtschaftskrise ab 2008 als auch – und vor allem am Beginn der ersten Corona-Welle – haben Politikerinnen und Politiker sehr wohl gezeigt, dass sie klug, besonnen, ja weise handeln können. Das hat man in Österreich gesehen, dann in Deutschland und in einigen anderen europäischen Ländern. Auch wenn der Weg zum richtigen Umgang mit Corona immer wieder auch von Pannen, vor allem im juristischen Bereich (der teils auch Neuland war) gepflastert war.

Letztlich geht es schon lange um mehr als das BIP. Um viel mehr. Und man muss anerkennen, dass sich die Politik um dieses „Mehr" immer mehr zu kümmern beginnt.

Eine steigende Zahl von Regierungen weiß, dass eine saubere Umwelt, viele Parkflächen, Parkbänke, Blumenbeete, räumliche Möglichkeiten für das soziale Miteinander, ordentliche Kindergärten und Seniorenheime, gute Bildungseinrichtungen, soziale Kontaktmöglichkeiten im Allgemeinen, Pflegeeinrichtungen, Spielplätze, Büchereien, saubere Straßen, eine funktionierende Abfallentsorgung und regelmäßige Müllabfuhr enorm viel zählen, wenn die Bürgerinnen und Bürger eines Landes über ihre Lebenszufriedenheit nachdenken oder zu dieser befragt werden.

In Deutschland erscheint das jährliche Gesamtwerk „Deutscher Glücksatlas". Wissenschaftler unter der Federführung eines Volkswirtschaftsprofessors und Generationenforschers erfragen die Lebenszufriedenheit der Deutschen. Interessanterweise wird der Atlas zwar für die Deutsche Post erstellt, aber er gilt auch als allgemeine Grundlage für Regierungen, die wissen wollen, wodurch man denn das Glücksniveau der deutschen Bevölkerung heben könne. In den Fragebögen bittet man neben Antworten zum Haushaltseinkommen und zur Situation am Arbeitsplatz auch um Antworten zu nicht rein wirtschaftsrelevanten Daten. Etwa wie man mit der Wohnsituation im jeweiligen Bundesland zufrieden sei. Oder wie zufrieden eine Frau im Norden Deutschlands im Vergleich zu einer Frau in Bayern mit ihrem Leben sei oder der Mann im Osten im Vergleich zu einem Mann im Westen. Bewertet werden darüber hinaus auch Gesundheitseinrichtungen und der immer größer werdende Bereich der Pflegepolitik.

Generell bedeutet ein Wert von „null": *Bin gar nicht zufrieden*, und „zehn": *Besser könnte es mir gar nicht gehen* – dann herrscht *maximale Lebenszufriedenheit*.

2019 brachte für die Forscher und das ganze Land eine Sensation. Mit 7,14 von zehn Punkten waren die Deutschen mit ihrem Leben und mit ihrem Land noch nie so zufrieden. Das ostdeutsche Glücksniveau war sogar um 0,11 Punkte auf das dortige Allzeithoch von 7,0 gestiegen – den höchsten Wert, der jemals seit dem Mauerfall vor 30 Jahren gemessen wurde. Der Glücksabstand zwischen West- und Ostdeutschland schrumpfte auf 0,14 Punkte.

Jährlich gibt es ein Schwerpunktthema, das ganz genau untersucht wird. 2019 war es die Geschlechtergerechtigkeit und so – heißt es im Bericht – „überrascht es nicht, dass 42 Prozent der berufstätigen Frauen mit Kindern angeben, dass sie aufgrund ihrer familiären Verpflichtungen nicht so viel für ihre berufliche Entwicklung tun können, wie sie eigentlich wollten. Von den berufstätigen Männern mit Kindern sehen das nur 28 Prozent so. Geschlechtergleichheit ist für die Befragten ein bedeutendes Thema. Insgesamt denken 59 Prozent der Frauen und 45 Prozent der Männer, dass in unserer Gesellschaft noch mehr für die Gleichstellung von Frauen und Männern getan werden muss."[115]

In Österreich heißt das Gesamtwerk zur Lebenszufriedenheit „Wie geht's Österreich?" Es erscheint auch einmal im Jahr, wird von der „Statistik Austria" erstellt und enthält Fragen an die Österreicherinnen und Österreicher zu 31 Schlüsselindikatoren rund um Wohlstand und Fortschritt in Österreich. Und siehe da: Die Österreicher stehen den Deutschen um nichts nach. Die Indikatoren des materiellen Wohlstands wurden dabei kurzfristig – das heißt für die letzten drei Jahre – noch nie so positiv bewertet wie 2018. Auch die allgemeine Lebenszufriedenheit steigt mit 8,0 von 10 Punkten weiter.

Die Lebensqualität wird als sehr hoch empfunden, Wien gilt schon viele Jahre lang als die lebenswerteste Stadt der Welt (!). Aber bei anderen Schlüsselindikatoren zeigt sich ein sehr differenziertes Bild, oder um es journalistisch zu formulieren: Da schimmert offenbar der

Handlungsauftrag an die Politik durch. Der hohe Ressourcen- und Energieverbrauch und neuerlich ansteigende Treibhausgasemissionen werden als sehr problematisch beurteilt.

Auch beim Verkehr sehen die Österreicher eher eine negative Entwicklung: Und tatsächlich ist im internationalen Vergleich die Zunahme des verkehrsbedingten Energieverbrauchs in Österreich mit 34,5 % im Zeitraum 2000 bis 2017 (letztverfügbares Jahr der internationalen Daten) enorm gestiegen (EU-28-Durchschnitt 7,2 %). Die Rede ist hier sehr oft vom Lebenssinn in Wohlstandsgesellschaften sowie von der Politik, die weise(re) Entscheidungen für die Arbeitswelt der Menschen treffen sollte – und damit auch von Themen wie etwa dem *„Grundeinkommen plus"*, einer teilweisen staatlichen Mindestabsicherung plus Einkommen aus Nebeneinkünften durch eine Art Kommerzialisierung ihrer Talente und Hobbys, und zwar für Menschen, denen vielleicht das Zeug zum Künstler fehlt, die aber handwerklich oder musisch so ausgestattet sind, dass sich damit ein Nebeneinkommen erzielen lässt.

Nicht geschrieben haben wir über Armut. Über jene Mitmenschen, die fast zu wenig haben, um überleben zu können. Über Menschen an der Armutsgrenze.

Und das sind nach wie vor – trotz deutlich sinkender Tendenz seit dem Ende der großen Weltwirtschaftskrise in den Jahren 2009 und 2010 – mehr als 110 Millionen EU-Bürger. Deutschland mit rund 15 Millionen und die Schweiz und Österreich mit rund 1,5 Millionen Menschen. Mehr als jeder fünfte EU-Bürger gilt als armutsgefährdet. Das bedeutet, in einer stark verkürzten Definition, dass das Einkommen dieser Menschen bei nicht einmal 60 Prozent des nationalen mittleren Einkommens liegt, sie gelten nach EU-Definition als erheblich „materiell depriviert". Sie sind also eines großen Teiles des üblich in diesem Land herrschenden Wohlstandes *beraubt*. Und zwar gleich um mindestens 40 Prozent dessen, wie der Durchschnittsdeutsche, die Durchschnittsösterreicherin oder der Durchschnittsschweizer leben kann. Und das trifft nicht wenige, sondern auch in diesen Ländern rund jeden sechsten Menschen.

Vier von neun der folgenden Probleme und teils Ausweglosigkeiten müssen laut EU-Definition zutreffen, dann gilt man als armutsgefährdet oder arm.

Der Haushalt kann sich nicht leisten:
- regelmäßige Zahlungen in den letzten zwölf Monaten rechtzeitig zu begleichen (Miete, Betriebskosten, Kreditrückzahlungen, Wohnnebenkosten, Gebühren für Wasser, Müllabfuhr und Kanal, sonstige Rückzahlungsverpflichtungen),
- unerwartete Ausgaben bis zu 1160 Euro zu finanzieren,
- die Wohnung angemessen warm zu halten,
- jeden zweiten Tag Fleisch, Fisch oder entsprechende vegetarische Speisen zu essen,
- einmal im Jahr eine Woche auf Urlaub zu fahren,
- einen Pkw,
- eine Waschmaschine,
- ein Fernsehgerät,
- ein Festnetztelefon oder Handy.

Was macht nun die Politik, wenn immer weniger Menschen Arbeit finden und – wie in den vorangegangenen Kapiteln beschrieben – neue Wege eines sinnvollen, halbwegs zufriedenstellenden Lebens begehen wollen? Wenn sich immer mehr Beschäftigte fragen, ob sie es *wirklich* wollen, ihre Kinder von Montag bis Freitag nur kurz in der Früh – wenn überhaupt – zu sehen und den Rest von Kinderbetreuerinnen und Kinderbetreuern erzählt zu bekommen? Auch wer keine Kinder hat, fragt sich zusehends, ob mehr freie Zeit, vielleicht am Rad oder am Berg, nicht selbstreflexiv wirkmächtiger wäre als die weitere Gehaltserhöhung. Und was wird die Antwort sein, wenn Pflegeroboter, künstlich intelligente Ärzte-Darsteller, selbstfahrende Verkehrsmittel und Medienhäuser mit selbstfahrender Technik zum Alltag geworden sind?

Menschen werden (über)leben müssen. Und da ist sie schon wieder, diese leere Debatte in einer vollen Welt.

ARBEIT

Bedingungsloses Grundeinkommen

Wäre etwa ein bedingungsloses Grundeinkommen für alle ein linkes Kampfprojekt oder – wie mittlerweile immer mehr linke Ökonomen warnen – ein gefährlicher Vorschlag neoliberaler Unternehmer, um nicht benötigte Menschen vom Arbeitsmarkt zu verdrängen?

Letztlich ist die Richtung, woher die Idee zusehends in den Debattenraum weht, egal. Zwei Ökonomen, drei Meinungen ist ein weitverbreitetes Bonmot, man kann auch Vorurteil sagen, aber ein klein wenig Wahres ist schon dran an dieser Aussage.

Der deutsche Philosoph Richard David Precht schreibt in seinem Buch „Jäger, Hirten, Kritiker":

> *„Erst wenn man verstanden hat, dass das Zeitalter flächendeckender Erwerbsarbeit mit sehr großer Wahrscheinlichkeit zu Ende geht, versteht man die Lage."* [116]

Er widmet ein ganzes Kapitel seiner Forderung nach einem bedingungslosen Grundeinkommen. Bedingungslos, also ein geringes Einkommen vom Staat für alle, egal ob arm oder reich. Ob nun finanzierbar oder nicht, ob doch nicht bedingungslos, sondern an die Arbeitsbereitschaft gekoppelt (Mindestsicherung wie in Österreich, Hartz IV wie in Deutschland). Irgendeine Antwort wird die

Politik auf die Frage finden müssen, was alles unternommen werden muss, wenn das Angebot an Arbeit (durch den „Produktionsfaktor" Mensch) immer größer, die Nachfrage nach ihr (durch den Unternehmer) aber immer kleiner wird.

Eine interessante Idee zur Finanzierung des bedingungslosen Grundeinkommens kam 2015 ausgerechnet aus dem Paradies rein ökonomischen Denkens, aus der Schweiz. Da sich neun von zehn Transaktionen im Schweizer Zahlungsverkehr auf die Finanzwirtschaft beziehen, könne man diese Transaktionen mit einer sogenannten Mikrosteuer belasten und das monetäre Aufkommen für das bedingungslose Grundeinkommen verwenden. Die nach wie vor in der Schweiz agierende „Mikrosteuer-Initiative" schlägt vor, diese Steuer automatisch im elektronischen Zahlungsverkehr zu erheben und dafür die Mehrwertsteuer, die sogenannte direkte Bundessteuer sowie die Stempelsteuer abzuschaffen. Die Höhe: zwischen 0,1 und 0,5 Prozent des Betrages, der pro elektronischer Transaktion gewandert ist.

In Österreich scheiterte 2019 ein Volksbegehren zum bedingungslosen Grundeinkommen. Von den letzten 45 Volksbegehren war es mit knapp 70.000 Unterschriften auf Platz 42 gelandet. Die Höhe des monatlichen Grundeinkommens sollte 1200 Euro betragen und laut Initiatoren durch eine fast einprozentige Steuer auf Finanztransaktionen finanziert werden.

In Kanada und in Finnland sind Grundeinkommen in größer angelegten Pilotprojekten bereits ausbezahlt worden. Beide Versuche wurden vorzeitig abgebrochen. In Finnland hatten 2000 Arbeitslose im Alter zwischen 25 und 58 Jahren, die nach dem Zufallsprinzip ausgewählt worden waren, monatlich 560 Euro erhalten. Einfach so. Bedingungslos. Aber sonst auch nichts. Kein Arbeitslosengeld. Nichts. Es musste dazuverdient werden. Letztlich hat diese erwünschte Kombination nicht funktioniert. Erst 2026 will Finnland entscheiden, ob man das Projekt noch einmal startet, dann flächendeckend. Dann vielleicht mit einer anderen Höhe des Betrages.

Deutschland experimentiert ebenfalls. Das Pilotprojekt geht vom Deutschen Institut für Wirtschaftsforschung aus. Wie in Österreich sollen es jeden Monat 1200 Euro sein. Einfach so. Und das für drei Jahre. Einzige Bedingung: Die Bezieher müssen Ökonomen insgesamt siebenmal zur Frage, wie es ihnen finanziell, aber auch mit ihrer Lebenszufriedenheit so gehe, Rede und Antwort stehen. Angeblich haben sich allein in der ersten Woche zur Auswahl der Testpersonen 1,5 Millionen Menschen gemeldet um mitzumachen. Das sind tausendmal zu viel. Gesucht werden nur 1500 Teilnehmer, von denen nicht einmal jeder Zehnte die volle Summe für drei Jahre erhält, also 43.200 Euro. Die Gesamtsumme, mehr als fünf Millionen Euro, haben übrigens 150.000 private Spender aufgetrieben, die – als Initiatoren von „Mein Grundeinkommen" – angeblich davon überzeugt sind, dass nur Systeme wie diese Menschen auf Dauer zufriedener machen würden.

„Wir testen, was die Menschen machen, wenn sie drei Jahre lang eine materielle Sicherheit haben"[117], so Jürgen Schupp vom Deutschen Institut für Wirtschaftsforschung. „Geben sie das Geld aus oder bilden sie finanzielle Rücklagen? Hören sie auf zu arbeiten oder arbeiten sie weniger? Werden sie sozialer und spenden mehr?"[118] Die Ökonomen wollen sogar so weit gehen, dass sie durch Haarproben von den Probanden die Stress- oder eben Nichtstress-Situationen in der Grundeinkommensphase überprüfen wollen.

Die Politik will von all dem derzeit nichts wissen. Die führenden deutschen Sozialdemokraten sehen dahinter ein neoliberales Projekt, weil ein bedingungsloses Grundeinkommen das Ende der Arbeitsgesellschaft einläuten würde. Und damit das Ende solidarischen Denkens, weil die Idee der gesamten Sozialversicherung schließlich darauf basiere, dass jene, die arbeiten, jenen helfen, die sich nicht oder nicht mehr selbst helfen können. Noch lauter schreien wirtschaftsliberale Denker. Ihr Hauptargument gegen das BGE waren und sind die Kosten. Deutschland müsste 1000 Milliarden Euro ausgeben, das sind zwei Drittel der gesamten Staatseinnahmen (inklusive Sozialversicherungsbeiträge). In Österreich und der Schweiz wäre das Verhältnis ähnlich. Selbst wenn man das gesamte Sozial- und Krankenversicherungssystem in die Luft sprengen und durch die 1200-Euro-Zahlung an jeden, dem es zusteht, ersetzen würde, müsste man fragen: Was geschieht, wenn bei längerer Krankheit die persönlichen Arzt- und Krankenhausrechnungen explodieren?

Argumente, die schwer von der Hand zu weisen sind. Dennoch wird man in einer neuen Arbeitswelt radikal umdenken müssen. Kein Staat wird es sich auf Dauer leisten können, Menschen, die keine Arbeit mehr ausführen können, in die Fänge der Armut loszulassen.

Und deshalb bleiben wir dabei. Ohne irgendeine Art von Basisabsicherung werden weite Teile der Gesellschaften in den kommenden Jahrzehnten nicht leben können. Jedenfalls nicht mit einem Mindestmaß an Würde.

Weniger Arbeitszeit pro Kopf?

Auf den ersten Blick können wir nur zwei Möglichkeiten sehen: Entweder Menschen verlassen den Arbeitsmarkt freiwillig (weil vielleicht schon ein Grundeinkommen das Leben und Überleben sichert) oder die Arbeitszeit pro Frau oder Mann wird verkürzt. Das Problem: Nicht jede Mitarbeiterin, jeder Mitarbeiter ist gleich qualifiziert. Der viel diskutierte Fachkräftemangel ist vor allem in hochspezialisierten Unternehmen keine Ausnahmeerscheinung zu bestimmten Zeiten, sondern alltägliche Realität geworden. Wird die Arbeitszeit der bereits tätigen Facharbeiter und Spezialisten weiter verkürzt, müsste das Unternehmen weitere Arbeitskräfte mit ähnlicher Qualifikation suchen. Das erhöht die Personalkosten. Ebenso die Forderung der Gewerkschaften: „Zahlt höhere Löhne, dann werden sie da sein – die Hochqualifizierten."

Das wird in einem bestimmten Ausmaß auch so eintreten – allerdings wird das Unternehmen dann sehr rasch seine Verkaufspreise erhöhen oder wie es heute so beschönigend heißt, *anpassen.* „Können wir machen – aber dann sind wir international nicht mehr konkurrenzfähig!", tönt es aus den Manageretagen.

Wir könnten uns jetzt in die Tiefen der Wirtschaftslehre begeben, das ist aber nicht Sinn der Sache. Hier geht es in erster Linie um die Hauptforderung: Wer in einem Staat eine hohe Beschäftigung und eine geringe Arbeitslosigkeit realisieren möchte und das als wirtschaftspolitisches Ziel definiert hat (was mittlerweile Politiker links und rechts der Mitte wollen), wird danach trachten müssen, das Gesamtarbeitsvolumen anders aufzuteilen.

Der Schlüsselsatz wird sein: Je gebildeter ein Volk ist, desto einfacher wird es für jeden Bürger, jede Bürgerin, Arbeit zu finden.

Was den Arbeitnehmervertretern die Verkürzung, ist den Arbeitgeberverbänden die Flexibilisierung der Zeiten, zu denen man „im Dienst" sein sollte. Was *beiden* gemein ist, ist die Sturheit, den jeweils anderen Standpunkt bewusst nicht verstehen zu wollen.

So wie eine allgemeine Arbeitszeitverkürzung unumgänglich sein wird, ist es auch eine Arbeitszeitflexibilisierung. Dass Auftragslagen konjunkturellen Schwankungen unterworfen und gleichzeitig Arbeitsplätze teils komplett mobil geworden sind – ob ein Journalist seinen Artikel im Unternehmen oder in der U-Bahn schreibt, wird den Leser unberührt lassen –, bedeutet, dass Arbeitszeiten immer flexibler werden. Auch an diesem Punkt ist wieder die Politik gefordert, meist die Landes- und Kommunalpolitik, Kinderbetreuungsplätze zur Verfügung zu stellen, die es erleichtern, Familie und Beruf so in Einklang zu bringen, dass beide Lebensbereiche besser zusammenfinden können. Denn Arbeit von zu Hause, also das in der Corona-Zeit beliebt gewordene Homeoffice, ist nicht möglich, wenn gleichzeitig eines oder mehrere Kinder zu Hause zu betreuen sind. Möglich schon, aber nicht für sehr lange. Viele Eltern und Kinder, die eigentlich in der Schule gewesen wären, haben in den Lockdown-Wochen gelernt: Zusammenhalt und Zusammensein bringen Familien enger zusammen, fördern Gespräche und die Vertrautheit zwischen den Familienmitgliedern. Es wurde viel Gemeinsames gemacht, an das man schon nicht mehr geglaubt hat. Von Spieleabende über Familienfilme im Fernsehen bis zu Fußballtricks im Wohnzimmer. Eigentlich wunderbar und sehr sinnerfüllend. Aber nicht über Monate hinweg. Auf längere Zeit funktioniert Homeschooling plus Homeoffice nicht.

Die Politik kann viel dazu beitragen, den Menschen im 21. Jahrhundert ein Leben zu ermöglichen, das eine Schwerpunktverschiebung, wie wir sie in der ersten Hälfte dieses Buches beschrieben haben, erlaubt. Hin vom *Ich lebe, um zu arbeiten* zum Gegenteil.

Letztlich arbeiten wir, um zu leben.

Wollen wir in größerem materiellen Wohlstand leben, müssen wir weiterhin sehr viel arbeiten. Sofern wir in der Realwirtschaft Arbeit finden. Wenn nicht, werden wir an den Finanzmärkten spekulieren müssen. Aber auch das wird ohne ausreichendes Startkapital nichts werden. Genügt uns ein einfaches Leben, werden wir wenig arbeiten müssen oder mit einem Grundeinkommen das Auslangen finden.

Lebensarbeitszeit und Lebenseinkommen im Sinne eines guten Lebens

Jetzt wird es zugegebenermaßen ein wenig milchmädchenhaft.

Der dümmliche Begriff geht übrigens auf die Fabel *Die Milchfrau und der Milchtopf* des französischen Schriftstellers Jean de La Fontaine zurück, der im 17. Jahrhundert die Geschichte eines Milchmädchens auf dem Weg zum Markt erzählt. Es soll im Gehen unentwegt daran gedacht haben, was es mit dem Erlös für die Milch alles kaufen könne, und letztendlich die Milch am Weg zum Markt verschüttet haben.

Milchmädchenrechnungen sind Berechnungen, die zwar auf den ersten Blick zu plausiblen Ergebnissen führen, aber auf den zweiten Blick zeigen, dass wesentliche Aspekte nicht beachtet wurden und das Ergebnis deshalb eher unzutreffend ist.

Was nicht heißt, dass Milchmädchenrechnungen *grundsätzlich* falsch sind. Oft treffen sie den Kern der Sache, lassen aber bestimmte Nebenaspekte unberücksichtigt. Im Folgenden dennoch eine letztlich einfache Idee, die gar nicht vorgeben will, dass sie auf monatelangen Berechnungen fußt. Es handelt sich also eben nur um eine Idee.

Derzeit verdienen junge Menschen in ihrem Job wenig Geld und Ältere – im selben Unternehmen – mehr Geld, also jedenfalls mehr als ihre jungen Kolleginnen und Kollegen. Je größer der Staatscharakter des Unternehmens ist, desto ausgeprägter verläuft diese „positive" Lebenseinkommenskurve. Je länger man beim gleichen Arbeitgeber beschäftigt ist, desto mehr wächst das Einkommen.

In einigen Branchen hat man schon erkannt, dass das auf Dauer nicht zielführend ist. Ältere Mitarbeiter werden immer teurer, und die Lust des Arbeitgebers, der Arbeitgeberin, sie zu halten, sinkt mit steigenden Lohnzuwächsen. Gleichzeitig wollen die meisten Regierungen in Wohlstandsgesellschaften, dass Menschen länger arbeiten, weil sonst das Finanzierungsmodell für auszuzahlende Renten/Pensionen immer mehr an seine Grenzen stößt. Es gibt zu wenig junge Menschen, um das staatliche System für immer mehr ältere stabil zu halten. Der Staat will also in vielen Fällen das Gegenteil des Unternehmers, der Unternehmerin.

Warum also die Lebenseinkommenskurve nicht umdrehen. Höhere Einkommen für junge Menschen, die ohnehin ihr Leben aufbauen und bauen müssen, dafür weniger Einkommen für ältere Menschen, die ohnehin schon sehr viel *haben*. Also materielle Güter. Wäre das gerecht? Nein? – Warum soll jemand immer weniger verdienen, wenn er die gleiche Arbeit in der gleichen Zeit macht?

Und hier könnte man ansetzen:

Warum nicht auch weniger arbeiten, je älter man wird?

Auch dieses Konzept ist nicht neu und heißt Altersteilzeit. Das Problem: Das Modell ist sehr teuer.

Der Ansatz: Vermutlich werden ältere Mitarbeiter künftig weniger Geld als bisher bekommen können, wenn sie deutlich weniger arbeiten. Drehen müsste man also an der Lohnausgleichsschraube. Wäre das sozial gerecht? Nein.

Dennoch: Die Kombination *jung arbeitet mehr* und verdient deshalb auch mehr mit *alt arbeitet weniger* und verdient deshalb auch weniger mag, volkswirtschaftlich gesehen, eine „Milchmädchenrechnung" sein. Aber große Ökonomen, egal ob in Deutschland, der Schweiz oder in Österreich, könnten ja einmal den Beweis antreten, dass dieser Ansatz völlig unplausibel ist.

Gelingt der Beweis, wird man Mischmodelle überlegen oder auch nur neu bewerten müssen. An Ideen mangelt es nicht, vor einiger Zeit wurde auch das Modell „Mehr Geld für Junge, mehr Arbeit für Alte" überlegt. So sollten die jüngsten Arbeitnehmerinnen und Arbeitnehmer die Beiträge zur Renten/Pensionsversicherung vollständig vom Arbeitgeber, der Arbeitgeberin bezahlt bekommen, und umgekehrt hätte man den Beschäftigten der obersten Altersgruppe den Arbeitgeberanteil für Renten/Pensionen zahlen lassen – all das mit dem Ergebnis, dass für den Unternehmer, die Unternehmerin jüngere Mitarbeiterinnen und Mitarbeiter teurer und ältere günstiger geworden wären – und Jüngere mehr Einkommen zur Verfügung gehabt hätten, Ältere weniger.

Dieses Modell würde auch nicht zu einem Widerspruch zwischen Politik und unternehmerischem Denken führen. Denn günstigere „Alte" würden von den Firmen eher gehalten als zu teuer gewordene. Und die Politik will ja ohnehin, dass Menschen länger im Arbeitsprozess bleiben.

Welche politischen Vorschläge auch immer, ob sie das mitauslösen können, worum es hier und in der Philosophie nun schon jahrhundertelang geht, das *gute Leben*, werden wir erst dann wissen, wenn es Gesellschaften und Politiker wagen, diese Ideen real abzutesten. Und die Beispiele sind vorhanden.

Am öftesten und intensivsten probieren und proben die Skandinavier. Ob bedingungsloses Grundeinkommen, Gleichberechtigung von Mann und Frau, Arbeitszeitflexibilisierung oder im gesamten

Bildungssystem. Oft stammen die PISA-Sieger in diesen internationalen Schülerbewertungstests aus dem Norden Europas, oft reisen Delegationen von Arbeitsmarktexperten nach Skandinavien, um dort Erprobtes vor Ort zu sehen. So manches misslingt auch. Und so drängt er sich auf, der in der Hitliste banaler Formulierungen stets im Spitzenfeld landende Satz: *Wer nichts versucht, hat schon verloren.*

Eindeutig besser formuliert es Gustav Heinemann, der dritte Bundespräsident der Bundesrepublik Deutschland: „Wer nichts verändern will, wird auch das verlieren, was er bewahren möchte."

Würden alle Menschen mehr bzw. viele Bücher lesen und Politiker endlich damit beginnen, an Schulen das Unterrichtsfach „Das gute Leben" flächendeckend einzuführen, könnte die Welt – vielleicht – eine Spur besser werden. Jeder Einzelne, alle Bildungseinrichtungen, die Politik und schließlich die Wirtschaft und deren Unternehmer, Denker und Mitarbeiter – würden in etwa ahnen, worum es auf dieser Erde gehen könnte. Vielleicht wäre die Gefahr, auf eine planetare Katastrophe zuzusteuern, geringer. Vielleicht aber auch nicht.

Und wer weiß das schon, vielleicht kommt sie ja auch gar nicht – die große Klima- und/oder soziale Katastrophe.

2012 haben der britische Wirtschaftshistoriker Robert Skidelsky und sein Sohn Edward, Professor für Sozialphilosophie, ein Buch geschrieben mit dem Titel „Wie viel ist genug? Vom Wachstumswahn zu einer Ökonomie des guten Lebens". Es beginnt mit einem Zitat von Epikur:

„Wem genug zu wenig ist, dem ist nichts genug."

Die Skidelskys nennen sieben Bausteine für ein gutes Leben:

Gesundheit – die volle Funktionsfähigkeit des Körpers. Dazu gehören Vitalität, Energie, Wachheit.
Sicherheit – Ein Mensch dürfe erwarten, dass sein Leben ungestört von Krieg, Verbrechen, Revolution oder großen sozialen und wirtschaftlichen Umstürzen verläuft.

Respekt – eigentlich ein Teil der Weisheit. Ursprünglich ging es um eine Einschätzung vergangener Ereignisse (*respectio*), hier aber um die bekanntere Definition einer Art Hochachtung vor einem anderen Menschen. Heute würde man vermutlich *Wertschätzung* sagen.

Autonomie – Entwurf eines ganz individuellen Lebensplans. Eine Gesellschaft ohne Autonomie, in der also Individuen ihre soziale Rolle ohne Spannung oder Protest akzeptieren, sei nicht menschlich. Es wäre mehr *„wie eine Kolonie intelligenter sozialer Insekten"*.

Harmonie mit der Natur – wahrgenommene Verbundenheit mit den gegebenen Dingen des Planeten, also den natürlichen Ressourcen und anderen Lebensformen

Freundschaft – tragfähige, liebevolle Beziehungen, egal ob zwischen Familienmitgliedern oder zu anderen Menschen. Freundschaft zwischen Menschen, die einander für das mögen, was sie sind, nicht für Vorteile oder Annehmlichkeiten, die sie sich gegenseitig bieten.

Muße – etwas nur um seiner selbst zu tun, nicht um etwas anderes zu erreichen. Auch bezahlte Arbeit *kann* Muße sein, wenn sie Freude bereitet. Anstrengungen in der „Freizeit" sind dann *keine* Muße, wenn sie nur einen ganz bestimmten Zweck erfüllen. (Anmerkung des Autors, weil leider zutreffend: Laufen, um abzunehmen). Passivität und Alkoholrausch sind keine Muße. Ein Leben ohne Muße, in dem alles getan wird, um etwas anderes zu erreichen, sei leer. Es sei stets ein Leben in Vorbereitung, aber nie ein gutes Leben.

Und das Streben nach Geld um des Geldes willen hat der berühmte Keynes-Biograf Robert Skidelsky – so wie John Maynard Keynes selbst – ohnehin immer als Sinn-los definiert.

Nicht viel Neues bei den beiden Briten werden Sie vielleicht – zu Recht – sagen. Aber die Skidelskys gehen einen entscheidenden Schritt weiter. Denn für sie ist es die „erste Pflicht des Staates", dafür zu sorgen, dass zur Erreichung der sieben Bausteine die materiellen Voraussetzungen geschaffen werden, zugleich mit einer ausreichenden Verteilung des Wohlstands. Deshalb könne ein Staat auch nicht wertneutral agieren. Womit sich eigentlich ein neoliberales Modell von selbst ausschließt.

Politik ist Wirtschaft plus Soziales. Sonst wäre der Staat ein Konzern, was manche neoliberale Politiker bedauerlicherweise auch so sehen.

Es liegt an jedem Bürger selbst, wie er die gegebenen Möglichkeiten innerhalb eines Staatsgefüges nützt. Der Nehmergedanke allein wird ebenso wenig ausreichen wie ein rein unternehmerisches Führen durch die Politik. Teil eines Landes zu sein, heißt *Geben* wie auch Verantwortung übernehmen, wenn schon nicht innerhalb einer Gruppe, zum Beispiel eines Vereins, dann zumindest für sich selbst.

Auch die Skidelskys fordern darüber hinaus ein bedingungsloses Grundeinkommen. Aber genauso Beschränkungen des internationalen Handels, spezielle Konsumsteuern und die Vermögenssteuer. Und schon 2012 eine CO_2-Steuer – heute in aller Munde.

Vielleicht sollte man noch einmal über das Begriffspaar „gutes Leben" nachdenken. Mit Skepsis ist man diesbezüglich nicht allein. So hieß es vor einigen Jahren in der Frankfurter Allgemeinen Zeitung:

„Was an dieser Wortwahl schlecht ist? ‚Gut' ist nicht einfach ein harmloses, Gefallen signalisierendes Adjektiv, ‚gut' ist eine moralische Kategorie. Wer mit dieser hantiert, sollte sich bewusst sein, was er tut. Einen bestimmten Lebensstil als gut zu bezeichnen, erhebt ihn automatisch über andere … Anderslebende damit implizit als schlecht oder böse abzustempeln, ist auch deshalb keine Kleinigkeit, weil die Dinge, die mit dem ‚guten Leben' assoziiert werden – sei es ein besonders bewusster Konsum oder ein Karriereverzicht zugunsten der Familie –, längst nicht jedem vergönnt sind. Nur ein Bruchteil der Bevölkerung kann sich im Supermarkt täglich in der Region geerntetes Gemüse und Bio-Fleisch leisten. Und wer tagsüber zum Mindestlohn schuftet und sich

abends noch etwas dazuverdienen muss, um einigermaßen über die Runden zu kommen, der hat wenig Spielraum für ein Feilen an der Work-Life-Balance und Musikstunden mit seinen Kindern. Auch die Regierung ist noch auf der Suche. Damit keine Missverständnisse entstehen: Nichts daran ist verkehrt, sich Gedanken über seinen Lebensstil zu machen und nicht auf Kosten der Natur oder kommender Generationen leben zu wollen. Allerdings schaden die Verfechter dieses Ansatzes ihrer ‚guten‘ Sache, wenn sie sich durch ihre Wortwahl zur moralischen Instanz aufschwingen."[119]

Was auf der anderen Seite nicht bedeutet, dass die Moral keine Rolle spielen soll – was ja auch absurd wäre. Die Frage ist nur, wie sie angeboten wird. Ideal wäre eine Lebensmöglichkeit, die andere nicht schlechter stellen soll, obwohl es mir selbst durch eine bestimmte Aktion vielleicht besser geht. In der Volkswirtschaftslehre sprechen wir vom „Pareto-Optimum", nach dem italienischen Ökonomen und Soziologen Vilfredo Pareto, der vor einem Jahrhundert verstorben ist.

In aller Kürze: Bis zu diesem Optimum kann ich mein Leben verbessern (ökonomisch formuliert, kann ich meine gesellschaftliche Situation durch Re-Allokation, also Umverteilung der Ressourcen, erhöhen). Gehe ich allerdings über diese Grenze hinaus – zum Beispiel mit Raffgier –, dann kann ich zwar meine Wohlfahrt weiter erhöhen, aber ab diesem Punkt nur noch auf Kosten der Gesellschaft, also indem ich – über diese Grenze hinausgehend – den Wohlstand anderer verringere. Das Pareto-Optimum, der Grundstein der modernen Wohlfahrtsökonomie, besagt: Von einer Steigerung der Wohlfahrt kann strikt nur dann gesprochen werden, wenn der Nutzen zumindest eines Individuums erhöht wird, ohne ein anderes schlechter zu stellen.

Sind sie nicht herrlich, die Theoriegebäude der Volkswirtschaftslehre? Diese Modelle können nun mit Millionen von Daten befüllt werden – was auch geschieht –, wodurch die Berechnung von Wohlfahrtseffekten durch bestimmte Maßnahmen auch möglich werden.

Aber in einem globalisierten Raum, in einer Welt der grenzenlosen Abläufe – und das immer mehr in Echtzeit –, sind derartige Berechnungen kaum noch möglich. Sind sie es dennoch, dann fehlt eine effektive global greifende Politik.

Ohne Weltpolitik kann ein Weltproblem nicht gelöst werden.

Die meisten der bald acht Milliarden Erdenbürger wissen, dass dieser Satz stimmt. Wählen sie aber auch Parteien, die in ihren Wahlprogrammen das Globale anbieten? Eher nicht. In Europa wählen sie nicht einmal Parteien, die allzu laut das Europäische an die Spitze ihrer politischen Agenden stellen. Nur wer *mehr* Heimat im Programm hat, hat spätestens seit der Problematik rund um Migrantenströme eine Chance auf Wählerzuwachs. Renationalisierung nennen es Politikwissenschaftler.

Wenn wir in diesem Buch aufzeigen wollen, dass letztlich weise Entscheidungen Einzelner, die auch das Potenzial haben, sich irgendwann zu einem durchsetzungsstarken Wir zu formieren, die große Politik beeinflussen können, dann müssen wir einsehen, dass noch nicht einmal der Wille zum Umdenken ausreichend vorhanden ist.

Nationale, regionale oder kommunale Politik ist in vielen, und rein quantitativ gemessen, in den meisten Handlungsfeldern sinnvoll. Je näher die Entscheidungen beim Bürger liegen, desto besser werden sie ausfallen. Aus diesem Grund sind Bürgermeisterinnen und Bürgermeister so beliebt, wenn sie nachvollziehbar arbeiten. Ähnlich ist es bei Landeshauptleuten in Österreich, Ministerpräsidenten in Deutschland oder den Regierungsräten in den Schweizer Kantonen. Staats- und Regierungschefs haben bereits mit dem Vorwurf der Abgehobenheit zu kämpfen, noch schlimmer ergeht es der EU-Kommission in Brüssel.

Und dennoch.

Weltklima – Pandemien – Migrationsströme –
Digitalisierung – Künstliche Intelligenz

Bei allem Respekt. Werden uns die Gemeinderäte und Bürgermeister dieser Welt den Weg weisen?

Die einzige Überlebenschance für diesen Planeten wird sein, internationale Organisationen finanziell und personell besser qualifiziert auszustatten und danach für ebendiese Organisationen ein weltweites Marketing zu beginnen, um bei den Menschen Vertrauen auszulösen und dauerhaft zu festigen.

Wenn US-Präsident Donald Trump der Weltgesundheitsorganisation WHO am Höhepunkt der Corona-Pandemie die finanziellen Mittel entzieht und damit die gesamte Behörde infrage stellt, dann mag das durchaus auch berechtigte Gründe haben, weltpolitisch ist es eine Katastrophe.

Da wir in diesem Buch nicht das Weltklima retten, Impfstoffe finden und Migrantenströme leiten oder umleiten können, an dieser Stelle nochmals zurück an den Anfang, zur hier gewählten Kernfrage.

Arbeit neu denken

Was macht der Mensch, wenn ihm die Arbeit ausgeht?

Über bedingungsloses Grundeinkommen und Arbeitszeitverkürzung haben wir bereits gesprochen, auch über neue Möglichkeiten der Besteuerung. Aber kann das wirklich alles geblieben sein?

Nationalökonomen aus allen Teilen der Welt und sogenannte Beschäftigungsexperten setzen sich seit Längerem mit dem Arbeitswandel auseinander und haben schon kluge Modelle erarbeitet. Aber fast kommt einem vor, als würden die neuen Philosophen, die Soziologen und Psychologen die Spürnase vorne haben. Das ist auch der Grund, weshalb wir uns in den ersten Kapiteln mit deren Sichtweisen zu der Frage, wie denn der Mensch „nach der Arbeit" leben werde, beschäftigt haben.

Die *Sinn*frage kann jedoch nicht nur im Entweder-oder gestellt werden. Seinen individuellen Lebenssinn in den Stunden zu finden, die man heute gemeinhin „Freizeit" nennt, kann nicht funktionieren, wenn man ihn in den „Arbeitsstunden" überhaupt nicht antrifft. Was umgekehrt genauso gilt. Den Lebenssinn nur in der Arbeit zu sehen und alles außerhalb als sinnbefreit zu empfinden, kann ebenfalls nicht sein.

Deshalb wäre es bald 500 Jahre nach Calvin vielleicht doch einmal an der Zeit, den Blickwinkel auf alle 24 Stunden eines Tages oder alle 168 Stunden einer Woche zu richten. Statt beinahe ausschließlich auf jene rund zehn Stunden (Fahrten zum und vom Dienstort eingerechnet, dienstliche Beobachtung des Smartphones *nicht* eingerechnet), die an einem Tag für Arbeit und Gespräche rund um die Arbeit ver(sch)wendet werden. Verwendet dann, wenn Arbeit zumindest ab und an auch Glücksgefühle auslöst, verschwendet, wenn ich jahrzehntelang in etwas verharre, das mich mit zunehmend verstörender Regelmäßigkeit unzufriedener macht.

Wirft man einen – natürlich verbotenen – Blick auf die Terminkalender von Kollegen oder Freunden oder auf den des Partners oder der Partnerin, erzählen uns schon die Einträge, wie die meisten von uns gelernt haben, zu denken, was die Tradition über viele Generationen hinweg aus uns gemacht hat.

Versuchen wir solch typische Einträge einmal in die Maslow'sche Bedürfnispyramide einzutragen (siehe dazu auch das Kapitel über das gute Leben).

Stufe 5
Selbstver-
wirklichung
Entfaltung der
Persönlichkeit

Stufe 4 – Wertschätzung
Anerkennung und Status

Stufe 3 – Soziale Bedürfnisse
Zugehörigkeitsgefühl, Freundschaft

Stufe 2 – Sicherheitsbedürfnisse
Geborgenheit und Schutz der Person

Stufe 1 – Physiologische Bedürfnisse
Hunger, Durst, Schlaf, Sexualität

Zeitauf-
wand Stufe 5:
0 Stunden
(Entfaltung der
eigenen Persönlich-
keit, Reflexion)

Zeitaufwand Stufe 4:
2 Stunden (arbeitsbezogenes
„Netzwerken", „Shopping", um bei Trends
mithalten und den Status erhalten zu können)

Zeitaufwand Stufe 3: **2 Stunden** (Familie, Freunde)

Zeitaufwand Stufe 2: **10 Stunden** (Zum Schutz der
Person gehört eindeutig die Arbeit, das daraus erzielte
Einkommen sichert das Leben/Überleben.)

Zeitaufwand Stufe 1: **10 Stunden** (Schlafen, Essen, Sexualität (?))

Was sagt uns das? Eigentlich alles.

Keine Zeit für das Ich – keine Zeit für sich.

Übrigens, Detail am Rande: In allen Stufen (ausgenommen die Schlafphase – noch!) ist die Verweildauer an elektronischen Geräten eingerechnet. Egal, ob drei bis neun Stunden täglich am Smartphone, vor dem PC oder dem TV-Gerät, das mit Smart-TV aber ohnehin schon einen halben Computer darstellt.

Die Menschen des 21. Jahrhunderts ergreifen zwei Auswege aus diesem Dilemma.

Ausweg eins: Von sonntagabends bis Freitag früh wird einfach die Schlafdauer reduziert. In immer mehr Fällen auf maximal sechs Stunden. In den dann gewonnenen zwei Stunden wird gesportelt, gemalt, gelesen und gedacht, was das Zeug hält.

Ausweg zwei (auch zusätzlich zu Methode eins): Alles, was mich, also das nach Selbstverwirklichung lechzende Ich betrifft, wandert ins Wochenende.

Pech nur für Mitglieder von Berufsgruppen, die Erreichbarkeit anordnen oder zumindest erwarten.

Alles dreht sich um die Arbeit.

Wenn sie nun in den kommenden Jahrzehnten für immer mehr Menschen *geht,* ist es dann wirklich nur unsere individuelle Aufgabe, den neuen Lebenssinn aufzuspüren, der sich ergibt, weil zehn Stunden oder vielleicht ja auch nur sechs neue Stunden (bei verordneter/ freiwilliger Teilzeitarbeit) plötzlich täglich zur Verfügung stehen?

Nein. Die Politik darf sich auch selbst etwas überlegen.

Denn …

Muss die Arbeit überhaupt gerettet werden?

Lisa Maria Herzog, eine der jüngsten deutschen Universitätsprofessorinnen für Philosophie, wirft die Frage auf: „Bestünde die moderne Utopie nicht gerade darin, Arbeit überflüssig zu machen, die Menschen vom Zwang der Arbeit zu befreien?" Und sie zitiert Karl Marx, dessen Vision es ja gewesen sei, „heute dies, morgen jenes zu tun, morgens zu jagen, nachmittags zu fischen, abends Viehzucht zu treiben, nach dem Essen zu kritisieren, wie ich gerade Lust habe, ohne je Jäger, Fischer, Hirt oder Kritiker zu werden"[120].

Herzog ist der Ansicht, man solle nicht auf ein Ende der Arbeit setzen, sondern sie stattdessen komplett neu organisieren.

„Wir müssen nicht uns von der Arbeit, sondern die Arbeit muss sich selbst befreien."[121]

Wenig überraschend betrifft der Appell – an wen eigentlich? – die Lohnarbeit. Aber wer kann die jahrzehntelange Entwicklung der Entkoppelung eines Endprodukts von den dazu an Dutzenden verschiedenen Arbeitsschritten beteiligten Beschäftigten noch stoppen? Was kann der persönliche Bezug eines Menschen, der täglich nichts anderes macht, als in Wolfsburg an Hunderten eben fertiggestellten Fahrzeugen mögliche Lackschäden aufzufinden, zu – sagen wir – einem VW Golf sein? Grundsätzlich wird er wahrscheinlich stolz sein, in einem der wichtigsten Autokonzerne der Welt sein Brot verdienen zu dürfen. Aber hat er davon abends auch Lebenssinn mit nach Hause genommen? Nun, die Antwort ist gar nicht so einfach.

In leider viel zu wenigen Studien, die die Arbeitswelt betreffen, zeigt sich, dass Arbeitnehmerinnen und Arbeitnehmer durchaus bereit sind, auf den ersten Blick eintönige, sich permanent wiederholende Abläufe zu akzeptieren. Wenn sie – das ist das große Aber – selbst mehr Mitspracherecht bei der Einteilung der Arbeitszeit haben. Mit höheren Löhnen sei es nur sehr kurzfristig gelungen, die Beschäftigten mit ihrem Arbeitsplatz zufriedener zu stellen als vor der Gehaltserhöhung. Dauerhaft zufriedener sind laut einer Studie der belgischen Soziologin Isabelle Ferreras etwa Kassiererinnen nur dann, wenn sie in der betreffenden Supermarktkette mehr Autonomie erhalten.

> *„Was uns bevorsteht, ist die Aussicht auf eine Arbeitsge-*
> *sellschaft, der die Arbeit ausgegangen ist, also die einzige*
> *Tätigkeit, auf die sie sich noch versteht. Was könnte*
> *verhängnisvoller sein?"*

Wie alt, glauben Sie, ist dieser Satz?

Nun – er ist sogar älter als der Autor dieses Buches. Geschrieben wurde er 1958 von einer der bekanntesten politischen Theoretikerinnen des 20. Jahrhunderts, manche sprechen von ihr als *der* Ikone der Geistesgeschichte: Hannah Arendt. Der Satz stammt aus der Einleitung ihres philosophischen Hauptwerks „Vita activa oder Vom tätigen Leben". Eine Antwort auf ihre Frage, was denn verhängnisvoller sein könne, als wenn einer Gesellschaft die Arbeit ausgehe, hat sie aber weder von Politikern oder Gewerkschaftern erwartet, sondern von den „Dichtern" und „Denkern". „Was ich vorschlage, ist etwas sehr Einfaches, es geht mir um nichts mehr, als dem nachzudenken, was wir eigentlich tun, wenn wir tätig sind."[122]

Auch der deutsch-britische Soziologe und Politiker Ralf Dahrendorf stellte angesichts des innovativen Industriesektors 1978 und 1982 erneut die Frage, ob durch den Einfluss technischer Innovationen, durch zunehmende Produktivität im Ausland bzw. internationalen Konkurrenzdruck auf Dauer menschliche Arbeitskraft benötigt werden würde. Womit in den entwickelten Industriegesellschaften immer größere Teile der Erwerbsarbeit als sichere Lebensgrundlage für die Menschen verschwinden würden.

Für die Philosophin Herzog ist die Arbeitszeitflexibilisierung das – nicht neue – Zauberwort, worauf der österreichische Historiker und Publizist Franz Schandl in einer sehr präzisen Rezension antwortet:

*„Die Inhalte werden flexibler, doch das Betriebssystem bleibt unverän-
dert. Der Zwang, flexibel sein zu müssen, wird bei Herzog zur Freiheit,
nicht gebunden sein zu müssen. Freilich hängt solche Freiheit sehr davon
ab, wie man am Markt positioniert ist, resp. selbst zu disponieren vermag. Ist letzteres nicht der Fall (also in den meisten Fällen!), dann wirkt
Flexibilisierung wie eine Peitsche. Es ist schließlich ein fundamentaler
Unterschied, ob man flexibel handeln kann oder ob man flexibilisiert
wird. Aktiv und passiv sind nicht eins, sie sind eine Differenz ums
Ganze. So stellt sich abermals die Frage: Wem nutzen die Chancen
und wen benutzen sie bloß? Es ist pure Ideologie, jede Entwicklung als
Chance wahrzunehmen, jedes Risiko auszuloben und überall gute Seiten
zu erkennen. Hier grassiert das positive Denken. Mit Denken im eigentlichen Sinne hat diese Lust an hingebender Unterwerfung jedoch nichts
zu schaffen.*"[23]

Und man muss sich schon fragen, ob es nicht nach wie vor im
Großen und Ganzen so ist, dass Arbeit weitgehend *erledigt* werden
muss, um durch das erzielte Einkommen leben zu können. Weitere
Mitbestimmungsrechte sind wünschenswert und notwendig, Sinn
kann nicht entstehen, wenn sich – auch innerhalb noch so flexibler
Gestaltungsmöglichkeiten – die Arbeitsgänge nicht verändern.

Die belgische Soziologin Isabelle Ferreras hat einen konkreten
Verbesserungsvorschlag: eine Art Demokratisierung der Arbeitswelt.
Entscheidungen über Strategien und Gewinnverteilung seien in einer
Aktiengesellschaft viel zu wichtig, um sie nur den Aktionärinnen
und Aktionären zu überlassen. Denn Menschen seien nicht nur eine
Ressource unter vielen, auch wenn der Begriff „Human Resources"
das impliziere. Ohne diejenigen, die ihre Arbeitskraft einsetzen, gebe
es keine Produktion und keine Dienstleistungen. Bei der Frage, wer
Arbeitnehmer denn ausreichend vertritt, sieht man, dass die Inter-
essensanlagen in Unternehmen zwar immer schon weit auseinander
gelegen sind, dass diese Kluft proportional zur Größe der Konzerne
wächst und wächst. So sind für belgische Soziologin sogar Betriebs-
räte (immer schon) viel zu *schwach*, für die Konzernchefs viel zu *stark*

geworden. Aber sie will – aufgrund ihres Befundes zum Zustand der Arbeitnehmervertreter – noch weitergehen. Ferreras denkt an ein System der doppelten Mehrheiten, ein Zwei-Kammern-System. Auf der einen Seite die Kammer der Arbeitnehmervertreter, auf der anderen die Aktionärskammer. Bei Fragen wie der Wahl des/der Vorstandsvorsitzenden, bei der Festlegung wichtiger Strategien und der Gewinnverteilung sollten jene, „die ihre Arbeit, ihre Gesundheit, ja, ihr Leben, in eine Firma investieren … auch das kollektive Recht haben, derartigen Entscheidungen zuzustimmen oder ein Veto einzulegen"[124].

Der österreichische Historiker Franz Schandl warnt aber auch hier: Experimente der Selbstverwaltung würden zeigen, dass die Arbeiter durch ein ihnen zusätzlich oktroyiertes Unternehmerdasein doppelt belastet werden: Neben der eigentlichen Arbeit hätten sie nun auch noch die Absatzmärkte zu studieren, sie müssten sich umfassend informieren, diskutieren und lobbyieren, taktieren und intrigieren. Warum sollten sie das wollen?

Die Philosophin Lisa Herzog warnt übrigens davor, Arbeit und Entlohnung immer nur aus monetärer Sicht zu betrachten. Es müsse nicht nur das Geld, sondern auch die Anerkennung gerecht verteilt werden.

In der Tat. Anerkennung bekommen Manager der ersten Ebene, meist auch in der breiten Öffentlichkeit, vom Shooting Star bis zum Manager des Jahres ist alles möglich. Zusätzlich zum gigantischen Jahreseinkommen versteht sich, dass sich bis zum Zweihundertfachen des gezahlten Durchschnittslohn in diesem Konzern bewegen kann.

Warum hier keinen gesetzlichen Riegel vorschieben? Warum nicht nur einen Mindestlohn, sondern sehr wohl auch einen *Höchstlohn* festsetzen?

Diese Fragestellungen sind keinesfalls neu, lediglich deren Beantwortung ist noch immer dürftig. So tauchen beispielsweise „Rezepte" aus den 1980er-Jahren wie die Maschinensteuer wieder auf. In den USA wird seit einigen Jahren eine „Robot tax" diskutiert.

„Robot tax"

Eine Robotersteuer soll den unaufhaltsamen Ersatz der Arbeitskraft des Menschen durch Roboter zumindest ein wenig bremsen und im Gegenzug Sozialprogramme für Menschen, die ihren Job verloren haben, mitfinanzieren. Das ersticke Innovationen und hemme das Wachstum, meinen die Gegner steuerbasierter Bremsen. Wie sollen wir mit dem zu erwartenden Heer an Arbeitslosen umgehen?, fragen im Gegenzug die Befürworter. 2017 hat sich sogar Bill Gates für eine Robotersteuer ausgesprochen.

Als weltweit erstes Land hat Südkorea eine Art indirekte Robotersteuer eingeführt. Ein komplexes Unterfangen, denn zunächst gewährte Steuervergünstigungen für Investitionen in die Robotik werden nach *Anwendung* der Robotertechnologie wieder reduziert. Nach dem Motto:

> *Erfinde ruhig etwas den Menschen Reduzierendes, aber wende es ja nicht an!*

In der Schweiz kann sich der Genfer Rechtsprofessor Xavier Oberson mit einer Besteuerung von Robotern anfreunden. Sie klinge zwar utopisch, sei aber durchaus zu prüfen, sagte er vor einigen Jahren in einem Zeitungsinterview und fügt trocken hinzu:

> *„Aber zahlen sollten die Roboter die Steuern dann gleich selbst"*[125],

das werde ihnen die Künstliche Intelligenz schon irgendwann beibringen. Jürgen Schmidhuber, Professor für Künstliche Intelligenz an der Universität Lugano, ergänzt: „Roboter und ihre Besitzer müssen hinreichend Steuern zahlen, sonst gibt es eine Revolution."[126] Denn Künstliche Intelligenzen würden fast alles erlernen, was Menschen können – und noch viel mehr. Deshalb könnten die Firmen eine neue Steuer problemlos verkraften.

Eine Meinung, die die Mehrheit im EU-Parlament nicht teilt. Der Gesetzesvorschlag für eine sogenannte Robotersteuer war 2017 abgelehnt worden – nach enormem Lobbying der Robotik-Industrie. Die geplante Besteuerung würde die Hersteller unnötig belasten und Innovation behindern sowie einen sehr negativen Einfluss auf die Wettbewerbsfähigkeit der Branche ausüben, so das wenig überraschende Hauptargument. Worüber sprechen wir eigentlich genau? Was genau wird da auf uns zukommen beziehungsweise kommt schon lange auf uns zu?

Was Künstliche Intelligenz können wird

Am Beginn stand die Automatisierung. Fertigungsroboter nehmen uns schon seit den 1960er-Jahren Teile der Arbeit ab, in den folgenden Jahrzehnten immer mehr der menschlichen körperlichen Leistungen. In den 1970er-Jahren beginnt der rasante Aufstieg der Informationstechnologie (IT). Sie nimmt dem Menschen das Denken ab. Zumindest einen Teil davon. Aber dieser Bereich wird größer und wächst. Immerfort. Bis jetzt haben aber noch immer die Menschen die Entscheidungen getroffen. Bei der Automatisierung. Und bei der Informationstechnologie. Genau diese Grenze wird seit Einsatz der Künstlichen Intelligenz gesprengt. Sie hat ihren Ursprung im Jahr 1936.

Turingmaschine (1936)

In diesem Jahr werden nicht nur meine Eltern geboren und die Menschheit befindet sich nicht nur drei Jahre vor dem fürchterlichsten Krieg der Geschichte, sondern 1936 beweist der britische Mathematiker Alan Turing, dass ein von ihm gebautes Rechengerät, die Turingmaschine, Denkprozesse von Menschen ausführen kann. Man müsse diese nur in Einzelschritte zerlegen und durch einen Algorithmus darstellen, also durch eine bestimmte Handlungsanleitung, die allerdings eine Vorschrift ist, von der nicht abgewichen werden darf. Und! – so greift beides ineinander: Die Einhaltung dieser Vorschrift ist nur möglich, wenn eine äquivalente Turingmaschine vorhanden ist, die für jede Eingabe, die eine Lösung besitzt, stoppt.[127] Damit legt Turing den Grundstein für das zwanzig Jahre später entstehende Programm für eine Künstliche Intelligenz.

Künstliche Intelligenz (1956)

Begonnen hatte alles mit 13.500 US-Dollar. Um genau diese Summe an Förderung hatten 1955 die US-Forscher John McCarthy, Marvin Minsky, Nathaniel Rochester, und Claude Shannon bei der Rockefeller Foundation angesucht, um sich zu einem – später als Dartmouth Conference in die Geschichte eingegangenen – Brainstorming zu treffen. Wörtlich hatte es im Antrag geheißen:

„Wir schlagen vor, im Laufe des Sommers 1956 über zwei Monate ein Seminar zur künstlichen Intelligenz mit zehn Teilnehmern am Dartmouth College durchzuführen. Die Studie soll von der Annahme ausgehen, dass grundsätzlich alle Aspekte des Lernens und anderer Merkmale der Intelligenz so genau beschrieben werden können, dass eine Maschine zur Simulation dieser Vorgänge gebaut werden kann. Es soll versucht werden, herauszufinden, wie Maschinen dazu gebracht werden können, Sprache zu benutzen, Abstraktionen vorzunehmen und Konzepte zu entwickeln, Probleme von der Art, die zurzeit dem Menschen vorbehalten sind, zu lösen und sich selbst weiter zu verbessern. Wir glauben, dass in dem einen oder anderen dieser Problemfelder bedeutsame Fortschritte erzielt werden können, wenn eine sorgfältig zusammengestellte Gruppe von Wissenschaftlern einen Sommer lang gemeinsam daran arbeitet."[128]

Die Förderung wird genehmigt und ein Jahr später ist es so weit. 1956 gilt seitdem als die Geburtsstunde der Künstlichen Intelligenz.

Wochenlang zerbrechen sich die Wissenschaftler den Kopf zu Fragen, wie ein Computer programmiert werden muss, um eine Sprache zu benutzen, wie neuronale Netzwerke an sich sowie vor allem mit Zufälligkeit und Kreativität funktionieren. Den Mathematikern war klar, Kreativität könne nur dann entstehen, wenn das übliche, zielorientierte, logische Denken um die Zufälligkeit erweitert werde. Am Ende kann das erste KI-Programm der Welt geschrieben werden. Die nächste Weichenstellung ereignet sich zehn Jahre später.

Chatbot (1966)

Der deutsch-amerikanische Informatiker Joseph Weizenbaum erfindet ein Computerprogramm, das mit Menschen kommuniziert. „ELIZA" simuliert verschiedene Gesprächspartner, beispielsweise einen Psychotherapeuten. Weizenbaum ist überrascht, mit welch einfachen Mitteln „ELIZA" die Illusion eines menschlichen Gesprächspartners erzeugen kann. Wenige Jahre später erfolgt der erste Auftritt der Künstlichen Intelligenz in der Medizin. Bestimmte Computerprogramme schaffen es, das Wissen eines spezifischen Fachgebiets durch Formeln, Regeln und eine Wissensdatenbank zu bündeln. In der Medizin werden erstmals Diagnose und Therapie unterstützt. Zwanzig Jahre danach wird der nächste Entwicklungsschritt der „KI" gesetzt.

Der Computer bekommt eine Stimme und lernt erstmals allein dazu (1986)

Das Programm „netTALK" kann Wörter lesen, richtig aussprechen und das Erlernte auf unbekannte Wörter anwenden. Damit ist eines der ersten künstlichen neuronalen Netze entwickelt worden, also ein Programm, in das riesige Datenmengen eingespeist werden können und das – darauf basierend – *eigene* Schlüsse ziehen kann. In Aufbau und Funktion ist netTALK erstmals kleinen Bereichen des menschlichen Gehirns ähnlich. Elf Jahre später schlägt die KI-Schachmaschine „Deep Blue" der Firma IBM den amtierenden Schachweltmeister Garry Kasparov. Bis heute gilt dieser Erfolg als historisch in einem Bereich, der bis 1997 vom Menschen dominiert worden ist. Kritische (menschliche) Stimmen sagen allerdings, dass „Deep Blue" nicht durch kognitive Intelligenz, sondern nur durch das Berechnen aller denkbaren Züge gewonnen habe. Auch recht.

Künstliche Intelligenz im Alltag (seit 2011)

2011 tritt das Computerprogramm „Watson" als animiertes Bildschirmsymbol in einer US-amerikanischen TV-Quizshow an und gewinnt gegen alle humanen Mitspieler. Damit beweist „Watson", dass es die natürliche Sprache längst erkennen kann und auch in der Lage ist, unmittelbar auf schwierige Fragen zu antworten.

Menschen wie du und ich arbeiten mit Künstlicher Intelligenz, ohne vielleicht immer zu wissen, dass es sich bereits um KI handelt. Mittels Mega-Prozessoren und Grafikkarten in Computern, Smartphones und Tablets reden wir mit Sprachassistenten wie mit Apples „Siri" oder schaffen Amazons Alexa alles Mögliche an, ohne dass die smarte Dame je ihre Höflichkeit verliert. Schon einige Jahre lang erkennen bestimmte Computerprogramme menschliche Gesichter – und das deutlich besser als der Mensch selbst.

Seit 2017 *kann* „Watson" auch Versicherung – und hebt oder senkt den Daumen, wenn es in Japan um Rückerstattungszahlungen geht. 2018 demonstriert Google auf einer Konferenz, wie es klingt, wenn KI-*„Duplex"* beim Friseur anruft und im Plauderton einen Termin vereinbart. Die Frau am anderen Ende der Leitung merkt kein einziges Mal, dass sie mit einer Maschine spricht. Und Roboter können bereits auch Chefs spielen. Mit Künstlicher Intelligenz wählen sie bestimmte Mitarbeiter für Teams aus, die dann spezifische Aufgaben erfüllen müssen. Das geht so weit, dass KI-Chefs auch empfehlen: Befördern oder Feuern!

Alle diese Beispiele verdeutlichen den Unterschied zwischen KI und IT.

Systeme, die mit Künstlicher Intelligenz arbeiten, messen die Folgen ihrer Entscheidungen, und zwar mit sogenannten Feedbackschleifen. Verursacht etwa das selbstfahrende Fahrzeug in einer bestimmten Situation einen Unfall, wird ein Feedback an den Zentralrechner des betreffenden Autokonzerns gesendet, und alle weiteren Fahrzeuge dieser Reihe werden nach der notwendigen Aktualisierung des Computerprogramms umgebaut – was zur Folge haben *sollte*, dass das Fahrzeug in einer vergleichbaren Unfallsituation besser reagiert. Oder wenn eine mit Künstlicher Intelligenz ausgestattete Ernteanlage zu wenig „schönes" Obst findet beziehungsweise zu oft kein frisch wirkendes, das die Konsumenten nicht mehr kaufen würden, muss wieder der Zentralrechner ran. Spätestens nach einigen Umprogrammierungen sollte die KI-Maschine nur noch schönes Obst aufspüren.

In der klassischen Informationstechnologie hätte alle diese Fehler ein Mensch ausmachen müssen – im doppelten Wortsinn. Zuerst erkennen und dann den Fehler ausmerzen. Mit der KI fährt das System auf Selbstkorrektur. Bei der IT wird immer wieder menschliches Wissen in einen Rechner übertragen – mit der Folge, dass wir irgendwann an die Grenzen unseres Denkens geraten. So werden wir nie alle Gesichter dieser Welt schnell erkennen können, nicht einmal bei uns bekannten Menschen wird uns das *zuverlässig* (und das ist entscheidend) gelingen können. Es genügt manchmal schon ein zu schlechtes Licht, und wir müssen befürchten, eine gute Bekannte mit jemand anderem zu verwechseln. Wir besitzen natürlich die Fähigkeit des Erkennens von Gesichtern. Was fehlt, ist die Sicherheit. Manches im Leben *können* wir – aber können wir es auch immer *gleich* gut? Oder können wir es so exakt, dass wir jemand anderem zum Beispiel präzise erläutern können, auf welchem Untergrund man einen Tennisball mit hundertprozentiger Sicherheit so trifft, dass ihn der gegnerische Spieler nicht treffen *kann*? Wie genau fahren wir Rad? Können wir wirklich ganz präzise erklären, was zu tun ist, damit man nicht umfällt?

Wir stoßen an unsere Grenzen. Formuliert hat das schon 1966 der britisch-ungarische Philosoph Michael Polanyi:

„Wir wissen mehr, als wir sagen können."

Knapp ein halbes Jahrhundert später gab der US-Ökonom David Autor dem Ganzen einen Namen. Er bezeichnete es als das „Polanyi Paradoxon". In uns allen steckt ein

implizites Wissen.

Ein unspezifisches. Auch „stilles" Wissen genannt. Ein Mix aus Erfahrungen, Fähigkeiten, die man als „Gespür" bezeichnen könnte, oder schlicht bestimmte handwerkliche Fertigkeiten, vielleicht auch eine gewisse Portion Geschick, manche sagen auch eine Art Kunst des Kämpfens oder spezielle geistige oder manuelle Techniken. Wie auch immer. Auf jeden Fall ist all das, was da in jedem von uns an implizitem, stillem Wissen steckt, viel mehr als nur Wissen. Und deshalb waren wir uns bei all der technischen Entwicklung der letzten Jahrzehnte auch immer ganz sicher: Das kann ein Computer nie.

Dachten wir.

Auch die Wissenschaft ist immer davon ausgegangen, dass es niemals sein könne und werde, dass ein Nicht-Mensch jemals einen Menschen beim chinesisch-japanisch-koreanischen strategischen Brettspiel „Go" besiege. Dieses sogenannte Umzingelungsspiel erfordere beim abwechselnden Legen bestimmter Spielsteine so viel an Taktik, Bauchgefühl, Strategie und vor allem jahrelanger Spielerfahrung, dass eine Maschine an dieses enorme „implizite Wissen" nie herankommen könne. Angeblich sind 2 mal 10 hoch 270 Spielpositionen möglich. Diese Zahl ist größer als jene von Atomen im Universum. „Go" gilt als weitaus komplizierter als Schach und braucht vor allem eines: Spieler mit Intuition.

Polanyis Paradoxon werde hier also auf jeden Fall schlagend werden, so die Forschung. Hier könne der Mensch immer mehr. Eben genau dieses Mehr, das auch nie in Büchern stehen kann, weil man es verbal nicht wiedergeben könne.

Für unser Bauchgefühl fehlen die Worte.

Informatiker dieser Welt wollten das aber nicht wahrhaben und versuchten, die Maschine Mensch in noch mehr Einzelteile zu zerlegen. Die Taktik war, die Arbeitsweise der Neuronen im Gehirn nachzubauen. Denn diese neuronalen Netzwerke in uns lernen immer wieder von Neuem, ob wir mit einer Entscheidung richtig oder falsch gelegen sind, über Daten und über die dazu erfolgten Rückmeldungen.

2015 hat das Computerprogramm „AlphaGo" dann den ersten Menschen besiegt. Bereits ein Jahr später gelang es den KI-Experten, dass sich AlphaGo das Spiel gleich selbst beibrachte. Jetzt musste es nicht einmal mehr Zigtausende Go-Spiele zwischen menschlichen Spielern anschauen und anschließend analysieren, um sich Schritt für Schritt zu verbessern. Nein, die Forscher erklärten dem neuen AlphaGo-Programm einfach die Spielregeln. Und es begann, gegen sich selbst zu spielen. In den drei Tagen, in denen sich der Computer mit sich allein zurückgezogen hatte, lernte er viel. Sehr viel. Nach 72 Stunden war er weltklasse.

Künstliche Intelligenz beziehungsweise Künstliche neuronale Netzwerke haben also das Polanyi-Paradoxon aufgelöst.

Den Computern werden in diesen Jahren immer weniger Regeln und Theorien mitgegeben.

Computer von heute werden mit Zielen gefüttert. Dort sollst du hin, also probier es selbst.

Ob am Ende dieser Entwicklung die Verschmelzung von Mensch und Maschine steht, wissen wir nicht. Die sogenannten Transhumanisten hoffen es. Sie arbeiten daran, träumen von Menschen, die mindestens 500 Jahre alt werden, und von Menschenmaschinen, die irgendwann unsterblich sind.

Der schwedische Denker Nick Bostrom prophezeit eine Intelligenzexplosion. Ab dem Augenblick, ab dem Maschinen mehr können als Menschen, können sie immer intelligentere Modellvarianten von sich selbst erschaffen. Diese Entwicklung werde dann so schnell voranschreiten, dass der Vorsprung Maschine auf Mensch uneinholbar sein werde. Google-Forscher Ray Kurzweil gibt bereits ein Datum an, ab dem Computer intelligenter sein werden als der Intelligenteste von uns allen: 2045.

Die meisten Wissenschaftler lehnen diese Theorien und „Horrorszenarien" ab. Interessant oder eher bedrückend ist bei diesem allgemeinen Zweifel der Forschung, dass all die Skeptiker gegenüber jenen Theorien von Bostrom oder Kurzweil gleichzeitig sagen: *Vorstellbar* sei die Entwicklung durchaus. Aber dennoch folgen die Einwände: Auch die Rechnerleistungen müssten mit „explodieren", Chips noch kleiner werden, Leiterbahnen seien schon heute nur noch wenige Atome dick, viel weniger gehe da bald nicht mehr. Und die Computergehirne betreffend: Können sie auch ihnen völlig *unbekannte* Probleme lösen oder doch nur – in einer wenn auch noch so großen Datenfülle – *bekannte* Probleme immer schneller? Kann sich also auch eine Maschine – wie es zumindest einigen Menschen (angeblich) gelingt – völlig neu erfinden?

> *„Bis auf Weiteres müssen wir uns nicht vor Künstlicher Intelligenz fürchten, sondern vor Menschen, die sie missbrauchen."*[129]

Aber es genügt, meint der Wirtschaftsjournalist Thomas Ramge weiter, mal zu fragen, was die Folgen des *jetzt* schon angelaufenen neuen Automatisierungsschubs quer durch alle Lebensbereiche des Menschen sein werden. Denn: Eine neue Generation von Automatisierungsverlierern wird wahrscheinlicher. Bei aller Unsicherheit in der Vorschau ist allerdings eines sicher. Die Politik sucht noch immer Antworten auf die Herausforderungen des nächsten großen Automatisierungsschubs. Oder wie es Ramge ausdrückt:

> *„Wir sind nicht gut vorbereitet auf die Rückkehr der Maschinenfrage."*[130]

Arbeitsverknappung durch Digitalisierung, Künstliche Intelligenz und Robotik

Diese technologische Turboüberrollung nahezu aller weltweiten Gesellschaften lässt immer weniger Platz für politisches Handeln und demokratiepolitisch so notwendiges Innehalten. Dazu müssen wir aber nicht in die große weite Welt blicken. Wir können auch in unserem eigenen Lebensbereich damit beginnen.

Sie kennen Feste zu Kindergeburtstagen. Von links, rechts und hinten stürmen gleichzeitig zwanzig mit Geschenken bewaffnete Gratulanten auf das immer verzweifelter wirkende Geburtstagskind ein und setzen es nicht nur mit dem verpackten Ding allein unter Druck. „Meines zuerst aufmachen", hört man das Brüllen bis hinaus vor die Wohnung, dazwischen gar nicht so kindlich anmutende Drohungen: „Sonst bist du nicht mehr mein (bester) Freund."

Ganz schlimm wird es dann, wenn vier Kinder das Gleiche verschenkt haben. Das vom vierten ausgepackte Ding führt auf beiden Seiten – Schenker und Beschenkter – zur herben Enttäuschung.

Wollen wir das wirklich alles so?

Diese Frage stellt sich längst nicht mehr, wir müssen. Wer nicht mitmacht, lässt sein Kind allein. Es droht ihm die „analoge" Außenseiterrolle in einer digitalen Welt. Gewähren wir dann dem Nachwuchs nicht ab spätestens zehn Jahren das Smartphone, gefolgt von Tablet, PC und Playstation oder verbieten wir gar „Soziale Medien", „treiben Sie Ihr Kind auch in der Schule in die Isolation", erklärte doch tatsächlich eine Schuldirektorin.

Als ein Kind einmal am sogenannten Spieletag mit einem Holzspielzeug ins Klassenzimmer gekommen war, wurde es zum Gespött der Klasse. Nie mehr kam es in den Folgejahren ohne digitalen Anhang zum Spieletag. Das Kind war damals acht Jahre alt.

Also weitermachen mit der Digitalisierung, der Künstlichen Intelligenz und der Robotik. Kommen wir damit nochmals zur Kernfrage dieses Buches zurück:

Weniger Arbeit, mehr Lebenssinn?

Die weitaus größere Zahl an Menschen, die sich wohl oder übel mit Fragen zum Lebenssinn beschäftigt, wird jene sein, die sich damit beschäftigen wird *müssen*. Also all jene, die ihren Arbeitsplatz durch Digitalisierung, Künstliche Intelligenz, Robotik und welche technische Entwicklung auch immer unfreiwillig verlieren.

Wie viele werden das sein?

> *„Nun sag, wie hast du's mit dem Digitalen?*
> *Du bist ein herzlich guter Mensch, allein ich glaub,*
> *du hältst nicht viel davon."*

Möge mir Johann Wolfgang von Goethe diese Digitalisierung der Worte an Heinrich Faust vergeben, aber ja, die Frage nach dem Ausmaß von „heute Mensch – morgen Maschine" ist *die* Gretchenfrage – auch für dieses Buch.

Doch just *das* wissen wir nicht.

Zwei Studien, drei Ergebnisse.

In einem überwältigenden Großteil der Studien wird von einer klaren Tendenz ausgegangen. Das weitere Vorantreiben der neuesten technisch-intelligenten Entwicklungen wird deutlich mehr Arbeitsplätze kosten, als es schaffen kann.

Bedauerlicherweise fehlen globale Schätzungen oder seriöse und wissenschaftlich fundierte Prognosen für größere Länder. Aus den wenig vorhandenen wird dafür über Jahre hinweg zitiert – mangels anderer Recherchen ernst zu nehmender Ökonomen.

Eine dieser in der Fachwelt zu Weltruhm gelangten Studien ist jene von Carl Benedikt Frey, einem schwedisch-deutschen Ökonomen und Historiker, und Michael Osborne, Professor für maschinelles Lernen, beide an der Universität Oxford. In ihrer Studie rechnen sie vor, dass in den USA 47 Prozent aller Jobs von Maschinen erledigt werden würden. Deutsche Forscher zogen nach und sahen gleich 59 Prozent aller Arbeitsplätze bedroht. Die Studie wird seit Jahren – auch von Wissenschaftskollegen – auseinandergenommen, es seien darin „Pi mal Daumen"-Schätzungen enthalten, die keinen seriösen Hintergrund hätten. Man darf hier aber eines nicht vergessen, besonders laute Beschwichtigungsexperten sind jene, die nicht selten im Auftrag der Automatisierungsindustrie arbeiten und schon von Berufs wegen „alles halb so wild" sehen.

Daneben findet man durchaus auch nachvollziehbare Prognosen auf wissenschaftlicher Basis. Diesen ist eines gemein: Es hat langsam begonnen, das Tempo wird aber immer schneller. So nutzt bereits die Hälfte der deutschen Betriebe 4.0-Technologien oder macht sie gleich zum zentralen Bestandteil ihres Geschäftsmodells. Die andere Hälfte zögert. Es investieren vor allem jene Betriebe stärker in die Industrie 4.0, die das auch bisher schon gemacht haben. Und weil, gesamtwirtschaftlich gesehen, der komplette Umbau unserer Produktions- und Dienstleistungswelt erst seine ersten von 42,2-Marathon-Kilometern läuft, kommt es in diesen ersten Umstellungsphasen durchaus auch zu Beschäftigungszuwächsen, weil es anfangs an allen Ecken und Enden an bestens ausgebildeten IT-Experten mangelt.

Im Durchschnitt gesehen, lässt sich für Europa folgendes Szenario als realistisch ansehen: Seit dem Abgang der Briten sind wir wieder deutlich unter eine halbe Milliarde an Einwohnern gefallen, auf rund 450 Millionen Menschen. Rund 300 Millionen Menschen zwischen 20 und 64 Jahren gehen irgendeiner Art von bezahlter Tätigkeit nach. Geht auch nur jeder zehnte Arbeitsplatz verloren, werden sich mindestens 30 Millionen weitere Unionsbürger die Frage stellen – und stellen müssen:

Was mache ich jetzt?

Im Schnitt gehen Schätzungen bis 2050 davon aus, dass es bis zu 100 Millionen Menschen sein werden, die allein in der Europäischen Union ihren Tag „von *heute* aufstehen – arbeiten – Freizeit – schlafen *morgen*" neu denken werden müssen. Jede und jeder fünfte erwerbsfähige EU-Bürger(in) wird also spätestens zur Jahrhundertmitte nicht mehr am Arbeitsmarkt vertreten sein?

Blicken wir an dieser Stelle noch einmal in ein Werk des Psychiaters Viktor Frankl, der 1977 Folgendes schreibt: „Die Überflussgesellschaft bringt einen Überfluss an Freizeit mit sich, die zwar Gelegenheit zu sinnvoller Lebensgestaltung böte, in Wirklichkeit aber das existenzielle Vakuum nur noch mehr zutage treten lässt, wie wir Psychiater es in Fällen von sogenannter ‚Sonntagsneurose‘ beobachten können."[131] Laut dem Demoskopie-Institut in Allensbach war 1952 jedem vierten Deutschen an Sonntagen die Zeit zu lang, 25 Jahre später schon mehr als jedem dritten Deutschen.[132]

Wenn es einmal so weit sei, dass dank Technik tatsächlich nur noch 15 Prozent aller Arbeiter für die Bedürfnisse der ganzen Nation (gemeint waren die USA) aufkommen könnten, dann stellten sich uns allen zwei Probleme. „Wer soll zu den 15 Prozent gehören, die da arbeiten, und was sollen die anderen mit ihrer freien Zeit anfangen – und mit dem Verlust ihres Lebenssinns?"[133]

Würde Frankls Prognose Realität werden, dann stünden 2050 nicht 100 Millionen EU-Bürger vor der Frage „Und was jetzt?", sondern 380 Millionen.

So weit wird es nicht kommen. Kein Ökonom dieser Welt sieht das so. Viktor Frankl war außerdem Neurologe und nicht Nationalökonom … Hoffen wir in diesem Fall auf die Wirtschaftswissenschaften. Aber können wir auch auf eine neue Arbeitsmarktpolitik hoffen?

Fast alle Ideen rund um die anstürmende neue Arbeitswelt halten sich nur kurz an der Oberfläche, dann verschwinden sie wieder, meist mit dem Totschlagargument „Typisch linke Spinnereien" oder von der anderen Seite „Typisch neoliberale Kälte". Interessant wird es, wenn ein und derselbe Vorschlag von links *und* rechts verteufelt wird. Dieses Schicksal hat schon das bedingungslose Grundeinkommen ereilt, die Flexibilisierung der Arbeitszeit ist auf dem besten Weg dazu.

Die Gemeinwohlökonomie

Der österreichische Publizist und Politikwissenschaftler Christian Felber versucht in all seinen Büchern, Ziele des privaten Unternehmertums neu zu definieren. Seine sogenannte Gemeinwohlökonomie (GWÖ) basiert auf dem Fundament der Nikomachischen Ethik von Aristoteles. Wenn wir schon nach Eudaimonia (Glückseligkeit) streben, dann sollten wir das um der Zufriedenheit willen tun, und nicht, weil uns diese Glückseligkeit vielleicht hilft, dann mehr Geld zu verdienen. Innere Zufriedenheit als Selbstzweck, nicht um etwas anderes zu erreichen.

Die Leitwerte der GWÖ sind Menschenwürde, Solidarität, ökologische Nachhaltigkeit sowie Gerechtigkeit und schließlich Demokratie – erzielt durch Transparenz und Teilhabe.

Bereits einige hundert Unternehmen aus Österreich, Deutschland und Spanien machen bereits freiwillig mit und werden anhand dieser Kriterien mit Gemeinwohlpunkten bewertet. Was sich Felber erhofft, liegt auf der Hand: Je mehr Gemeinwohlpunkte ein Unternehmen erzielt, desto einfacher sollte es ihm der Staat machen, zu besseren Bedingungen bei Darlehen und zu besseren öffentlichen Aufträgen oder sogar zu Steuerprivilegien zu kommen.

Die Donut-Ökonomie

Stellen wir uns einen Donut vor.

Der äußere Kreis symbolisiert die ökologischen Grenzen der Menschheit wie

- Klimawandel,
- die biologische Vielfalt als Bewertungsmaßstab für die Fülle unterschiedlichen Lebens in einem bestimmten Landschaftsraum oder in einem geografisch begrenzten Gebiet sowie
- Bodenerosion, also die übermäßige Nutzung von Böden.

Der innere Kreis stellt das soziale Fundament und die Bedürfnisse der Menschen dar: Einkommen, Bildung, Gesundheit, Wohnen sowie Gleichstellung und soziale Gerechtigkeit als Bedingungen für eine Menschheit in ihren vielfältigen Ausformungen von Gesellschaften.

Der Donut dient der britischen Wirtschaftswissenschaftlerin Kate Raworth als Sinnbild für unsere Gesellschaft und deren wirtschaftlichen Grenzen. Ihre Donut-Ökonomie zielt auf ein neues Wirtschaftssystem fernab von Kapitalismus, Wachstum und Materialismus ab, eines, in dem die äußeren Grenzen nicht überschritten und die Bedürfnisse der Gesellschaft erfüllt werden. Sie plädiert für eine gerechtere Umverteilung von Ressourcen und die Rücksicht auf ökonomische Krisen wie den Klimawandel.

Die Anforderungen, die Kate Raworth demnach an die Unternehmen stellt, muten utopisch an. Das Streben nach Gewinn müsse der Verantwortung weichen, „einen positiven Beitrag zur lebenden Welt zu leisten", und die Geldströme des Finanzsektors sollten nur in jene Firmen fließen, die sich zum Leitbild von Distribution und Regeneration verpflichten. Welches Land auch immer es schaffen würde, das auf eine gesetzliche Basis zu stellen, die geballte Macht der CEOs würde der „verrückt gewordenen" Regierung noch während der Gesetzeswerdung deutlich vermitteln: sehr gerne, aber ab kommendem Jahr sind wir weg. In einem „normalen" Land, das zu Wohlstand durch Wachstum steht. Daraufhin gehen Arbeitsplätze verloren, vielleicht wird auch die Regierung abgewählt, die zum neuen Weg des Club of Rome (Kate Raworth ist dort Mitglied) bereit gewesen wäre, und spätestens die Folgeregierung wird wohl das Kommando zur Umkehr ins marktliberalere Zeitalter geben.[134]

Arbeit in Zeiten der Globalisierung

Die Realität der internationalen Arbeitswelt sieht nicht nach „Gemeinwohl" aus. Ganz im Gegenteil. Die wirklich Großen dieser Zeit werden nicht nur immer größer, sondern sie kommen mit wenigen Menschen und damit niedrigeren Lohnkosten zu immer höheren Erträgen. Die Profite sind dank kreativer Buchhaltung immer schwerer in der Gewinn- und Verlustrechnung aufzufinden, und Jahr für Jahr investieren sie gigantische Summen für Forschung und Entwicklung. Von den Gedanken zur Weisheit haben wir uns hier schon ziemlich weit entfernt. Weises Handeln kann vielleicht der Einzelne erlernen, vielleicht auch ein Firmenchef oder gar ein Politiker, aber von einer internationalen Ausbreitung trennen uns wahrscheinlich noch Jahrhunderte. Umso betrüblicher, dass ein Virus dazu nur wenige Wochen braucht. Was natürlich so nicht stimmt. Aber wenn wir alles bisher Erfahrene über Sinn und Weisheit zusammenfassen und als zumindest teilweise wissenschaftliche Erkenntnis bewerten, haben die Menschen in diesen Lockdown-Wochen weiser gelebt als vor diesen enormen Beschränkungsmaßnahmen. Lassen wir das jetzt einfach einmal so stehen, im Schlussteil kommen wir darauf zurück.

Die „Superstars"

Die neuen Player sind seit der Jahrtausendwende die großen Internetkonzerne. Ihnen gehören die Börsenplätze der Welt, dort spielen *sie* die Hauptrolle. Google, Amazon, Facebook, Apple, Netflix in den USA, aber auch Alibaba oder Huawei in China, Samsung in Südkorea oder Spotify in Europa. Einige Wissenschaftler sprechen in der Tat von den „Superstar"-Firmen. Thomas Ramge und Viktor Mayer-Schönberger beschreiben in ihrem Buch „Das Digital" den Unterschied von Firmenphilosophien. Eine traditionelle Firma sei ein auf die Koordination menschlicher Aktivitäten ausgelegtes Konstrukt, das die Zusammenarbeit einer Vielzahl von Menschen in einer organisatorischen Einheit ermögliche. Superstar-Unternehmen hingegen hätten vergleichsweise wenige Mitarbeiter und würden auf Automatisierung setzen – auch in dem wichtigen Feld der Entscheidungsunterstützung. Diese Superstar-Firmen hätten vor allem Erfolg, „weil sie die interne Koordination so weit wie möglich rationalisieren"[135]. Deshalb seien sie eigentlich kaum „Organisationen zur Koordination menschlicher Aktivitäten, sondern juristische Vehikel zur Profitmaximierung"[136]. So sei es, den beiden Wissenschaftlern zufolge, diesen Firmen in Europa mit sehr gefinkelten Rechtskonstruktionen – vor allem mit Patent- und Lizenzgesellschaften in den Niederlanden und in Irland – gelungen, teils mit einer Steuerbelastung von fast null zu arbeiten.

Solche Superstar-Unternehmen sind meist auf „The Winner takes it all"-Märkten unterwegs. Am Beginn einer derartigen Entwicklung steht eine Idee, gefolgt von einem möglichen Geschäftsmodell, dann der Mut zum Risiko und ausreichend Kapital. Schließlich die Hoffnung, dass das Unternehmen eine kritische Größe erreicht, ab der auch Finanzinvestoren oder strategische Geldgeber einsteigen.

Nehmen wir nun an, zwei Firmen haben weltweit eine ähnliche Idee. Unternehmen A ist kleiner, Unternehmen B ist größer als A. Der Markt für dieses Produkt ist noch kaum vorhanden, weshalb auch das größere Unternehmen beim Absatzvolumen noch nicht die kritische Größe erreicht hat, um potente Investoren anzulocken. Aber just als beide Unternehmen Investoren gefunden haben, schafft es das kleinere Unternehmen schneller, Marktanteile zu erobern, als das organisatorisch behäbigere, vielleicht entscheidungsschwächere und daher langsamere größere Unternehmen B. Für A setzen plötzlich selbstverstärkende Effekte ein, parallel dazu wächst der Gesamtmarkt für dieses neue Produkt, das nun schlagartig Interesse hervorruft und das jeder Kunde haben will. Das Unternehmen B wächst zwar auch, aber nicht so schnell wie A – am Ende muss das Unternehmen B aufgeben und den Markt verlassen.

Bei digitalen Geschäftsmodellen spricht man von einem kippenden Markt. Der Gewinner bekommt alles, der Verlierer verliert alles.

Ein Beispiel: Das neue Kleinst-Unternehmen Amazon erscheint 1995 am Markt und verkauft im Juli 1995 auf seiner Internetplattform sein erstes Buch (übrigens: Douglas R. Hofstadters „Fluid Concepts and Creative Analogies: Computer Models of the Fundamental Mechanisms of Thought). Im zweiten Monat liegt der wöchentliche Umsatz bereits über 20.000 US-Dollar. Das riesige Buchhandelsunternehmen Barnes & Noble startet seine Online-Aktivitäten 1997 mit zwei Millionen Dollar Umsatz im zweiten Quartal. Das kleine Amazon steht im selben Quartal bei 28 Millionen Dollar Umsatz. Der Abstand vergrößert und vergrößert sich. Im Frühjahr 2001 übernimmt Amazon das Online-Geschäft des drittgrößten Buchhändlers in den USA „Borders". Heute macht Amazon 280 Milliarden Jahresumsatz und gehört zu den „Superstars" dieser Welt. Die Idee war wichtiger als die Größe gewesen.

Ist Ihnen etwas aufgefallen – auf den letzten Seiten?

Der Faktor „Mensch" hat keine Rolle gespielt. Natürlich haben all diese heutigen „Superstars" am Beginn ihres Welterfolgs Mitarbeiter gebraucht, und sie tun das auch heute noch. Aber das Zünglein an der Waage war immer die Geschwindigkeit, die Risikobereitschaft kühl kalkulierender Rechner, man nennt sie auch Manager. Gegen veröffentlichte Verallgemeinerungen wehren sich Führungskräfte in Konzernen meist recht heftig. Erst kürzlich empörten sich in einer vom Autor geleiteten Diskussion einige sogenannte Top-Manager darüber, dass man sie stets als inhuman darstelle. Im Gegenteil, zwar nicht alle, aber der überwiegende Teil, trage selbstverständlich ein soziales Gewissen in sich. Ein Firmenchef und früherer Präsident der österreichischen Wirtschaftskammer erinnerte (zu Recht) daran, dass man vor vielen Jahrzehnten das erste wirkliche Modell der Mitarbeiterbeteiligung eingeführt habe. Das ist alles richtig. Und niemand wird den ehrlichen Einsatz vieler Firmenchefs für Unternehmen und Mitarbeiter infrage stellen. Die wahren Chefs sind aber auch selten das Problem. Gefährlich wird es dann, wenn irgendein Investor auftritt, der in seinem Leben weder eine Produktidee noch jemals wirklich mit Arbeitnehmern aus Fleisch und Blut zu tun gehabt hatte. Welchen Bezug hat ein russischer Oligarch zu einem englischen Fußballverein? Welchen Bezug hat eine reiche Familie, die ein Riesenerbe zu verwalten hat, zu einer Wiener Bäckerei, ein altes Traditionsunternehmen, das ihr plötzlich nach 100 Jahren nicht mehr selbst gehört? Geschäftsführer oder *Manager für alles* sind keine klassischen Unternehmer, die etwas aufgebaut haben, und so gesehen lässt sich durchaus der Vergleich ziehen zu einem Lackfehler-Kontrolleur in einem Autokonzern, der seine Arbeitsleistung im Endprodukt ebenso vergeblich sucht.

Warum beschäftigen sich so wenige politische Parteien mit diesem Thema? Vermutlich, weil alle möglichen Lösungen irgendeine Wählerklientel zu stark treffen würden.

Bei Firmen, die sich in der Schweiz, in Österreich oder in Deutschland nicht ansiedeln, wenn die jeweilige Regierung eine Erhöhung von Unternehmenssteuern nur andenkt, ist es nachvollziehbar, dass etwa Kommunalpolitiker toben, die einen großen Arbeitgeber gerne in der Gemeinde gehabt hätten. Was aber, wenn es um die weltweit tätigen Digital-Giganten geht und der Beschäftigungseffekt ohnehin sehr bescheiden ist. Professor Mayer-Schönberger lobt in diesem Zusammenhang Österreich. Mit bestimmten Gesetzen sei es in Ansätzen möglich, durch Steuernachlässe die Kosten für menschliche Arbeit zu senken. Die Hightech-Branche wäre nur auf den ersten Blick stärker belastet. Denn auch wenn Automatisierung im Vergleich zu menschlicher Arbeitskraft relativ teuer werden würde, werde im Gegenteil die Entwicklung neuer Technologien sogar stimuliert. Aber würde dann nicht die letztlich doch wieder schnellere Automatisierung weitere Arbeitsplätze kosten? Wir *wissen* es nicht.

Man kann es vermutlich drehen und wenden, wie man will. Millionen Menschen werden ihren Arbeitsplatz verlieren, und der Staat wird gigantische Summen für Umschulungs- und Weiterbildungsprogramme ausgeben müssen. Aber nicht nur der Staat, meinen Mayer-Schönberger und Ramge: „Wer im Datenzeitalter übermäßig

hohe Profite abschöpft, muss für jene mit bezahlen, die durch daten-
reiche Märkte entwurzelt werden."[137]

*Grundsätzlich muss es einer Gesellschaft gelingen, Arbeit
nicht nur in Geld-Entlohnung zu denken.*

Man könnte Jobs auch danach auswählen, welche Leistungen abseits
der Gehaltszahlung geboten werden. Sich etwa für einen Arbeitgeber entscheiden zu können, der ähnliche ethische Werte vertritt
wie man selbst. Oder in dessen Firma viel dafür getan wird, dass
das Arbeitsklima kollegial bleibt oder Vorbeugemaßnahmen gegen
Erkrankungen funktionieren (Fitness im Unternehmen oder spezielle
Angebote von Physiotherapeuten, auch Psychotherapeuten). Oder
wie in diesem Unternehmen mit Geschäftspartnern umgegangen
wird, ob Transparenz gelebt wird oder ein Fremdwort bleibt. Mayer-Schönberger und Ramge sehen eine unaufhaltsame Steigerung an
Flexibilität: „Organisationen werden Mitarbeitern Flexibilität weit
über das Maß hinaus ermöglichen müssen, das wir heute kennen.
Denn in der Zukunft wird Arbeit entbündelt wie die Songs eines
CD- oder Plattenalbums. Mitarbeiter werden viel öfter über die
Zusammenstellung von ihrem ‚Mix' entscheiden."[138]

Und vielleicht würde in dieses Konzept auch ein *partielles Grundeinkommen* passen. Ein Teil dessen, was ich zum Leben brauche,
um überleben zu können, kommt vom Staat. Der andere Teil plus
Entlohnung einer Teilzeitbeschäftigung mit variablen Arbeitszeiten
kommt vom Unternehmen, das geringere Lohnkosten hat und außerdem die Flexibilität der Arbeitnehmerin, des Arbeitnehmers zur
Verwirklichung einer modernen Firmenstrategie nützen kann.

120.000 Euro für alle 25-Jährigen

Man könnte alle bisherigen weisen und weniger weisen Ideen als
Peanuts bezeichnen. Relativ gesehen, natürlich. Aber im Vergleich

zu dem, was der aktuelle ökonomische Held der Konzernkritiker vorschlägt, sind die Ideen der letzten Jahre tatsächlich Kleinigkeiten.

Thomas Piketty ist Professor an der Pariser Elitehochschule École des Hautes Études en Sciences Sociales und hat bereits 2013 mit seinem ersten Buch „Das Kapital" für internationale Furore und ebenso heftige Kritik gesorgt. Mit „Kapital und Ideologie" geht er noch weiter. Er sieht es als äußerst *weise* an, eine Erbschaft für alle einzuführen. Weshalb, das erklärt er ausführlich auf 1300 Buchseiten. Die Hauptbotschaft lässt sich dennoch mit einem Gedanken zusammenfassen: Die Reichen auf dieser Erde haben ein zu großes Vermögen. Und weil sie dieses gewinnbringend anlegen können, ohne dafür irgendetwas tun zu müssen, werden sie immer reicher. Deshalb schlägt Piketty für Milliardäre Spitzensteuersätze bis zu 90 Prozent vor. Interessant ist, dass von 1930 bis 1980 für die reichsten Amerikaner der Spitzensteuersatz tatsächlich auf 80, teils 90 Prozent gestiegen ist.

Privateigentum hat für Piketty Dimensionen erreicht, die gegenüber normal arbeitenden Menschen nicht mehr vorstellbar seien. In einer gerechten Gesellschaft soll jede und jeder Zugang zu Privateigentum haben. Das sei aber nur dann möglich, wenn junge Menschen mit einem Startkapital ins Leben gehen könnten. Thomas Piketty geht von 120.000 Euro pro Person, die das 25. Lebensjahr erreicht hat, aus. Dieser Betrag entspricht in etwa 60 Prozent des Durchschnittsvermögens von Erwachsenen in Wohlstandsgesellschaften. Das wäre Umverteilung pur. Piketty empfiehlt darüber hinaus einen sogenannten transnationalen Sozialföderalismus. Dahinter verbirgt sich eine einfache Botschaft, die er in einem Interview 2020 so formuliert hat: Freier Kapital- und Warenverkehr sollte nur noch dann erlaubt sein – auch zwischen europäischen Ländern, vermutlich meint er die Länder der EU –, wenn es „gleichzeitig ein gemeinsames, regelgebundenes System von Sozialplänen, Mindestlöhnen, Arbeitsnehmerrechten, gemeinsamen Mindestbesteuerungen der größten transnationalen Unternehmen und Umweltschutz gibt"[139].

Wir können es hierbei bewenden lassen, die Welle der Kritik ist so enorm, dass die Realisierungschancen wohl gegen null gehen. Und dennoch. Nicht alles, was Piketty und seine ihn jetzt noch euphorischer feiernden Anhänger als das einzig *Weise* sehen, sollte sofort vom Tisch gewischt werden.

Und das wird es auch nicht. Seit Jahrzehnten haben die Anhänger eines stärkeren Staates keine ökonomische Führerfigur gegen den neoklassischen Mainstream an den Universitäten aufzuweisen gehabt. Jetzt sehen einige schon den Keynes des 21. Jahrhunderts.

Vielleicht eine persönliche Anmerkung. Wenn Piketty jene Bereiche aufzählt, die grundsätzlich nicht in Privateigentum sein sollten, dann fällt es einem schwer, dem etwas entgegenzuhalten: Bildungssysteme, Gesundheitsinstitutionen, Verkehr und Gebirge, Meere und fossile Brennstoffe nennt der französische Ökonom, wenn „starke öffentliche Regulierung wünschenswert" wäre. An dieser Stelle möchte man ihm gerne zurufen: Vergessen Sie die Seen nicht! Seit vor vielen Jahren ein reicher Investor in Österreich gleich einen riesigen Berg, fast ein Gebirge, kaufen wollte, schrillten auch bei den größten Freunden der Privatisierung, Deregulierung und Liberalisierung die Alarmglocken. Aber offenbar nicht laut genug. Der Berg gehört zwar noch immer der rotweißroten Alpenrepublik, am Zugang zu den schönsten Seen des Landes hat aber auch dieses Ereignis nichts verändert. Er bleibt in privaten Händen. Und das fast immer rund um den ganzen See. Einmal ein Grundstück direkt am Wasser. Immer ein Grundstück am Wasser. Das sei die letzten Jahrhunderte so gewesen und werde auch die kommenden Jahrhunderte so sein, argumentieren die Besitzer.

Solange Grundstücke Menschen gehören, die ein Leben lang gearbeitet haben so wie ihre Ahnen und Vorahnen auch, ist die allgemeine Akzeptanz ohnehin groß. Ein Argument lässt man natürlich gelten: „Was können wir dafür, dass hier jahrhundertelang kein Tourismus war und sie uns erst seit ein paar Jahren die Seezugänge einrennen." Ihre meist sehr kleinen privaten Grundstücke, über Hunderte Jahre von ihren Eltern, Großeltern und Ur-Vorfahren weitervererbt, sollen natürlich nicht enteignet werden, das würde wohl zu Recht auf völliges Unverständnis stoßen.

Aber um diese Einheimischen geht es gar nicht. Es geht um jene Investoren, die die – ohnehin schon raren – öffentlichen Plätze in einem an schöner Natur noch reichen Land erwerben wollen. Um jene Menschen, die Immobilien als anonyme Objekte zur Vermehrung ihres Vermögens betrachten, koste es, was es wolle, und bringe es, so viel es nur geht. Natur auf einer Ebene mit Gebäuden, Warenhausketten, Konzernen aller Art, Aktien, Optionen, Zertifikaten, Leerverkäufen – mit welchen Instrumenten der Finanzspekulationen auch immer.

Immobilien*objekte* – vielleicht heißen sie auch deshalb so.

Das subjektive Empfinden ist als Entscheidungsgrundlage meist letztrangig. Die kleine Holzhütte mit dem so entschleunigenden Blick aufs Wasser zur Erlangung von mehr Lebenszufriedenheit, Sinn oder gar Weisheit?

Da schon eher Anlegerstrategie, Wohlstandsvermehrung und Gier.

Wir müssen hier nicht unbedingt die Natur bemühen. Es geht um Leistbarkeit früherer Selbstverständlichkeiten, zumindest in Teilen der Mittelschicht. Wer ein halbes Leben lang gespart, sich dann zur Aufnahme eines Kredits verschuldet und dann wieder gespart hat, für die oder den war es auch in den Einkommensmittelschichten möglich, sich mit Arbeit Eigentum zu verschaffen. Größeres Eigentum. Die eigene Wohnung, vielleicht das eigene Grundstück oder auch das darauf stehende eigene Haus.

Vielen jungen Menschen von heute wird das wie erwähnt nicht mehr gelingen. Zumindest nicht in zentralen Lagen von Großstädten oder schönen Plätzen in der Natur. Der Anstieg der Immobilienpreise hat teils Dimensionen erreicht, die schon lange nicht mehr mit Platzverknappung durch Bevölkerungszuzug belegt werden können. Auch, aber eben nicht nur. Großinvestoren aus und in aller Welt sorgen für Preise, die auch die sogenannte wohlhabendere Schicht kaum noch bezahlen kann oder in vielen Fällen auch gar nicht mehr will.

Bleiben also vorwiegend jene, denen auch Piketty – und damit kehren wir wieder zum Popstar unter den linken Ökonomen zurück – sein (Lebens?)werk widmet.

Den Erben.

Einmal reich – (fast) immer reich

Laut dem Deutschen Institut für Wirtschaftsforschung konnten und können unglaubliche 75 Prozent der hochvermögenden Deutschen, die älter als 40 Jahre sind, ihren Reichtum durch Schenkung oder Vererbung vermehren.[140] Demnach kann es nicht überraschen, dass sich Menschen, die einer (Lohn-)Arbeit nachgehen oder unternehmerisch tätig sind, fragen: Warum *ich*, und ist das gerecht?

Gewiss arbeiten auch Reiche im klassischen Sinn, aber sie müssten nicht, ginge es ihnen nur ums Überleben.

Seit 600 Jahren reich

Zwei italienischen Ökonomen ist vor einigen Jahren ein Meisterwerk der Statistik gelungen. Guglielmo Barone und Sauro Mocetti haben mittels Einkommensvergleichen von 1427 (!) bis 2011 in der italienischen Stadt Florenz darlegen können, dass die meisten reichsten Familien von damals noch immer die reichsten des früheren Zentrums europäischen Handels- und Finanzwesens sind. Aber nicht nur das. Die armen Familien aus dem 15. Jahrhundert hätten heute wie damals ein geringes Einkommen, so die von der Banca D'Italia in Auftrag gegebene Studie. Angeblich bewohnen sogar rund zwei Dutzend der reichen Familien von heute die von ihren Vorfahren erbauten Prunkbauten (Palazzi) von damals. Die fünf reichsten Familien von 1427 sind auch knapp sechshundert Jahre später die fünf reichsten Familien geblieben.

Sohn und Tochter ist in Florenz wohl der mit Abstand lukrativste Beruf. Und wird es auch in anderen Gegenden dieser Welt sein. Daran haben alle technischen Revolutionen, die Einführung der allgemeinen Schulpflicht oder der Ausbau des Sozialstaats nichts geändert.

Ähnliche Studien finden sich etwa für Schweden und Großbritannien.

In Schweden gelten bis heute die „-kvists" als Nachfahren adeliger oder wohlhabender Familien (Lindkvist, Almkvist etc.) aus dem

16. Jahrhundert, während die „-sons" (Anderson, Svensson, etc.) von heute damals Bauern und Handwerker gewesen sind. Der britische Ökonom Gregory Clark kann mittels Studien belegen, dass die Verhältnisse wohlhabend/ärmer von 1700 bis 2012 zwischen den „-kvists" und „-sons" weitgehend gleich geblieben sind.[141]

Auch eine andere Studie von Gregory Clark und dem Ökonomen Neil Cummins über die englischen Eliteuniversitäten Oxford und Cambridge zeigt ähnliche Daten. Und das über einen beeindruckenden Zeitraum von fast 800 Jahren. Verglichen wurden die Namen von fast 22.000 Studierenden und ihre Herkunft seit 1230. Dabei erkannten die Wissenschaftler, dass an Elite-Universitäten seit fast acht Jahrhunderten die gleichen Familien den Schwerpunkt bilden.[142]

Faktum ist, dass auch in den meisten europäischen Ländern die sogenannte „Soziale Mobilität" gering ist. Wer aus einem eher einkommensschwachen Elternhaus kommt, schafft es noch immer kaum ganz nach oben, und wer ab Beginn seiner Ausbildung ohne finanzielle Schwierigkeiten lernen und leben konnte, hatte es einfacher, in höhere oder ganz hohe Einkommensschichten zu gelangen.

Eine sehr aufschlussreiche US-Statistik sieht übrigens das, international gesehen, kleine Land Österreich weltweit ganz vorne, wenn es um die Vererbung von Wohlstand geht. Es handelt sich um eine Studie aus dem Jahr 2016, die anschließend von einem der einflussreichsten Wirtschaftsmagazine, von Forbes, übernommen wurde. Der Statistiker McCarthy schreibt: „In jedem Land der Welt gibt es unzählige Geschichten über Milliardäre, die trotz bescheidener Anfänge massive Geschäftsimperien aufgebaut haben. In Österreich ist es jedoch weitaus wahrscheinlicher, dass ein Milliardär sein Vermögen geerbt hat. Laut einem Bericht von Jonathan Wai von der Duke University und David Lincoln von Wealth-X wurden 49,6 Prozent der Österreicher mit einem Nettowert von über 30 Millionen US-Dollar in Wohlstand hineingeboren."[143]

Ähnlich sei die Lage in Schweden, wo 43,8 Prozent der reichen Privatpersonen ihr Vermögen geerbt hätten. In Großbritannien und den Vereinigten Staaten beginne die Mehrheit der wohlhabenden Personen ohne familiäre Unterstützung von null an. Auch in Russland, wo Öl seit dem Zusammenbruch des Kommunismus unzählige Milliardäre hervorgebracht habe, sei es weitaus seltener, riesige Geldsummen zu erben: Nur 1,3 Prozent der superreichen Menschen in Russland hätten ihren Reichtum durch Erbschaft erzielt.

Dazu passend noch ein Gedanke von Thomas Piketty: Er schlägt angesichts des realen Wachstums der größten Vermögen in den letzten Jahrzehnten (bis zu sieben Prozent jährlich) nicht nur deutlich höhere Spitzensteuersätze vor, sondern das auch in Kombination mit einer progressiven Erbschaftssteuer.

Globalisierung ist kein Naturgesetz

Dass sowohl die Vermehrung als auch die Weitergabe von Vermögen durch weltweite Vernetzung eine Beschleunigung erfährt, liegt auf der Hand. Internationale Finanzspekulation macht Wohlhabende wohlhabender. Abgesehen davon haben Reiche selbstverständlich Anlageprofis an ihrer Seite, deren Job es ist, das zu verwaltende Geld weltweit effizient einzusetzen. Diese behalten nur dann ihren Job, wenn sie das so risikoreich wie möglich und gleichzeitig sicher wie notwendig tun.

Ob Steuerungs- oder *Be*steuerungsvarianten, ob internationale Finanzspekulation oder die Macht der multinationalen Konzerne. Dass all das in irgendeiner Art und Weise begriffen und kontrolliert werden muss, für diese Erkenntnis muss man nicht unbedingt weise sein.

Ein entscheidender Punkt wird sein, ob es der Politik gelingt, ihre früher freieren Hände wieder zurückzuerobern. Und wenn sich hier das Rad der globalisierten Zeit nicht mehr zurückdrehen lässt – obwohl auch die Globalisierung kein Naturgesetz wäre –, dann müssen die von multinational tätigen Konzernen nahezu unsichtbar angelegten Fesseln zumindest Knoten um Knoten gelockert werden.

(Wir erinnern uns, dass der „Erfinder" von Ökonomie, Adam Smith, stets gelehrt hat, die Wirtschaftsmärkte würden sich wie durch eine *Unsichtbare Hand* stets selbst ins Gleichgewicht bringen.) Dass mit rein nationaler Politik diesem Problem nicht beizukommen ist, sollten wirtschaftspolitisch denkende Menschen in den Wahlkabinen mitbedenken. Obwohl man zur Ehrenrettung der politisch modern gewordenen Fokussierung auf den Begriff *Heimat* sagen muss: Die Liebe zum eigenen Land ist mit international agierenden Interessensvertretungen durchaus kompatibel. Das eine muss das andere nicht ausschließen. Es geht um die Bündelung nationaler Interessen zu *einer* internationalen Strategie. Gelingt das nicht, wonach es derzeit aussieht, werden nicht nur die GAFAs länderspezifische Interessen überrollen, sondern alle Weltkonzerne von Alibaba bis Volkswagen, von Huawei bis Siemens, von Novartis bis McDonald's, von Coca-Cola bis Unilever, Netflix oder Disney. GAFA hat sich erst in den letzten Jahren als sprachliche Verdeutlichung der gigantischen Macht der US-amerikanischen Internetriesen Google, Apple, Facebook und Amazon etabliert.

Den wirklich Großen ist schon auf europäischer Ebene von Jahr zu Jahr schwieriger beizukommen. Das gilt auch für die Europäische Union. Aufgrund der immer lauter vertretenen nationalen Interessen der Mitgliedsländer wird auch in Brüssel Politik immerzu unmöglicher.

„Europa wird von Kommissionen regiert. Die Kommissionen sind zur Hälfte mit europäischen Beamten besetzt und zur anderen mit Vertretern der großen Wirtschaftsunternehmen. Europa ist ein rein wirtschaftliches Gebilde, in dem alle Entscheidungen nach solchen Kriterien gefällt werden. Erleben wir also heute das Ende der Politik, die von der Vorherrschaft des ökonomischen Paradigmas völlig überschattet wird? Als Goethe und Napoleon sich in Erfurt trafen, sagte Napoleon, dass die Politik das Schicksal ist. Heute ist die Ökonomie das Schicksal."[44]

Diese Worte stammen von einem der bedeutendsten lebenden Philosophen, dem italienischen Denker Giorgio Agamben. Und er zitiert in diesem Zusammenhang Walter Benjamin („Kapitalismus als Religion"): „Der Kapitalismus ist die unversöhnlichste aller Religionen, denn sie kennt keine Erlösung."

Doch Agamben sieht im Vergleich zu jenen Naturwissenschaftlern, die bereits das Ende der humanen Welt nahen sehen, weil eine gewaltige Klimakatastrophe den Planeten leeren werde oder künstlich intelligente Roboter die Menschheit vernichten würden, nicht nur das Düstere.

„Jeder Moment ist ein messianischer Moment, ein Moment der Ankunft … jeder Moment hat die kleine Tür, durch die der Messias herantritt. Wir können Politik nicht denken und auch nicht politisch handeln, wenn wir … nicht verstehen: Jeder Moment ist der entscheidende."[45]

2009, mitten in der zweiten Weltwirtschaftskrise, schreibt der frühere Volkswirtschaftsprofessor Kurt W. Rothschild, er ist zu diesem Zeitpunkt bereits 94 Jahre alt, über eine der größten Aufgaben, der sich Menschen in den kommenden 10 bis 20 Jahren stellen müssten: die Rückeroberung der Entscheidungsmacht durch die Politik, statt sie immer mehr multinationalen Konzernen zu überlassen.

„Die zwei wesentlichsten neuen Elemente, die in den letzten Jahrzehnten an Bedeutung gewonnen haben, sind ein enormes Wachstum eines zunehmend differenzierten Finanz- und Spekulationssektors und eine durch die Errungenschaften der Transportwirtschaft und der mikro-elektronischen Technologie ermöglichte Entstehung und Organisation großer international agierender Konzerne, die – durch umfangreiche Fusionen gefördert – in der Wirtschaft und der Wirtschaftspolitik einen bedeutenden Einfluss gewonnen haben … Die internationalen Stützpunkte (sowohl im Produktions- wie im Absatzbereich) dieser Konzerne sowie die technisch möglich gewordenen Strategien des Outsourcing einzelner Aktivitäten in verschiedene Länder haben die wirtschaftspolitischen Einfluss- und Bargainingstrukturen deutlich zugunsten dieser Konzerne verschoben.

Dies gilt sowohl für die Beziehungen gegenüber den Arbeitnehmern wie für die Beziehungen zu den nationalen Regierungen und deren Politik. Der deutsche Soziologe Ulrich Beck beklagt in seinem Buch Was ist Globalisierung? *(1997), dass die internationalen Konzerne ,Zugriff auf die Lebensadern moderner nationalstaatlicher Gesellschaften haben, ohne Revolution, ohne Gesetzes- oder Verfassungsänderung und ohne Regierungsbeschluss'. Die Spuren dieser Veränderungen lassen sich in der raschen Verbreitung der neoliberalen Ideologie erkennen, die mit ihrer prinzipiellen Ausrichtung auf einen freien und deregulierten Weltmarkt den Interessen international agierender und disponierender Finanz- und Produktionsorganisationen entspricht … Dies ist der Hintergrund für die Frage, ob und wie eine Verhinderung solch großer Krisen, wie wir sie jetzt erleben, erreicht werden kann."[46]*

Diese Analyse aus dem Jahr 2009 hält heute noch. Man müsste sie in ihrer Stoßrichtung sogar noch erweitern. Um die in einem Jahrzehnt immer rascher voranschreitende Digitalisierung, die eine weitere Entwicklung enorm beschleunigt hat. GAFA und Co sind immer weniger „Hersteller" im klassischen Sinn, mit Ausnahme von Apple. Konzerne wie diese stellen nicht her, sondern zur Verfügung. Entstanden ist so der Markt für Plattformen im Netz, und wehe den alten, echten Produzenten, man findet ihre echten Produkte dort nicht, dann heißt es rasch, Google mehr Geld zu geben dafür, dass dieses Echte, erst nach dem Kauf im wörtlichen Sinn Fassbare rasch am Bildschirm erscheint, wenn nach einem bestimmten Ding gesucht wird. Die Künstliche Intelligenz treibt diese Entwicklung noch mehr an, indem sie Menschen in Daten zerlegt und ihre Einkaufsgewohnheiten teuer in Datensätzen verkauft. „Der Plattformkapitalismus revolutionierte die liberale Ökonomie und … ihre Spielregeln so stark, dass heute von … freien Märkten nicht mehr die Rede sein kann. Nicht nur beherrschen sehr wenige Firmen sehr große Teile des bedeutendsten Marktes … sondern diese Firmen sind nun selbst der Markt"[147], formuliert es Richard David Precht in seinem Essay „Künstliche Intelligenz und der Sinn des Lebens".

Haben wir es also heute mit einer gesteuerten Wirtschaft in den (unsichtbaren) Händen weniger zu tun? In manchen Branchen spricht einiges dafür. Nur diesmal ist nicht der ohnehin immer schwächer werdende Staat der Lenker, sondern privates Investitionskapital aus aller Welt. „Kontrolliert wird der Markt nicht durch staatliche Ordnungspolitik, sondern durch eine Reihe subtiler Methoden wie Interfaces, Ratings und Trackings, durch die sich Nutzerverhalten steuern und Daten schöpfen lassen"[148], schreibt Precht.

Besonders engagierte Kritiker stellen den Kapitalismus an sich infrage. Viele sind durchaus in der Lage, ihre Argumente mit ökonomischem Rüstzeug auszutragen, aber die Angriffe kommen mitunter auch von Sozialwissenschaftlern und Soziologen. Etwa von Luc Boltanski und Ève Chiapello aus Frankreich, die den Kapitalismus als etwas zeichnen, dem es trotz permanentem Wandel der Bedingungen stets gelingt, Menschen von der Sinnhaftigkeit der immer weiter voranzutreibenden Vermehrung des Kapitals zu überzeugen. Also vom Kapitalismus. Das Zauberwort ist die Anpassung. Kritik von außen wird heutzutage von Unternehmern aufgenommen oder sie verkünden zumindest wortreich, was man alles von der „konstruktiven" Kritik in die neue Unternehmensorganisation implementiert habe. So ist schon in den 1970er- und 1980er-Jahren die Kritik der Linken und der Gewerkschaften, die dann auch in Streiks mündeten, von jungen Führungskräften der betroffenen Unternehmen und „Beratern" (die damals ihren bis heute ungebremsten Siegeszug begonnen hatten) in Zukunftsstrategien eingebaut worden. Es wurde umgebaut und umorganisiert und den „Wünschen der Belegschaftsvertretung" Rechnung getragen, und am Ende stand das „schlanke" Unternehmen der Gegenwart. In einem detaillierten qualitativen Vergleich zwischen der Managementliteratur der 1960er-Jahre und der 1990er-Jahre zeigen Luc Boltanski und Ève Chiapello diese Wandlungsprozesse (des Kapitalismus) auf und schreiben von einem neuen Geist des Kapitalismus, der gekennzeichnet sei durch Flexibilität, Mobilität, Kreativität und Eigenverantwortung.

Es ist offenbar ein ewiges Spiel. Kritik wird so umgesetzt, dass Arbeitnehmer zunächst glauben, sie hätten sich mit ihren

Vorstellungen durchgesetzt. Am Ende steht ein für das Unternehmen „besseres" Humankapital zur Verfügung, als man es zuvor nicht zu träumen gewagt hätte. Ist der Prozess abgeschlossen, scheuen sich die Kapitalvertreter auch nicht mehr davor, klare Worte zu gebrauchen. Zum Beispiel: Employability.

Was nichts anderes bedeutet als

Beschäftigungsfähigkeit

– oder im Umkehrschluss: Beschäftigungsunfähigkeit. Irgendwie unglaublich.

Bist du fit, komm mit! Bist du ungeeignet, geh!

Dabei geht es immer weniger um das Können an sich, sondern um Charaktereigenschaften, die der Arbeitgeber schätzt und die er eben nicht schätzt. Der Spielraum wird immer kleiner. In einer Ausgabe des Magazins „Harvard Business Manager" wird in einem (kritischen) Artikel zur Employability 2007 das Anforderungsprofil so skizziert: „Viel wichtiger als der erlernte Beruf sind soziale Schlüsselkompetenzen und die richtige, das heißt, eine quasi unternehmerische Einstellung zum Arbeitsmarkt. Der Arbeitnehmer der Zukunft zeigt sich team- und kommunikationsfähig, er übernimmt Verantwortung für sich selbst, ergreift die Initiative, ist flexibel und offen für Neues, lernt permanent dazu und denkt über sich und seine Beschäftigungsfähigkeit nach."[149]

Optimal wäre „möglichst jung, aber langjährige Berufserfahrung". Die Digitalisierung beschleunigt zudem den Trend zu neuen Beschäftigungsformen wie Projektarbeit durch freie Mitarbeiter und Zeitarbeit. Wobei der Arbeitsuchende seine Employability von Beginn an unter Beweis stellen muss.

Ein Beispiel: Jemand, der sich um eine Stelle im Marketing bewirbt und im Bewerbungsgespräch meint, dass ihn Soziale Medien wie Facebook, Twitter und Instagram nicht interessieren, muss vermutlich nicht mehr weitersprechen. Es mag als Widerspruch erscheinen, dass eher Soft Skills entscheiden, aber das stimmt nicht ganz, denn für die Employability sind *zusätzlich* Abschlüsse international renommierter Universitäten oder abgelegte internationale Praktika durchaus wertvoll. Sie gelten heutzutage in vielen Konzernen fast als eine Art Selbstverständlichkeit. Ausschlaggebend können dann aber Nachweise für ehrenamtliches Engagement, bevorzugt bei Rettungsorganisationen oder Wohltätigkeitsvereinen, sein. Immerhin: Ein Nachteil von früher ist heute zum Vorteil mutiert. Oftmaliger Firmenwechsel wird nicht als „schwieriger Mitarbeiter", sondern mit „wünschenswerter großer Flexibilität" interpretiert.

Und was die Wandlungsfähigkeit des Kapitalismus betrifft: Auch er wird sich neuerlich ändern müssen. Die jungen Führungskräfte haben den neuen Trend zur „Romantik" längst durchschaut. Sie wissen, dass sie von ihren Mitarbeiterinnen und Mitarbeitern nicht nur „Beschäftigungsfähigkeit" erwarten können, ohne dafür eine Gegenleistung zu bieten. Weiterbildung, persönliche Coaches mit Übernahme der Kosten durch das Unternehmen in Krisenphasen des betroffenen Mitarbeiters, Seminare im Grünen, Team-Building-Ausflüge, Betriebssportanlagen und vor allem: das Entgegenkommen bei Wünschen nach flexibleren Arbeitszeiten, Homeoffice-Angeboten sowie bei klaren Zeitgrenzen für telefonische Erreichbarkeit durch den Vorgesetzten – alles, was Mitarbeiter ebenso wünschen.

Dieser neue Menschentypus wird deshalb von Soziologen als „romantisch" bezeichnet, da diese neue Lebensführung (auch ästhetische oder artistische Lebensführung genannt) ihre Verwurzelung in romantischen Ideen hat – und damit den Gegensatz zur protestantischen Arbeitsethik (Die Arbeit ist alles!) bildet.[150] Nicht mehr die Arbeit, die einen quasireligiösen Sinn vermittle, stehe ganz oben, sondern verschiedenste „Sinnangebote". Und diese würden Klarheit, Stimmigkeit und Authentizität verheißen.[151] Womit wir neuerlich bei dem kanadischen Philosophen Charles Taylor landen (siehe auch das Kapitel über das gute Leben), der die moderne Gesellschaft im „Zeitalter der Authentizität" sieht.

DIE ZUKUNFTSGESELLSCHAFT

Im Zeitalter der Authentizität

„Authentizität – Die neue Wissenschaft vom geglückten Leben". So lautet der Titel eines Buches des britischen Psychologen, Soziologen, Psychotherapeuten und führenden Vertreters der Positiven Psychologie Stephen Joseph, der zu Authentizität forscht.

Mit der Authentizität geht auch unsere Reise von der Suche nach dem Glück, dem Sinn und der Weisheit zu Ende.

Ein gutes Leben ist ein Leben mit Sinn und weisem Verhalten – und das auf authentische Weise.

Große Worte für einen Satz. Aber so könnte man vielleicht wirklich die Forschung der letzten Jahrzehnte bei der Suche nach einem gelungenen Leben zusammenfassen.

Warum ist gerade die Authentizität sozusagen als Mantel für das bisher Gesagte so wichtig?

Dazu muss zunächst klar sein, was mit „neuer" Authentizität überhaupt gemeint ist. Tun, was *mir* wichtig ist, was *ich* als richtig empfinde, die Erfüllung *meiner* Bedürfnisse anstreben und deshalb, weil ja eigentlich rundum mit mir und der Welt zufrieden, auch immer gut gelaunt in Gesellschaft auftreten? Mag sein, dass solche Menschen eine Zeit lang als durchaus beliebt und gern gesehene Gäste gelten. Und dann? Dann gilt:

„Das Ich wird ich erst am Du.“

Eine Aussage, die oft Viktor Frankl zugesprochen wird, aber erstmals vom österreichisch-israelischen Sozial- und Religionsphilosophen Martin Buber in „Ich und Du“ im Jahr 1923 niedergeschrieben worden ist. Zum wahren Ich wird man demnach erst durch Selbsterfahrung im Kontakt mit anderen. Der Psychotherapeut und Sozialwissenschaftler Erich Fromm, bis heute einer der wichtigsten Erforscher des Seelenlebens, sieht ebenfalls das Hinausgehen über sich selbst als entscheidenden Faktor für tatsächliche Authentizität.

In der aktuellen Politik scheint Authentizität überhaupt *der* Faktor für Erfolg zu sein. *Die ist, so wie sie halt ist, und spielt uns wenigstens nichts vor. Er macht uns wenigstens nichts vor, ist halt endlich wieder einer, der sich das sagen traut, was er sich denkt.* Sind Angela Merkel und Donald Trump oder Boris Johnson also authentische Politiker? Oder Silvio Berlusconi oder Wladimir Putin? Zeigen sie uns ihr Inneres?

Es ist irrelevant. Wir kennen sie nicht. Nur über die Medien. Und alle haben mittlerweile gelernt, wie es funktioniert, authentisches Verhalten perfekt zu inszenieren. Bestimmte Wähler glauben im Großen und Ganzen, dass die zur Schau gestellte Härte in der Migrationspolitik echt ist, das gezeigte Verständnis für den „kleinen Mann“ aus dem tiefsten Inneren kommt oder die Freude über internationale Landeserfolge bei Wirtschaftsdaten oder auch Sportveranstaltungen wirklich überschäumend ist. Faktum ist, sobald eine Politikerin, ein Politiker in Zeiten wie diesen nicht als authentisch empfunden wird oder „rüberkommt“, ist ihr oder sein Karriereende absehbar.

Nicht so im privaten Bereich. Freunde, Bekannte, ja auch Familienmitglieder, die sich unentwegt anpassen, werden einem suspekt. Und bleiben es meist, auch wenn sie sich vielleicht tatsächlich zum Positiven verändert haben.

Entstanden ist die Ur-Authentizität in der bereits erwähnten Romantik des 19. Jahrhunderts.

Sinnbild der Romantik: „Der Wanderer über dem Nebelmeer" von Caspar David Friedrich

Gemeint waren ursprünglich Schriften, die in der „Volkssprache" (altfranzösisch *roman*) entstanden sind. Das geistige Grundelement der Epoche war die Poesie, sie sollte die Suche aller Romantiker nach einem geistigen, gesellschaftlichen und individuellen (!) Mittelpunkt symbolisieren. Dazu gehört etwa auch das Schreiben von Tagebüchern, natürlich in Lyrik-Form. „Romantische" Authentizität kommt also aus dem Allerinnersten des Menschen heraus und gelangt erst dadurch in die Welt.

Sind dann nicht Facebook-Einträge, Instagram-Selfies mit meist übersteigerter Mimik und Gestik oder YouTube-Videos über mein „Ich" und besonders zutreffende Emojis die neue Authentizität – eben die des 21. Jahrhunderts?

Sie kennen die Antwort.

Sind sie nicht.

Die Summe der eigenen Inszenierungen ist *nicht* Authentizität.

In der Politik mag die Täuschung gelingen.

Im wahren Leben kaum.

Originalität und „Typen"

Wir haben bereits erwähnt, dass Studentinnen und Studenten der Volkswirtschaft sich schon an der Universität zunehmend selbst dem Menschenbild des Homo oeconomicus annähern. Wer ständig an mathematischen Formeln über den rational denkenden Kunstmenschen herumbastelt, wird offenbar selbst ein wenig kühler, vernunftorientierter, ernsthafter, exakter im Alltag und in seiner Lebensplanung. Das ist nicht nur eine Vermutung, sondern zum Teil Realität – wenn man einigen empirischen Studien aus den 1990er-Jahren[152] Glauben schenkt.

Die Studienteilnehmer wurden in den Labors in ethische und in Dilemma-Situationen gebracht, und es zeigte sich, dass Studierende der Volkswirtschaftslehre, zum Teil auch der Betriebswirtschaftslehre, in vielen Belangen tatsächlich unsozialeres Verhalten an den Tag legten als andere Studienteilnehmer. Eine speziell auf angehende Volkswirte angelegte Untersuchung verdeutlichte, dass sich die ökonomische Lehre (der rein eigennutzenorientierte Homo oeconomicus) mehr oder weniger stark auf das Verhalten der jungen Erwachsenen im Alltag auswirkt. 2016 haben sich Ökonomen mit modernen Methoden wie komplexen bildgebenden Verfahren aus der Neurowissenschaft und mittels der Gehirnplastizitätsforschung nochmals damit beschäftigt. Während die Studienteilnehmer Entscheidungen treffen mussten, wurden deren Gehirnaktivitäten gemessen. Das menschliche Gehirn kann sich übrigens in jeder (!) Lebensphase noch wandeln und an neue Umwelteinflüsse anpassen (Stichwort Plastizität).

Welche Auswirkungen hat nun die ökonomische Lehre, wenn sie auf nutzenorientierten Fundamenten basiert, auf Studentinnen und Studenten? „Demnach agiert die (zukünftige) Ökonomen-Zunft im Durchschnitt vermehrt eigeninteressiert und egoistisch; sie tendiert dazu, von etablierten Gemeinwohlvorstellungen abzuweichen; sie neigt vermehrt zum Trittbrettfahrertum und investiert durchschnittlich weniger in ‚Öffentliche-Güter-Spiele'; sie ist" bei ganz bestimmten Experimenten „tendenziell korrupter, unehrlicher und weniger kooperativ"[153].

Ein sehr hartes Urteil. Aber nochmals: Studienbedingungen sind Studienbedingungen. Der wahre Kern mag dennoch stimmen – vielleicht aber nicht zur Gänze. Denn nicht alle Studenten wurden und werden, basierend auf den Verhaltensweisen des Homo oeconomicus, unterrichtet. Mein damaliger Professor in Linz war der schärfste Kritiker der neoklassischen Lehre und selbst bekennender Post-Keynesianer.

Völlig unabhängig von der Studienrichtung muss auf eine grundsätzliche Gleichförmigkeit der universitären Ausbildung hingewiesen, ja teilweise davor gewarnt werden – sosehr es begrüßenswert ist, dass Zeugnisse heute international besser verglichen und auch anerkannt werden können.

Einer der wesentlichsten Gründe für die „Verschulung" der Studenten ist der sogenannte Bologna-Prozess. In der italienischen Stadt ist Ende des letzten Jahrhunderts der „Europäische Hochschulraum" beschlossen worden. Abschlüsse sollten europaweit anerkannt werden, das war und ist die gute Seite der Medaille, die andere ist in ihren Auswirkungen zum Teil verheerend. Aus der allgemeinen Menschenbildung durch Wissenschaft – bis Bologna *der* universitäre Auftrag – wurden und werden Universitätsjahre der Berufsausbildung mit dem Ziel, eine Beschäftigungsfähigkeit der Absolventen zu erreichen. Julian Nida-Rümelin, deutscher Philosophieprofessor und Kurzzeitpolitiker im ersten Kabinett Gerhard Schröder, begründet die Verschulung des universitären Lebens schon nach den ersten zehn Jahren Bologna so: „Sie zeichnet sich durch extrem lange Präsenzzeiten und wenig Spielraum für Eigenstudium aus. Und es gibt die Tendenz, dass sich die Lehre von der aktuellen Forschung abkoppelt. Verschulung heißt ja immer auch, dass kanonisches, verfestigtes, in spezifischen Lehrbüchern dargelegtes Wissen vermittelt wird."[154]

Die meisten Kritiker sehen eine politische Ökonomie der Hochschulreform, deren Ziel es ist, marktwirtschaftlichen Interessen zu dienen. Damit sei ein großer gesellschaftlicher Wandel ausgelöst worden. Und so besteht die Gefahr, dass am Ende der Entwicklung eine universitäre Bildung entstanden ist, die weitgehend auf die Praxiswünsche von Wirtschaft und Verwaltung eingeht.

Die Studierenden selbst sehen vor allem die Vorteile. Nicht zu lange auf der Universität und schneller im Beruf zu sein sowie die Chancen, auch in einem anderen europäischen Land studieren zu können. Eltern freuen sich, dass Bummelstudenten damit der Vergangenheit angehören. Das alles *macht* jedoch etwas mit der Persönlichkeit eines jungen Menschen. Es führt zu einem zielorientierten Leben. Denn Zeit für ein staunendes „Dazwischen", für Pausen des Innehaltens und einer abgerundeten Persönlichkeitsreifung, fehlt. Loslassen-Können braucht aber vor allem eines: Zeit.

Längst beschränkt sich diese Entwicklung nicht nur auf Hochschulen, es macht vor keinem Berufsbild mehr halt. Es scheint, als würden werktätige Menschen einander immer ähnlicher.

Ein sehr persönlicher Einwurf

Mitte der 1980er-Jahre hatte ich in meinen ersten journalistischen Berufsjahren einen Vorgesetzten im Politik- und Wirtschaftsressort einer Zeitung, der als einer der lustigsten der Stadt galt. Meist gut gelaunt, ein Hansdampf in allen Gassen des Freizeitsports, Initiator Dutzender Medien-Wettkämpfe von Fußballspielen bis zu Journalisten-Triathlons. Gespielt wurde gegeneinander oder auch gegen Politiker – bis zum legendären Match oberösterreichischer Journalisten gegen bayerische Landtagspolitiker. Einmal in München, einmal in Linz. Einmal hatte es ein österreichischer Journalist beim Münchner Oktoberfest auf die Spitze getrieben, als er die Bühne erklommen und sich als Landeshauptmann von Oberösterreich ausgegeben hatte. Er hatte Glück. Die schon bestens gelaunte Schar der Wies'n-Besucher glaubte ihm und tobte vor Begeisterung während der Rede des Kurzzeitpolitikers. Aufgeflogen war der Schwindel nur deshalb, weil sich der gefeierte Mann einige

Sekunden lang weigerte, der Musik zwölf Maß Bier zu spenden. So etwas verweigert man als Politiker nicht. Egal, woher man kommt.

Im gleichen Jahr hatte ein anderer Journalist bei einem Mittagessen mit einem Politiker, der zuvor eine Pressekonferenz gegeben hatte, eine „Bombenidee". Essenseinladungen nach Pressekonferenzen waren damals Standard. Die „Bombenidee" des Journalisten lautete wie folgt: „Liebe Kollegen, lieber Herr Landesrat, heute ist es doch schon so gemütlich, was ist, wenn wir das Ganze erst *morgen* schreiben?" Die größte Hürde lag beim Kollegen des Radios. Als auch er sein OK des Chefredakteurs hatte, blieb man sitzen. Bis spät in den Abend. Die Geschichte wurde im Radio am nächsten Tag gespielt, in den Zeitungen erschien sie am übernächsten Tag.

Sieben Jahre davor:

„Da kommt Krankl … in den Strafraum – Schuss … Tooor, Tooor, Tooor, Tooor, Tooor, Tooor! I wer' narrisch! Krankl schießt ein 3:2 für Österreich! Meine Damen und Herren, wir fallen uns um den Hals; der Kollege Rippel, der Diplom-Ingenieur Posch – wir busseln uns ab. 3:2 für Österreich durch ein großartiges Tor unseres Krankl. Er hat olles überspielt, meine Damen und Herren. Und warten's noch ein bisserl, warten's no a bisserl; dann können wir uns vielleicht ein Vierterl genehmigen … Jetzt hammas gschlagn! … Noch einmal Deutschland am Ball. Eine Möglichkeit für Abramczik. Und!? Daneeeeben! Also der Abraaaamczik – obbusseln möcht' i den Abramczik dafür. Jetzt hat er uns gehooolfn. Allein vor dem Tor stehend. Der braaave Abramczik hot danebengschossn. Der Orme wird si' ärgern … Und jetzt ist auuus! Ende! Schluss! Vorbei! Aus! Deutschland geschlagen!" [55]

Mit dieser Schilderung des entscheidenden Tors beim Fußball-WM-Spiel Österreich gegen den amtierenden Weltmeister Deutschland am 21. Juni 1978 in Córdoba ging der österreichische Radioreporter Edi Finger in die Sportgeschichte ein.

Menschen wie die eben hier geschilderten gelten als „Originale", als „Typen". Die Liste könnte eine sehr lange werden beim Versuch,

sich an alle zu erinnern, die man in einigen Jahrzehnten kennengelernt hat. Portiere, Rundfunktechniker, Wirte, Journalisten, Politiker, Stahlwerksarbeiter. Geschichten und Erlebnisse, die alle im Gedächtnis geblieben sind. Noch heute lösen manche Wortmeldungen
von ihnen, manche drei Jahrzehnte zurückliegend, heftiges inneres
Lachen aus, das als sichtbares Lächeln hängen bleibt.

Im letzten Jahrzehnt fanden sich nur noch wenige „Typen", die
nicht ganz in das durchschnittlich gewünschte Gesellschaftsbild
passten, sie sind eine aussterbende Menschengattung. Der Druck, sich
im Mainstream zu verhalten, ist enorm gestiegen. Und wer will schon
aufgrund einer unbedachten Wortmeldung oder Aktion, die gegen
allgemeingültige Verhaltensregeln verstößt, seinen Job verlieren.

Natürlich sind Originale in der „Handhabung" nicht immer
einfach. Manchmal nerven sie. Zu oft – zu laut – zu derb. Aber sie
machen Tage bunter. Vor allem Arbeitstage.

Es ist schade um jeden Einzelnen von ihnen.

Und der Nachwuchs? Junge Erwachsene von heute sind ernster
geworden. Vielleicht auch ängstlicher. Oder doch vom (Aus-)Bil-
dungsdruck erschöpft.

Vier Voraussetzungen für ein authentisches Leben

Vor mehr als 60 Jahren schreibt Erich Fromm, es gehe um den
Unterschied zwischen dem Authentischen und dem Fassadenhaften,
und begnügt sich nicht mit dieser Aussage, sondern zeigt Wege auf,
wie man zu diesem authentischen Leben zurückkehren könne. Dazu
bedürfe es vier Voraussetzungen.

1. Die Kraft, sich zu konzentrieren

1959 kannte Fromm noch kaum das Fernsehen, er kannte keinen
Computer, kein Smartphone, keine PlayStation und vor allem keine
Sozialen Medien. Trotzdem schreibt er: „Die Kraft, sich zu konzen-
trieren, ist in unserer westlichen Kultur eine Seltenheit. Wir sind

immer beschäftigt, jedoch ohne Konzentration. Wenn wir etwas tun, denken wir bereits an das Nächste ... Wir frühstücken, hören Radio und lesen Zeitung, und vielleicht unterhalten wir uns dabei auch noch mit unserer Frau und unseren Kindern. Wir tun fünf Dinge gleichzeitig und wir tun nichts richtig."[156]

Fromm rät dringlich, im Hier und Jetzt zu leben, denn ausschließlich da gebe es wirkliche Wahrnehmung und wirkliche Antworten, nur im jeweiligen Augenblick gelinge es, sich dem, was man sehe und fühle, hinzugeben.

2. Die Fähigkeit zur Selbsterfahrung

Nur wer in dem, was er tut, sein Selbst fühle, sich als Urheber *seines* Tuns erfahre, kann laut Fromm leben, ohne dabei wahnsinnig zu werden – weil *es* ständig in einem denkt.

Viele Menschen hingegen erzählen nur das, was ihnen wenige Minuten vorher ein Kollege im Büro erzählt hat, oder das, was sie oder er eben in der Zeitung gelesen hat, oder – so Erich Fromm – sehr oft das, „was ihm seine Eltern beigebracht haben, als er noch ein Kind war"[157]. Man könne die Angst und den Zwang, sich anzupassen, nur dadurch überwinden, in dem man sich auch schöpferisch als Urheber seiner Taten erlebe, das aber keinesfalls im narzisstischen Sinn, sondern nur im „Prozess des Bezogenseins auf andere"[158]. Am Ende dieser Entwicklung kann dann das von Buber und Frankl schon bekannte „Ich und Du" stehen. Fromm geht noch einen Schritt weiter und sieht die Selbsterfahrung des Menschen dann als gelungen, wenn er im gleichen Augenblick das Gefühl hat, ich bin – ich bin du – „ich bin eins mit der ganzen Welt"[159].

3. Konflikte und Spannungen akzeptieren, die aus Polaritäten entstanden sind

Es sei ein weitverbreiteter Irrtum, dass Konflikte schädlich und daher zu vermeiden seien, sagt der Sozialwissenschaftler Erich Fromm. Konflikte seien die Quelle der eigenen Kraft und dessen, was man Charakter nenne. Bei Konfliktvermeidung beginne man irgendwann wie eine Maschine zu laufen, jeder Affekt würde nach Fromm sofort ausgeglichen, die Gefühle würden verflacht werden. Er warnte bereits Ende der 1950er-Jahre davor, Polaritäten zu ignorieren, und formulierte einen Satz, den er wohl heute nicht mehr schreiben könnte, ohne eine riesige Diskussion, ja vielleicht sogar einen sogenannten „Shitstorm" befürchten zu müssen. „Was haben wir aus der wichtigsten Polarität auf gesellschaftlicher Ebene gemacht? Aufgrund unserer falschen Vorstellung von der Gleichberechtigung, die mehr oder weniger auf Nivellierung hinausläuft, haben wir diese Polarität stark reduziert ... Mann und Frau sind zu Dingen geworden, die sich angeglichen haben und die erotische Anziehung ist in ihrer Intensität stark reduziert. Liebe wird in gute Kameradschaft verwandelt und verliert dabei ihren echt erotischen und leidenschaftlichen Charakter."[160]

Lassen wir das einfach einmal so stehen, fügen aber hinzu, was Fromm über den tatsächlichen Wert von Gleichheit meint. Sie bedeute, dass jeder Mensch eine Größe für sich sei, jeder die gleiche Würde besitze und er nie zum Mittel für die Zwecke anderer gemacht werden dürfe. Gleichheit dürfe aber nie Gleichförmigkeit bedeuten, nur aus der allgemeinen Angst heraus, Unterschiede könnten das Prinzip der Gleichheit gefährden.

4. Die Fähigkeit des Staunens

Sie ist für Fromm die Voraussetzung für alles Schöpferische. Als Kind staunt man sich viele Jahre durch das Leben. Es kann eine wunderschöne Zeit sein. Vor allem auch für den erwachsenen Beobachter. Für Mutter, Vater, Großeltern. Für den Erwachsenen selbst hört die Welt auf, voller Wunder zu sein. Und das kann – vor allem in der heutigen Zeit – dramatische Folgen haben.

Zeit – das kostbarste Lebensgut

Was kann daran dramatisch sein, wenn wir als Erwachsene auf dieser Welt keine Wunder mehr entdecken. Es gibt wohl Schlimmeres. Das schon. Aber mit zunehmendem Alter stoßen wir auf ein Problem, auf etwas, von dem offenbar mehr Menschen betroffen sind, als man meinen möchte.

Die Zeit vergeht immer schneller.

Nach den Gesetzen der Wissenschaft vergeht die Zeit natürlich *nicht* schneller, aber wir empfinden es so. Dass diese Täuschung mit den Lebensjahren größere und intensivere Ausmaße annimmt, ist nichts Neues. Mit der rasend fortschreitenden Digitalisierung aller Lebensbereiche nehmen jedoch Tempo und Anzahl der immer jünger werdenden Betroffenen zu.

„Was? Schon wieder Weihnachten?", meinte kürzlich der elfjährige Sohn.

Ein Phänomen, das man bisher hauptsächlich von der Ü50-Generation kannte. Menschen ab rund 55 Jahren waren und sind vom Gefühl, dass die Zeit immer schneller und schneller an ihnen vorbeirase, besonders betroffen.

Die Landschaft des Lebens zieht in einem immer schneller werdenden Zug an uns vorbei.

Doch warum ist das so? Valide Theorien sucht man vergeblich. Aber immerhin scheint es der Wissenschaft gelungen zu sein, das „Jetzt" zu definieren. „In den letzten Jahren haben sie viele Belege dafür gefunden, dass das Jetzt durchschnittlich zwei bis drei Sekunden dauert. Das ist das Jetzt, dessen wir uns bewusst sind – die Zeitspanne, in der unser Hirn unsere Eindrücke zu einer psychologischen Gegenwart zusammenbastelt"[161], schreibt die britische Wissenschaftsjournalistin Laura Spinney.

Unser bewusstes Jetzt soll aus einer Vielzahl von kurzen, unbewussten Jetzt-Momenten zusammengesetzt sein, wobei das Gehirn nicht *allen* Momenten den Übergang in ein echtes Jetzt-Erlebnis gönnt und damit nicht alle Teil des Ganzen werden lässt. Wie entsteht nun aus diesem Fleckerlteppich der ins Jetzt aufgenommenen Momente dieser „Fluss" der Zeit? Der Zeitforscher Marc Wittmann glaubt, dass wir im Jetzt mehrere Ebenen erleben. Dabei wird jede Ebene zum Baustein der nächsten, solange bis in uns der Eindruck entsteht, dass die Zeit fließt.

Um es noch ein wenig komplexer zu machen, können wir ergänzen: Unsere Sinne arbeiten nicht gleich schnell. Unser Gehörorgan kann Töne unterscheiden, die in einer Abfolge von nur zwei Millisekunden kommen. Sehen geht nur in Abständen von zehn Millisekunden. Und um das alles auch bewerten zu können, etwa festzustellen, welcher Ton zuerst kam, brauchen wir überhaupt gleich 50 Millisekunden. Also eine kleine Ewigkeit – wie im Eissport, wo etwa die Zeiten von rasenden Bobfahrern im Eiskanal in diesen Tausendstelsekunden gemessen werden.

Marc Wittmann ist übrigens auch der Nachweis gelungen, dass regelmäßig Meditierende weitaus besser bei Aufmerksamkeitstests abschneiden. Und sie nehmen nicht nur Momente als sinnerfüllter wahr, sondern sie speichern darüber hinaus Erinnerungen besser ab. Das beeinflusst wiederum unser Empfinden darüber, wie schnell die Zeit vergeht. „Für Meditierer vergeht die Zeit langsamer als für andere, sowohl in der Gegenwart als auch retrospektiv"[162], meint Wittmann. Demnach könnte also Meditation unser Leben(sempfinden) verlängern. Im Zuge dieser Forschungen hat man ebenso herausgefunden, dass man die Zeit als umso kürzer empfindet, je erregter (Angst, Freude) man ist.[163]

Das mit den Erinnerungen ist aber so eine Sache. Nicht jede zählt gleich viel, wenn es um das Zeitempfinden geht. Erinnerungen gelten als eine Art Messeinheit der Zeit. Je länger sie zurückliegen, desto schneller ist offenbar die jüngere Vergangenheit verronnen – und haben wir diese Zeit zumindest als *noch schneller vergangen* empfunden.

Ein interessantes Phänomen, das offenbar viel mehr Männer betrifft, als man glauben möchte, ist das Erinnerungsvermögen an Fußball-Weltmeisterschaften. Erst kürzlich konnte ich in einer größeren Familienrunde – wie schon so oft in sportinteressierten Kreisen – ein Phänomen beobachten: Während uns allen diverse Spielergebnisse und -verläufe etwa der Fußball-Weltmeisterschaft 1974 – die meisten in der Runde waren damals zwischen 7 und 14 Jahren alt – noch sehr detailgenau im Gedächtnis geblieben waren, so wusste von uns kaum noch jemand die Spielminuten entscheidender WM-Tore der letzten 20 Jahre. Alles Selbstverständlichkeiten in Erinnerungswettbewerben zu den 1970er- oder 1980er-Jahren.

In unseren Gehirnen arbeitet jedenfalls ein System, dass – einem Dirigenten gleich –Taktgeber für Impulse ist. Diese werden irgendwo im Kopf addiert und ergeben ein Zeitintervall. Der Nervenbotenstoff Dopamin sorgt für die Kommunikation der Nervenzellen untereinander, löst positive Gefühlserlebnisse aus und soll dafür verantwortlich sein, dass die Taktzahl der Impulse erhöht wird. Die Zeit wird also als *schneller laufend* abgespeichert. Andere Wissenschaftler machen wiederrum die Insula, einen Teil der Großhirnrinde, für unser Zeitempfinden verantwortlich.

Andere Studien zur Zeitwahrnehmung haben eine weitere Ursache für das Empfinden der schneller vergehenden Zeit mit zunehmendem Alter ausgemacht. Es sei in der Tat

das fehlende Staunen.

Es liegt auf der Hand, dass uns in den ersten Lebensmonaten und ersten Lebensjahren *alles* erstaunt. Alles, was wir mit unseren Sinnen erarbeiten, wird als Wunder wahrgenommen. Warum rollt eine Kugel, warum zerbricht ein Glas, wenn es auf den Boden fällt, warum lächeln die Eltern, wenn sie mich anschauen, warum bringt uns ein Lift nach oben oder ein Auto zu Oma und Opa?

Zum ersten Mal für einige Stunden ohne Eltern im Kindergarten. Die Zeit blieb erst recht stehen, weil man es hier gar nicht ausgehalten hat und auf keinen Fall bleiben wollte. Die Zeit bis zum Abgeholt-Werden ist eine kleine Kinderseelenewigkeit. Auf jemanden zu warten, bleibt wenigstens ein Leben lang Zeit, die nicht vergeht. Erst nach der Jahrtausendwende hat man auch dieses unangenehme Gefühl ausgeschaltet – mit dem Pausenfüller Smartphone.

Als Kind ist man neugierig, wissbegierig, beschäftigt sich stundenlang mit Bausteinen, spielt stundenlang Fußball oder tanzt und vergisst rund um sich eigentlich alles. Das Zeitgefühl: nicht vorhanden.

Auch wenn Noten, die ersten Orientierungen nach Ergebnissen ins Leben treten, vergeht die Zeit langsam. In der Schule ohnehin. Noch an der Universität malte ich mir Minutenfresser auf die Hand. Kennt man diesen Ausdruck heute überhaupt noch?

Später ist es irgendwann der erste Kuss, der uns in Erinnerung bleibt. Die Zeit ist damals stehen geblieben. Ist sie natürlich nicht, aber das intensive Gefühl hat Verstand und Zeit auf null gestellt.

Es folgt das erste verdiente Geld nach dem ersten Monat in einem der letzten vollkommen neuen Lebensabschnitte im Beruf, später beruflicher Alltag genannt. Der erste Blick auf den Gehaltszettel macht etwas mit einem, die erste Wohnung, der Hochzeitstag, die Geburt eines Kindes. Und hier schließt sich der Kreis. Man selbst ist erstaunt über das Staunen des Kindes. Natürlich rollt eine Kugel, zerbricht ein Glas, wenn es auf den Boden fällt, lächle ich, wenn mein neues Lebenswunder, mein eigenes Kind, mit großen Augen meinen Blicken folgt, warum sollte uns ein Lift nicht nach oben bringen oder ich nicht mit dem Auto zu Oma und Opa fahren?

Ich selbst lebe schon längst in der Routine, ich fahre jeden Tag ins Büro zu einer Arbeit, die ich bereits jahrelang ausübe, treffe am Wochenende dieselben Freunde, und am Jahresende gefragt, was denn so die einschneidendsten Erlebnisse gewesen seien, halte ich inne.

Und genau *das* ist es – laut Psychologen und Hirnforschern.

Je weniger Überraschendes geschieht,
desto schneller ist der Zeitlauf.

Gemeint ist die *empfundene* Zeitspanne.

Kein neues Staunen, desto kürzer das Jahr. Was – es ist schon wieder Weihnachten?

Vor der Explosion der Kommunikationsmöglichkeiten haben weniger „Wunder" pro Jahr genügt, um Zeit auch wirklich als lange zu empfinden. Zumindest war das bei Kindern und Jugendlichen so. Heute sind es bedauerlicherweise gerade sie, die Wunder in immer kürzeren Abständen einfordern. Weil sie sonst – im Unbewussten – Gefahr laufen, das Staunen schneller zu verlernen als jede Generation vor ihr. Muss uns das *wundern*?

Mein Vater war noch nie in den USA, meine Mutter zum ersten Mal mit 63 (ein Weihnachtsgeschenk ihres Sohnes). Heute kennen Pflichtschulkinder schon zwei Kontinente, der Blick vom Eifelturm war bereits mit neun Jahren echt „krass", Lego- und andere Abenteuerländer sind ebenso wie irgendeine Disneywelt bis spätestens 14 erledigt. In nicht wenigen Familien Standard-Programm sowie das iPad ab zwei oder das eigene Smartphone mit sieben Jahren.

Wunder um Wunder durchfährt die Tempo-Kindheit – und wir alle haben mitgetan.

Einen rein rechnerischen Ansatz liefert der deutsche Psychologe Michael Tomoff[64]. Fünf Jahre eines 15-Jährigen sind ein Drittel seines Lebens, fünf Jahre eines 50-Jährigen ein Zehntel. Für den einen ist in diesem Zeitraum unglaublich viel passiert und vieles aus dem jüngsten Lebensdrittel noch in frischer Erinnerung. Für den anderen sind die letztvergangenen fünf Jahre ein schon recht kleiner Teil der gesamten Lebenszeit und vieles davon war Routine – kein Grund also, sich gerade dieses Zehntel besonders zu merken.

Kindheit bleibt. Erwachsenenzeit geht.

Das Gefühl des Lebens lässt sich aus meiner Sicht am besten mit einem längeren Sommerurlaub am Meer vergleichen. Anfangs ist alles neu. Man staunt über die Unterkunft (in welcher Glücks-/Enttäuschungsform auch immer), über den Strand, die Tavernen, das

Essen und die Natur. Die ersten beiden Tage scheinen 48 Stunden zu haben. Jeder von ihnen. Aber schon am dritten Tag entsteht eine erste Routine. Als am vierten Tag die Wellen plötzlich immer höher und höher werden, löst das bei den Kindern eine unbeschreibliche Freude aus – ein unendliches Staunen. Mit Beginn der zweiten Woche folgen jedoch erste Enttäuschungen: „Warum sind die Wellen schon drei Tage nicht mehr so hoch?" – „Schon wieder die gleiche Taverne? Muss das sein?" – „Können wir nicht einmal an einen anderen Strand fahren?" Schließlich die Panik: „Oh Gott, nur noch fünf Tage Urlaub – warum vergeht die Zeit nur so ungerecht schnell?" Man könnte zwei Tage vor der Rückreise mit den Kindern noch eine riesige Wasserwelt besuchen oder eine Inselfahrt mit dem Piratenschiff unternehmen als ein letztes *Staunen* vor dem Rückflug.

Zurück in den Alltag – Erklärung für die Beschleunigung hin oder her. Wir rennen dem Leben hinterher.

Liegen wir eigentlich noch im Bett, fahren wir in Gedanken schon ins Büro, dort angekommen, sind wir eigentlich bereits im freien Wochenende, warum haben wir im Büro noch immer keine Kaffee-Multioptionsmaschine – das könnte doch schneller gehen. Der Computer ist schon so langsam, und erst der Lift. Noch immer ein halber Tag bis zum Beginn des längeren Wochenendes. Jetzt könnte die Zeit aber auch mal schneller vergehen. Tut sie auch. Denn das Wochenende ist ja eigentlich schon wieder vorbei.

Die Frage nach dem Sinn, nach einem sinnerfüllten und letztlich weisen Verhalten in den ersten Kapiteln dieses Buches war wichtig, um den Zusammenhang zur Erörterung der *Zeit,* wie wir es hier versuchen, herzustellen. Denn was bringt es, wenn etwa die Politik tatsächlich eine Arbeitszeitverkürzung schafft, die Menschheit aber trotzdem meint, sie habe noch nie so wenig Zeit für Privates gehabt. Immerhin hat die Politik das auch in den letzten 100 Jahren am Ende – trotz Widerstands mancher Arbeitgeber – immer wieder durchgezogen. Vom 12-Stunden-Tag (nicht flexibel, sondern Fix-Arbeitszeit) bis zur durchschnittlichen tarifvertraglichen 35,6 Stunden-Woche (derzeit in Frankreich). Meist genügt die

Nachfrage bei den Großeltern, und sie werden erzählen, dass der Samstag selbstverständlich ein ganz normaler Arbeitstag gewesen ist. Und Urlaub 1960 hat bedeutet: zwei Wochen im Jahr, nicht fünf Wochen.

Dass wir noch immer „keine Zeit haben", klingt maximal widersprüchlich. Auf den ersten Blick. Auf den zweiten Blick ist die Logik rasch erkennbar. Wir packen in die neu – als *frei* – verfügbare Eigenzeit so viele verschiedene Tätigkeiten hinein, wie noch nie ein Mensch zuvor in der Geschichte. Das soll jetzt hier einfach einmal so behauptet werden. Widerspruch ist willkommen.

Allerdings, und das soll beim Vergleich *Arbeitszeit gestern* und *Arbeitszeit heute* nie übersehen werden, wenn früher Schluss war, dann war Schluss. Zu Hause war Feierabend. So haben wir unsere Eltern oder Großeltern erlebt. Anrufe des Chefs waren eher eine Seltenheit. Die unausgesprochene Erwartung, das Smartphone eingeschaltet zu lassen, Fehlanzeige. Das gab es damals noch nicht.

Heute hingegen ist Lebenszeit immer auch Arbeitszeit. In manchen Branchen weniger, in manchen mehr, in manchen sind die Grenzen ohnehin längst verschwommen oder haben sich komplett aufgelöst. Ein Unternehmensberater, der „eben mal keine Zeit hat, zu beraten, weil er im Urlaub sei", der *war* Berater. Ein Informationsjournalist, der sich am Tag des Rücktritts der Bundesregierung auf seinen wohlverdienten Tag des Zeitausgleichs für einen gearbeiteten Sonntagsdienst beruft, ist wohl besser in der Verwaltung des Medienunternehmens aufgehoben.

Seit rund Mitte der 1990er-Jahre leben wir im Zeitalter der Beschleunigung, seit Mitte der Nullerjahre des 21. Jahrhunderts in der Phase der Zeitverdichtung, und eigentlich seit damals auch schon im beginnenden Zeitalter der Gleichzeitigkeit.

„Natürlich ist es gleichzeitig möglich, in einer Stunde 30 statt 20 Mails zu beantworten, dem Kind das neue elektronische Gerät zu erklären und mit dem Auto in die Waschanlage zu rasen. Früher drei Tätigkeiten in drei Stunden, heute drei in einer. Noch schaffen wir es. Vielleicht. Aber heute stecken wir in der Gleichzeitigkeit. Alle drei

Tätigkeiten innerhalb einer halben Stunde statt in einer? Im Fahrersitz gelingt möglicherweise auch das noch. Aber irgendwann ist Schluss."[165]

Und noch einmal: Auch Kapitalismus braucht Zeit. Ohne Zeit keine Beschäftigung mit dem erworbenen Produkt, welchem auch immer. „Ohne Beschäftigung keine Freude. Ohne Freude kein Nutzen. Ohne gewonnenem Nutzen keine Bereitschaft, weiter zu konsumieren, weitere Produkte zu erwerben. Also: Ohne Gebrauchszeit kein Kapitalismus."[166]

Und man darf sich auch fragen: Bringt es uns wirklich etwas, wenn der Alltag immer bequemer und bequemer wird, wenn immer mehr schlicht und einfach gekauft oder abgerufen werden kann? Ist Mühe wirklich nur Unglück? Oder bereitet nicht gerade das Freude, was wir selbst geschaffen oder zumindest fertiggestellt haben? Es muss ja nicht gleich das komplett allein oder nur mit Freunden errichtete gesamte Haus sein.

Sosehr sie auch verhasst sind, diese gefühlten *„nie unter 1000 Einzelteile"* bei Kästen, Spielzeug oder Sportartikeln, bei denen das Selbstzusammenbauen Teil des Produkterwerbs ist. Die Befriedigung nach Vollendung des eigenen (Teil)Werks ist immer eine schöne und große. Und Menschen, denen das Talent des Handwerks und der Geschicklichkeit gegeben ist, scheinen ohnehin mehr in sich zu ruhen als alle anderen.

Geht es um komplexe Produkte, so begreifen wir wohl 95 Prozent der sich in einem Ding des 21. Jahrhunderts verborgenen technischen Möglichkeiten nicht mehr. Viele Produkte bleiben uns fremd. Und viele bringen uns nur noch kurz zum *Staunen,* schon bald entsteht Langeweile. Das betrifft Dinge wie auch Tätigkeiten. Wenn wir sie genießen wollen, brauchen wir Hingabe, manchmal auch ein Fließen-Lassen.

Nach all diesem Selbstmitleid für unsere von jedweder Authentizität entkoppelten Gesellschaft ist es an der Zeit, sich mit möglichen Alternativen zu beschäftigen.

Neue erste Male

Es kann auch nach 55 Lebensjahren ein erstes Mal geben. Man könnte beruflich etwas völlig Neues probieren. Gerade jetzt in einer Zeit von horrenden Zahlen Arbeitsloser ein für viele hoffnungsloses Unterfangen. Mag sein, muss aber nicht. Es sei denn, man hält an Lohnvorstellungen fest, wie man sie viele Jahrzehnte gewohnt gewesen ist. Solange kein bedingungsloses Grundeinkommen Standard ist, wird man andere Wege suchen müssen. Aber die Wende ist möglich. Auch im Alter.

Der Schwachsinn vom Hans, der nicht mehr so wie Hänschen lernt

Mit meinem Vornamen darf man den uralten Spruch ohnehin nicht ernst nehmen. Aber es stimmt natürlich, das Lernen wird schwieriger, das Merken auch.

Matt Cutts, ein US-amerikanischer Softwareentwickler und der ehemalige Chef des Web Spam-Teams bei Google und Entwickler des Google-Familien-Filters, sorgte im März 2011 für Staunen. Bei der alljährlichen Innovationskonferenz in Monterey in Kalifornien, der sogenannten Ted-Konferenz, hielt er einen ganz anderen Vortrag, als erwartet. Und zwar einen, der mit „Algorithmen herzlich wenig zu tun hatte", sondern zum Thema „Versuchen Sie 30 Tage lang etwas Neues". Und das tat er auch. Einmal 30 Tage ohne Fernsehen leben, dann 30 Tage täglich mit dem Fahrrad ins Büro radeln oder jede Nacht acht Stunden schlafen oder 30 Tage auf Koffein verzichten oder auf Zucker oder jeden Tag 15 Minuten mit der Frau spazieren gehen oder, nicht einfach für einen Google-Techniker, auf das iPhone verzichten. Über seine Versuche berichtete er regelmäßig in seinem Blog.

Die Herausforderungen sind zumindest auf den ersten Blick vergleichsweise banal. Cutts Ratschlag: Man sollte das machen, was man schon immer einmal ausprobieren wollte, und es auch durchhalten.

Der Psychologe Michael Tomoff veröffentlichte – wohl Zufall – acht Monate später die exakt gleiche Idee. Und er zieht folgende Schlüsse: Nach 30 Tagen gehe fast alles in eine Gewohnheit über und werde sich deshalb auch auf den Geist auswirken, „und zwar in ähnlicher Art und Weise, wie die Welt uns als Kinder mit neuen Impulsen versorgt hat: Er erweitert Ihren Horizont und bringt Ihnen neue Erfahrungen, die Sie weiterbringen und das psychologische Zeitempfinden dehnen"[167].

Folgende Dinge oder Tätigkeiten empfiehlt der Psychologe für die 30-Tage-Experimente. Hier eine Auswahl[168].

„Sie könnten 30 Tage lang täglich …

- *vegetarisch oder vegan leben,*
- *eine neue Email-Gewohnheit anlegen (z. B. nur 2x Emails am Tag checken),*
- *x Minuten oder y Kilometer joggen (egal bei welchem Wetter),*
- *nur x Stunden schlafen,*
- *ein neues Fremdwort lernen,*
- *eine Fremdsprache vorantreiben,*
- *einen Roman von 50.000 Wörtern schreiben oder jeden Tag ein Gedicht,*
- *ein Foto schießen (als Foto-Tagebuch),*
- *meditieren,*
- *Zahnseide benutzen,*
- *nicht mosern, lästern oder sich beschweren,*
- *eine gute Tat für einen anderen tun,*
- *x Seiten lesen,*
- *ein Instrument lernen,*
- *für alle einhändigen Aktionen die schwache Hand benutzen,*
- *eine Person anrufen, die Sie lange nicht mehr gesprochen haben (mailen geht natürlich ebenso),*
- *3 Highlights des Tages aufschreiben,*
- *mit/ohne Twitter/Facebook/Google+,*
- *mit dem Fahrrad zur Arbeit (auf kurzen und mittleren Strecken ist man mit dem Rad ohnehin oft schneller),*

- *einen anderen Weg zur Arbeit nehmen (Umwege erhöhen die Ortskenntnis),*
- *ohne Zucker leben,*
- *ein Ding von sich wegwerfen, verkaufen, verschenken,*
- *eine Sache machen, die „nur ein Kind" machen würde (Pfützenspringen, Scheibe Wurst an der Theke erfragen, mit Murmeln spielen …),*
- *etwas zu Wikipedia beitragen und damit Wissen in die Welt tragen,*
- *eine Blume oder einen ganzen Strauß Blumen verschenken,*
- *eine Postkarte verschicken,*
- *Tagebuch schreiben,*
- *seine Zeitdiebe überprüfen und aufschreiben,*
- *etwas Neues trinken oder essen,*
- *höflich sein (Stuhl vorziehen, Tür aufhalten, in Jacke helfen, etc.),*
- *jemandem einen Dankesbrief schreiben oder Dankbarkeit zeigen".*

Nach dieser langen Liste der Möglichkeiten brauchen wir eine:

Pause

Sogar Gott hat sie gemacht. Am siebten Tag. Auch wir hatten sie vom Fernsehen. In der Nacht wurde das Testbild gezeigt. Es hat noch heute Millionen Anhänger. Wir finden es auf T-Shirts, Umhängetaschen oder sonst wo. Unsere fast neue Kantine nennen die Betreiber *Sendepause* – die es schon seit 1995 nicht mehr gibt. Aber sonst gilt:

Pausen sind out.

Dabei wären sie gerade in den letzten Jahren für viele von uns so wichtig gewesen. Aber es ist wie mit dem Auto. Solange es 200 Kilometer in der Stunde fahren kann, wird man ab und zu testen, ob das auch wirklich stimmt. Die fast überall (außer in Deutschland) gesetzlichen Tempolimits werden im Schnitt um 15 km/h überschritten. Schon als Kind habe ich meine Eltern gefragt, warum man denn nicht einfach Autos baut, die nur so schnell fahren *können*, wie man fahren *darf*. Sie wussten es nicht. Ich wusste es auch nicht, als mir meine Kinder irgendwann dieselbe Frage gestellt haben.

So ist es mit der Pause. Wird nicht alles, aber auch wirklich alles weggenommen, um in der Pause nicht das machen zu können, was man vor oder nach der Pause macht, wird es keine Pause werden. Egal ob PC, Smartphone, Schaufel, Fahrrad oder Auto.

Und auf einmal war sie doch da – die Pause.

Erzwungen.

Durch Viren von einem chinesischen Tiermarkt.

Oder von wo auch immer.

Erzwungener Stillstand
in der Zeit der Pandemie:
Aufbruch oder (nur) Zwischenstopp?

Die Straßen leer. Die Lokale geschlossen. Die Parks und Spielplätze abgesperrt. Die Luft zum Durchatmen. Auch in der Großstadt. Hier eine Radfahrerin. Dort ein Läufer. Um Punkt 18 Uhr klatschen Menschen, die am Fenster stehen. Von anderem Lärm ungestört, ist das Aufeinanderprallen der Handflächen zu vernehmen. Mitten in einer Zwei-Millionen-Stadt. In der österreichischen Hauptstadt Wien. Ende März. Es ist warm. Temperaturen weit über 20 Grad.

Zwei Monate später wird man Menschen hören, die zu ihren Freunden, die sie jetzt mit einem Abstand von eineinhalb Metern wieder sehen dürfen, sagen:

„20 Jahre lang wollte ich meinen Wohnzimmerkasten neu schlichten und einige Dinge weggeben – jetzt bin ich endlich dazu gekommen."

„Ich hab seit Jahren wieder einmal mein Klavier aufgemacht."
„Stellt euch vor, wir haben mit den Kindern gemeinsam 39 Familienfilme geschaut."

„Ich habe Briefe geschrieben, an Freunde, mit denen ich Monate, ja mit manchen gar jahrelang keinen Kontakt mehr hatte."

„Ich habe alte Platten gehört und nebenbei ein wenig gebastelt."
„Stellt euch vor, wir haben DKT und Monopoly gespielt – die ganze Familie."

Diese Reihe freiwillig oder unfreiwillig mitgehörter oder selbst geführter Gespräche in der Hoch-Zeit der strengen Corona-Ausgangsbeschränkungen könnte man endlos fortsetzen. Man fragt sich: Und wer hat all diese Frauen und Männer daran gehindert, das alles auch *vor* Corona so zu machen, einfach so zu leben?

237

Bereits im Frühjahr 2020 war dieses Buch, das Sie nun in Händen halten, fast fertiggestellt. Schon zu diesem Zeitpunkt war jene Welt beschrieben, wie sie *auch* sein könnte. Ein sinnerfüllteres, entschleunigtes, ja vielleicht sogar ein – eine Spur – weiseres Leben, so man die Fähigkeiten dazu besitzt. Mit mehr *menschlichen* Kontakten. Innerhalb der Familie, zu Freunden. Mit sich selbst – und seinem inneren Kind, wie es in der Psychologie seit einiger Zeit immer so schön heißt.

Und plötzlich war es da.

Genau dieses Leben.

Erzwungen – ja.

Aber es war da.

Und genau an dem März-Tag, an dem in Österreich alles nicht Systemrelevante heruntergefahren wird (in Deutschland und in der Schweiz ein wenig später), entwirft der Zukunftsforscher Matthias Horx ein Bild, wie die Menschen *nach* dem Ende des großen Corona-Lockdown über diese Zeit der Isolation sprechen würden. Nach einer ersten Schockstarre hätten sich – damals im Frühjahr 2020 – viele von sich aus sogar erleichtert gefühlt, „dass das viele Rennen, Reden, Kommunizieren auf Multikanälen plötzlich zu einem Halt kam"[169]. Man habe alte Freunde wieder häufiger kontaktiert, Bindungen verstärkt, die lose und locker geworden waren, würden die Menschen erzählen. Die gesellschaftliche Höflichkeit, die man schon so vermisst habe, sei wieder angestiegen. Auch junge Menschen würden erzählen, dass sie „plötzlich ausgiebige Spaziergänge" gemacht hätten. Und der große Technik-Hype sei vorbei. „Wir richten unsere Aufmerksamkeiten wieder mehr auf die humanen Fragen: Was ist der Mensch? Was sind wir füreinander? … Die Globale Just-in-Time-Produktion, mit riesigen verzweigten Wertschöpfungsketten, bei denen Millionen Einzelteile über den Planeten gekarrt werden"[170], habe sich überlebt.

Schön wär's, wenn das alles so zu- und eintrifft. Wir werden es erst viel später überprüfen können. Aber die Skepsis ist groß, dass Mensch, Gesellschaft, Ökonomie und Politik umdenken. Denn haben dazu wirklich zwei Monate Ausgangsbeschränkungen, Stillstand und

Rückzug ausgereicht? All das wird zweifellos Folgen haben, jedoch werden wir diese ebenso erst in vielen Jahren bilanzieren können. Die ersten Zeitungsschlagzeilen zu den ersten zarten Lockerungsmaßnahmen hingegen, egal ob im Boulevard oder in den sogenannten Qualitätsmedien, lassen die Skepsis zur Umkehr mehr als berechtigt erscheinen.

> *„Endlich wieder shoppen."*
> *„Wieder offene Friseursalons retten mein Leben."*
> *„Endlich wieder Fernreisen."*
> *„Riesenfreude über offene Baumärkte."*

Baumärkte? Ja, Baumärkte. In Schlangen, natürlich mit einem Meter Abstand, sind die Menschen wie wochenlang betäubte Konsumenten vor den riesigen Fachzentren gestanden, um endlich … Um was eigentlich? Endlich wieder neue Schraubenzieher, Glühbirnen oder überdimensionale Müllsäcke zu kaufen? Und das ist keine Abwertung der Bedeutung von Baumärkten und schon gar nicht derer in der Schlange. Einige Wochen später gestehen mir Freunde, dass sie damals „dabei waren", an diesem ersten aller Öffnungstage nach dem generellen Lockdown. Aber eines von vielen COVID-19-Geheimnissen bleibt es – zumindest für mich – schon.

Am Ende wird in den Geschichtsbüchern von der größten Weltwirtschaftskrise der Menschheit mit Hunderten von Millionen Arbeitslosen geschrieben werden. Auch wenn wir es gerade in diesem Buch so vehement von der Politik eingefordert haben, sie möge sich doch endlich Szenarien dafür überlegen, was dem Menschen noch bleibe, wenn die Lohnarbeit als Lebenssinn komplett ausscheide. So haben wir das hier mit Digitalisierung, Künstlicher Intelligenz und Robotern begründet. Mit derart dramatischen ökonomischen Folgen einer *Pandemie* hatte niemand gerechnet. Im Frühsommer 2020 war die weltweite Massenarbeitslosigkeit mit einer beängstigten Wucht schon da. Was die weitere Rationalisierung aber nicht bremsen, sondern beschleunigen wird. Die weltweite Corona-Krise hat der

Digitalisierung einen weiteren, enormen Schub verliehen. Eigentlich einen Doppelschub. Einerseits auf die Digitalisierung und Roboterisierung und andererseits auf die Sinnfrage. Warum?

Beide Begleiterscheinungen der Pandemie arbeiten auf seltsame Weise parallel. Die Arbeitgeber haben gelernt, wie rasch einige Tätigkeiten im Homeoffice ausgeführt werden können und auch in Zukunft könnten und der damit erzwungene Rückzug in kleinere Lebensbereiche – eigene vier Wände, Familie, Nachbarn, Freunde – hat, wie erwähnt, die schon lange vor der Krise gestellte Frage zum Sinn des Lebens in vielen Köpfen ebenso beschleunigt. Skypen statt fliegen, reden statt nur grüßen, *authentisches* Interesse an Menschen der näheren Umgebung statt *geheucheltes* – meist geschuldet dem Zeitdruck des Alltags. All das hat vielen von uns gefallen. An sich selbst und an einigen anderen.

COVID-19 könnte damit aber auch den weltweiten Jobabbau durch Digitalisierung beschleunigen und die dramatische Beschäftigungssituation (inklusive der Sinnfrage „nach" der Arbeitswelt) zuspitzen.

Ein Zangenangriff auf die traditionelle Arbeitsweise, wie wir sie in den letzten Jahrzehnten gewohnt waren.

Das sehen nicht alle nur negativ. Ein deutsches Beratungsunternehmen schreibt in einem Werbe-Mail, das auch an Medien gegangen ist, im Sommer 2020 über die „positiven" Aspekte der Krise. „Die digitale Transformation hat einen Turbogang eingelegt und vollzieht sich schneller als jemals zuvor."[171] Man könne Unternehmen beraten und ihnen erklären, inwieweit die COVID-19-Pandemie „zum Katalysator der Digitalisierung werden könne und was Unternehmen jetzt beachten müssten, um die sich bietenden Chancen schnell zu nutzen und gestärkt aus der Krise hervorzugehen"[172]. Viele Freunde der voranzutreibenden Digitalisierung meinen, dass erst die aktuelle Krise den wahren Charakter und das Potenzial digitaler Innovationen zeigen würde. Erst dadurch könnten die Unternehmen anpassungs- und handlungsfähig werden und nur so überleben. Manche sprechen gar von digitaler Resilienz. Ein Modewort der letzten Jahre, das man zumindest bis jetzt auf lebendige Menschen bezogen hat. Widerstandsfähig sollten sie sein, das werde ihr Überleben – vor allem in der Arbeitswelt – garantieren. Nun also auch Maschinen.

Die zuvor zitierte Beraterfirma rechnet übrigens auch mit Europa ab: Erst jetzt würden CEOs und Politiker realisieren, dass die „disruptive Kraft nicht von Start-ups oder digitalen Geschäftsmodellen, sondern von einem Virus ausgehe"[173] und dass genau diese „automatisierten Prozesse und datengetriebenen Entscheidungen zum Survival-Kit in der Corona-Wirtschaft"[174] werden.

Was die Digitalisierung nicht alles kann: resilienter Überlebens-Kitt für die gesamte Welt. Und deshalb werde es, wenn es nach dieser Firma gehe, „digitale Nachzügler und Zauderer bald nicht mehr geben"[175].

Aber immerhin! Zumindest **einmal** findet sich zwischen *Resets*, *Reboots*, *Survival-Kits* und *Hybrid Clouds* eines angeblich führenden Anbieters von Digitalisierungslösungen das Wort „Mensch". „Algorithmen und autonome Maschinen werden ihren Platz neben den Menschen und Applikationen beziehungsweise Business-Prozessen einnehmen."[176]

Wir haben also doch Platz.

Nach einigen Wochen Corona-bedingter Digital-Euphorie zeigen die Menschen erste Ermüdungserscheinungen. Nur zu Hause zu sein, das halten dann doch immer weniger aus. Im Frühsommer 2020 wird in den Medien eine neue Lust am *echten* Leben konstatiert. Online-Yoga, Zoom-Tanzen und Skype-Sitzungen – alles verkleinert und in schlechtem Ton. Das geht auf Dauer nicht, wenn der Ton die Musik macht. Aber immerhin, offenbar hat es die digitale Durststrecke gebraucht, um das Analoge wieder mehr zu schätzen.

Die Rückkehr der Politik?

Ob für eine längere Zeit oder nur im Rahmen des derzeit so oft zitierten „Fensters, das nur kurz offen ist", wird man erst viel später abschätzen können, jedenfalls hat die Politik Politik gemacht. Für manche unter uns ist sie beim Zurückfahren des öffentlichen Lebens zu weit gegangen. Juristen beklagen die Schlampigkeit der Corona-Gesetze, Bürger sind empört, dass sie anfangs für Spaziergänge an öffentlichen Orten Strafe zahlen mussten, was sich einige Monate später in vielen Fällen als nicht gesetzeskonform entpuppt hat.

Schafft man es, das Ganze zu sehen, dann haben die meisten Regierungen dieser Welt *gehandelt*, und zwar nicht nur an Nebenschauplätzen, nein, sie haben monatelang die Hauptbühne bespielt. Zum Ärger der Wirtschaft, auch der großen Konzerne. Und sie haben in der Folge, als schrittweise wieder gelockert, hochgefahren und wiederbelebt werden musste, die Hauptbühne neuerlich erobert. Mit Milliarden, ja Billionen-Paketen. Gemeinsam mit den Zentralbanken, in der Euro-Zone auch im Gleichklang mit der Europäischen Zentralbank. „Die Politik hat innerhalb weniger Wochen ungeahnte Handlungsmacht gegenüber der Eigenlogik der Finanzmärkte, der großen Konzerne, der Geschäftsinteressen et cetera gewonnen"[177], schreibt der deutsche Soziologe Hartmut Rosa. Nicht ohne hinzuzufügen, dass das auch gegen die Rechte der Bürger und Bürgerinnen geschehen sei.

Außer in Kriegszeiten hatten wohl Politikerinnen und Politiker noch nie so viel Verantwortung zu tragen. Geht es doch gerade in dieser Krise um Prioritätensetzung:

- Gesundheit,
- Arbeit und Wirtschaft,
- Bildung.

Für die meisten ist diese Reihenfolge eindeutig. Wir wissen aus den USA, aus Brasilien und anderen Ländern, dass dem nicht in allen Ländern so ist. Einen besonders irren Ausrutscher, wobei er selbst wohl eher seine ihm innewohnende *normale* Lebenseinstellung nach außen kehrt, hat sich der Vizegouverneur von Texas in den USA, Dan Patrick, geleistet. Er forderte im Frühjahr 2020 die Großelterngeneration dazu auf, für ihre Enkel zu sterben. Denn absolute Priorität habe die Wirtschaft, diese müsse weiterlaufen. Man müsse diese Frage, ob wegen Corona wirklich das ganze Land geopfert werden solle, zumindest diskutieren dürfen. Er selbst habe sechs Enkel und sei bereit, für sie sein Leben zu geben. Im Zuge des Interviews mit Fox News fragte der Moderator nach: „Sie sagen, dass dieses Virus Ihnen das Leben nehmen könnte. Aber gibt es für Sie etwas, das schlimmer ist als der Tod?" Dan Patrick: „Ja!"[178] Und meint damit den wirtschaftlichen Zusammenbruch der USA.

Auch die philosophische Ethik eignet sich nicht zur Problemlösungsmaschine. So formuliert es Michael Hampe, Professor für Philosophie an der ETH Zürich. „Es müsste eine Gleichung geben, in der man den Wert des Schrecklichen, wenn Menschen sterben, und den Wert der Katastrophe, wenn sie ihre Arbeit verlieren, gegeneinander abwägt, in der man die Bildungs- und Toleranzgewinne durch Reisen mit Schäden an der Umwelt und Gefahren einer sich schnell ausbreitenden Pandemie abgleicht. Man benutzt den Utilitarismus und die Deontologie, um diese Gleichung zu füttern, fragt nach dem möglichst großen Glück für möglichst viele und berücksichtigt, dass jedes Menschenleben zählt. Und am Ende wissen wir dann, was wir tun sollen. Leider funktioniert das nicht."[179]

Bleibt also doch die (halbwegs vernünftige) *Politik* – in demokratischen Ländern. Und es ist in der Tat – zumindest in Krisenzeiten wie diesen – eine Rückkehr zur Politik festzustellen. Die Gesundheit dem Markt zu überlassen, halten heute die meisten Verantwortungsträger für keine besonders gute Idee. Die Bildung ökonomisieren? Auch das verlangen derzeit kaum Politikerinnen und Politiker. Wohnen? Da wissen wir nicht, wohin die Reise geht. Und Sport und Kultur? Die Geschäftsinteressen sind zwar enorm, aber ohne Zuschauer wird die Krise bleiben. „Es zeigt jedenfalls plastisch, dass die Ideologie des sich selbst regulierenden Marktes und der Individualismus des ,Es gibt keine Gesellschaft, nur Individuen' eben das ist: eine Ideologie, die es jetzt angesichts ihrer dramatisch zu Tage liegenden Konsequenzen zu hinterfragen gilt."[180]

Am Prüfstand steht also nicht weniger und wieder einmal (auch schon nach der Weltfinanzkrise ab 2008) das sogenannte TINA-Prinzip. Gekürt 2010 zum deutschen Unwort des Jahres bedeutet es, dass in der Wirtschaftspolitik keine Alternativen möglich sind. Einzig zielführend seien wirtschaftsliberale Reformen und der Abbau des Sozialstaates. Geprägt wurde der politische Slogan von der britischen Premierministerin Margaret Thatcher in der Anfangszeit ihrer Regierungstätigkeit. T.I.N.A.: *there is no alternative* – Es gibt keine Alternative.

Und es gibt sie doch.

Die Frage ist nur, wie lange noch?

Wie wäre es deshalb mit einem:

Umdenken – jetzt!

Man fragt sich beispielsweise, warum noch immer – und ganz besonders in weltweiten Krisen – Milliarden, vermutlich Billionen, Euro und Dollar in die schwer angeschlagenen Fluglinien investiert werden. Das Hauptargument, und damit eines der Gewichtigsten, sind die Arbeitsplätze. Das ist durchaus verständlich. Aber reine Beschäftigungspolitik hat schon in der verstaatlichten Industrie nicht funktioniert, weshalb es in den 1980er-Jahren zum Showdown gekommen ist – und erst recht zum Verlust von (fast 100.000) Arbeitsplätzen, allein in Österreich. Auch das Zusammenführen von Wohnort und Arbeitsplatz wird angesichts des explodierenden Verkehrsaufkommens in Städten zur Zukunftsaufgabe wachsen – und könnte jetzt angegangen werden. Homeoffice ist keine generelle Lösung, aber es *ist* ein Weg um das Hin-und-Her-Pendeln der Menschen einzudämmen. Und ein Weg, der in COVID-19-Zeiten weitgehend funktioniert.

Die alten Weisen

Und was ist nun mit den „alten Weisen"? Gibt es eigentlich im philosophischen Denken einen Fortschritt? Oder reichen uns zur Bewertung der Corona-Krise ein Aristoteles und der „modernere" Kant?, wird der Philosoph und Soziologe Jürgen Habermas im

„Corona"-Frühjahr 2020 gefragt: „Sie haben uns immer noch etwas zu sagen. Auch die moderne Wissenschaftstheorie knüpft noch an Einsichten der Zweiten Analytik des Aristoteles an und die moderne Ethik an Kants Begriffe von Autonomie und Gerechtigkeit – wenn auch im Rahmen veränderter theoretischer Sprachen."[181]

Natürlich ist *jetzt* die Zeit der Philosophen. Die nicht mehr lebenden werden zitiert. Die unter uns weilenden von Interview zu Interview geschleppt. Zeitung, Radio, Fernsehen und quer durchs Netz. Viele von ihnen melden sich auch selbst. Just am 1. April 2020 – und es ist kein Aprilscherz – geht die FAZ mit dieser Zunft ganz hart ins Gericht und nennt die Abrechnung auch gleich „Die Niederlage der Denker". Eigentlich ist es nicht die Zeitung selbst, sondern der im Artikel oftmals zitierte französische Philosoph Alain Finkielkraut, der seinem Ärger, ja Zorn über die Corona-Bewertungen einiger Kollegen freien Lauf lässt. Sie sollten endlich aufhören, immer nur die Politik zu kritisieren. Das 20. Jahrhundert habe uns gelehrt, dass die Dummheit nicht das Gegenteil der Intelligenz ist. „Es gibt eine Dummheit der Intelligenz und die Dummheit der Intellektuellen, die in Systemen denken. Bei allem, was dem Menschen geschieht, hat der Mensch stets seine Hand im Spiel. Wir sind nicht nur ein Spielball und ein Produkt der Strukturen."[182] Man dürfe nicht vergessen, „dass die Ungewissheit Teil der menschlichen Existenz und das Leben tragisch ist. Genau dieses Vergessen manifestiert sich in den ungerechten Attacken. Man stelle sich eine Schrecksekunde lang vor, die allwissenden Intellektuellen würden an die Stelle der Regierenden treten: Dann hätten wir zusätzlich zum Albtraum der Epidemie das Grauen schlechthin." Man sollte vielmehr, fordert der Philosoph, den Politikern dankbar sein, dass sie die Gesundheit aller wichtiger nehmen als das Geld: „Sie haben die Prioritäten richtig gesetzt. Sie wollen die Schwächsten und die Verwundbarsten retten."[183]

Haben Philosophen nun abseits von Polemik „Neues" für uns bzw. etwas, das zur Corona-Pandemie passt – zugeschnitten auf diese bisher für weite Teile der Menschheit nicht bekannten Probleme, Sorgen und Nöte? Auch das verneinen viele Intellektuelle dieser Zeit, und sinngemäß wird argumentiert, dass die meisten Philosophen nur ihre alten Hüte verkaufen und den ewig gleichen Argumenten einen Corona-Mantel umhängen würden.

Wenn wir ehrlich sind: Wir wissen es nicht. Was diese Pandemie für uns alle bedeutet, wird man frühestens dann bearbeiten können, wenn sie wirklich vorbei ist. Wenn man um Impfstoff, Medikament, Verträglichkeiten Bescheid weiß.

Vielleicht lernen wir von den Weisen zumindest eines: Bescheidenheit. Wie sehr sich doch die wochenlang isolierten Menschen über Wiedereröffnungen gefreut haben. Mögen sie dieses Staunen 2.0 behalten – in Anlehnung an einen Tagebucheintrag von Leo Tolstoi am 28. Mai 1859:

> *„Habe mir gestern die Haare schneiden lassen, und schon das kommt mir wie ein Zeichen meiner Wiedergeburt vor."*[184]

Droht der Kollaps?

Das vor Ihnen liegende Buch sollte eigentlich der Entwurf *einer* Möglichkeit sein, wie mit der rasant anwachsenden Komplexität des Lebens umzugehen sein könnte. Zu Schreibbeginn 2019 schien das zu erläuternde Szenario, das jetzt zusammenfassend und verkürzend hier noch einmal mit

> *„Einfach **leben** und **einfach** leben"*

beschrieben wird, ganz, ganz weit weg von der Wirklichkeit.

Aber heute sieht die Welt eben anders aus. Ganz anders. Und aus Sicht der sogenannten Kollapsologen mit einer noch viel dramatischeren Zukunft. Die Bewegung der Kollapsologen kommt aus Frankreich und befürchtet den Zusammenbruch der industriellen Zivilisation. Der Kollapsologe und ehemalige französische Minister (!) Yves Cochet etwa hält landauf, landab Vorträge in prall gefüllten Hallen, wonach sich die Pariser im Jahr 2050 wieder in Pferdekutschen fortbewegen würden. Einen *plötzlichen* Crash sehen die Kollapsologen nicht, die einzelnen Systeme würden nach und nach kollabieren, zuerst das Klima, dann die Zivilisation und schließlich unsere nun schon jahrzehntelang gewohnte Lebensweise. Wie wir uns bewegen, wie wir wirtschaften, konsumieren und arbeiten. Das heiße nicht, dass wir dann alle sterben müssen, sondern dass wir unsere Art zu leben, zu wirtschaften und zu konsumieren nicht aufrechterhalten können.

Die Schweiz gilt in der Kollapsologie übrigens als Vorbild in der Vorbereitung auf Katastrophen, zitiert die NZZ die Anhänger dieser Denkweise, die allerdings an ein Durchtauchen glauben. „Gelobt werden etwa der Zivilschutz, die vielen Bunker und die Jodtabletten für den Fall eines Atomunfalls … Die Armee sei breiter verankert, die Gesellschaft halte etwas stärker zusammen und vertraue dem Staat mehr. Wenn Lebensmittel rationiert werden müssten, würde das sicherlich ziemlich schnell umgesetzt werden."[185]

Aber Halt! So soll dieses Buch natürlich nicht enden. Es sollte nur erwähnt werden, dass einige Denker wie Yves Cochet – und es werden derer mehr – tatsächlich befürchten, dass man sich eine Welt vorstellen müsse „ohne Autos, ohne Flugzeuge, wahrscheinlich auch ohne Elektrizität und damit ohne Internet. Das werden sehr schlichte Gesellschaften sein."[186]

Globalisierung in der Krise?

Zumindest spricht schon heute einiges dafür. Auch Vertreter der bürgerlichen Parteien, denen Privatisierung, Liberalisierung und Internationalisierung oft gar nicht schnell genug gehen konnten, verlangen nach den Engpässen bei medizinischen Schutzausrüstungen aus China eine „Renaissance der Produktion in Europa" (wie zum Beispiel die derzeitige österreichische ÖVP-Wirtschaftsministerin Margarete Schramböck). Zentrale Bereiche, die sich jetzt als lebensnotwendig herausgestellt hätten, müssten gestärkt und die

Autarkie Europas bei kritischen Produkten erhöht werden. Sogar die liberalsten der liberalen Wirtschaftsjournalisten fragen in ihren Fachmagazinen:

„Ist die totale Globalisierung (doch) nicht
der Weisheit letzter Schluss?"[187]

Empfohlen wird eine „Glokalisierung". Global plus lokal also. Wenn sich, wie das schon der Fall ist, weltweit regelmäßig Bürgermeister großer Städte treffen, um das Gemeinsame zu besprechen, dann sei dies als Beispiel politischer Glokalisierung genannt.

Still ist es in der Corona-Krise auch um jene geworden, die gerne Spitalsbetten abbauen oder Gesundheitssysteme privatisieren würden. Man wird irgendwann wissen, in welchen gesundheitspolitisch gut ausgestatteten Ländern wie viele Menschenleben durch diesen Umstand gerettet worden sind.

Eine laute Stimme haben im Gegenzug die sogenannten systemrelevanten Berufe erhalten. Menschen, die in der Krise immer arbeiten mussten, um den Staat aufrechterhalten zu können. Von der Krankenschwester über den Müllmann bis zur Supermarktkassiererin.

„Wir brauchen eine Art Infrastruktursozialismus, der nicht nur die elementaren Funktionen als hochwertige öffentliche Güter betreibt. Ja, wir brauchen eine Umwertung der ökonomischen Werte. Die Nützlichkeit und Unverzichtbarkeit gesellschaftlicher Leistungen muss in der Staffelung von Erträgen vorrangig sein. Wir können ziemlich sicher auf etliche Consultants und Derivatehändler verzichten, aber auf keine einzige Pflegekraft im Krankenhaus. Daher brauchen wir nicht nur ganz andere Mindestlöhne, sondern vor allem verbindliche Regelungen für Maximaleinkommen. Wenn wir diese Heimsuchung eines Tages durchstanden haben, wird sich niemand mehr darüber aufregen können, weniger als eine halbe Million im Jahr zu verdienen"[188], meint der deutsche Soziologe Sighard Neckel in einem Interview mit der Frankfurter Rundschau im März 2020.

So gesehen, erleben wir und die Politik nun offensichtlich eine einmalige Chance, vielleicht auch eine letzte, um das Heft des Gestaltens wieder in die Hand zu nehmen. Nur stellt sich die Frage: die große oder die kleine Politik? Regierungschefs dieser Erde mögen den Ausdruck „kleine Politik" nachsehen, aber globale Probleme sind nun einmal länderweise schwer in den Griff zu bekommen. Klimawandel, Migrationsströme, Pandemien. Derzeit sieht es eher nach einem

alle gegen alle

aus statt nach einem weltweit zumindest in groben Zügen koordinierten Plan, einer der nicht einmal in der Europäischen Union zu schaffen ist. Warum? Weil Gesundheitspolitik Ländersache ist und eben nicht europäisches Gemeinschaftsrecht.

Weniger Arbeit – weniger arbeiten

Weniger Arbeit – mehr Lebenssinn?

Wirklich?

Wir wissen es nicht.

Geht jemand in seiner Arbeit auf, wird weniger Arbeit wohl auch *weniger* Lebenssinn bringen.

Wird die Arbeit ausschließlich als Belastung empfunden, wird die Frage wohl mit einem eindeutigen Ja beantwortet werden können.

Als großer Skeptiker gegenüber jedweden Verallgemeinerungen muss ein in vielen wissenschaftlichen Studien meist komplett vernachlässigter Faktor zumindest kurz gestreift werden. Chinesen denken anders als Inder, Afrikaner anders als Australier, Japaner denken anders als Amerikaner, Amerikaner anders als Europäer, Schweden anders als

Portugiesen, ja – auch wenn so lange miteinander verbunden – Ungarn völlig anders als Österreicher. Österreicher könnten sich im Schnitt gesehen kaum vorstellen, nicht zur Arbeit zu gehen, obwohl man gleichzeitig die Freizeit sehr wichtig nehme, formuliert es der Soziologe Bernhard Kittel für Wirtschaftssoziologie an der Universität Wien. Würden hingegen Ungarn einen großen Geldbetrag gewinnen, der die Arbeit nicht mehr notwendig mache, würden sie diese sofort einstellen. Wieder Verallgemeinerungen, aber zumindest erforschte.

Dennoch: Eine zufriedenstellende Arbeit ist hier wie dort schöner als eine aufreibende, unschöne.

Und: Eine „gute" Arbeit beeinflusst unser psychisches Wohlbefinden.

Denn: „Unsere Identität hängt unmittelbar an der sinnvollen Erwerbstätigkeit"[189], schreiben die Soziologen Bernhard Kittel und Roland Verwiebe.

Die Relationen zwischen Arbeit, Lebenszufriedenheit und Vereinbarkeit von Beruf und Familie haben sich verschoben. Weiterhin weg von der bisher den Lebenssinn dominierenden Erwerbstätigkeit hin zur umfassenden individuellen Gesamtzufriedenheit. Zumindest für jene, die sich das leisten können.

Und so sei zum Schluss unserer *sinnlichen* Reise noch einmal an jenes 14-jährige Mädchen vom Anfang erinnert, das schon die Schulauswahl davon abhängig gemacht hat, wie man dort das richtige Netzwerken fürs Berufsleben erlernen würde. Soll das nun die Zukunft sein?

Oder halten wir es viel eher mit dem damals 12-jährigen Schulfreund des deutschen Philosophen Wolfram Eilenberger, der auf die Frage des Religionslehrers: *„Und? – Was willst denn du einmal werden?"*, geantwortet habe:

„Ich verstehe Ihre Frage nicht, Herr Lehrer,
*ich **bin** doch schon jemand."*[190]

Oder in den Worten Karl Valentins:

„Mögen hätt ich schon wollen,
aber dürfen hab ich mich nicht getraut.“

Nach der Arbeit – Danke

Mein größter Dank gilt meiner Familie. Ich danke meinen beiden Söhnen Taddeo und Benno und dir, liebe Friederike, meiner Frau, für die unendliche Geduld und vor allem für die Dutzenden Anregungen, die ihr mir durch eure *weisen* (!) Fragen und Gespräche meist unbewusst auf den Weg meiner kleinen philosophischen Reise mitgegeben habt. Ganz besonders hervorheben möchte ich auch meine Mama und ihre unzähligen Weisheiten, die ich bis zur Jahrtausendwende mündlich oder per Brief bekommen habe und dann, modern wie meine 84-jährige Mutter ist, per E-Mail. Sie gehört für mich zu den klügsten Menschen, die ich kennenlernen durfte. Und das gepaart mit unendlich viel Gefühl und Empathie.

Danke auch dem Verlag. Allen! Von der famosen Layouterin Ines Flattinger über die großartige Ingrid Führer bis zur lieben Mauki Hiller. Ein spezieller Dank gebührt der wunderbaren Anita Luttenberger, die mich nun schon das dritte Mal als präzise, jedem Mangel oder Fehler blitzschnell auf die Spur kommende und Chaos parierende Lektorin begleitet hat. Mit dem Verlagschef Bernhard Borovansky, der es in dieser Funktion wahrlich auch nicht einfach mit mir hatte, verbindet mich durch unsere gemeinsamen Projekte eine sehr schöne Freundschaft. Gemeinsam mit seiner lieben Frau „Stanzi" führt er den Braumüller Verlag nun schon viele Jahre hochprofessionell durch alle stürmischen Zeiten. Und Bernhard reagiert zwar kaum auf E-Mails, hebt aber sein Telefon *immer* ab, was ihn zu seinem Leidwesen von meiner Art des Umgangs mit einem mobilen Gerät zur Gänze unterscheidet.

Ich mag das Gerät nicht, vermutlich auch berufsbedingt (es läutet eigentlich ständig), und deshalb stelle ich mir immer einen schönen Klingelton ein, den ich – wenn es läutet – gerne bis zum Ende höre. Seit dem Schreibbeginn für dieses Buch, Herbst 2018, ist es „Hells Bells" von AC/DC.

Und wenn die Hölle anruft, muss man schließlich nicht abheben. Zumindest nicht immer.

Weiterführende Literatur

Bürger, Hans: „Der vergessene Mensch in der Wirtschaft" Wien: Braumüller, 2012.

Bürger, Hans: „Wir werden nie genug haben" Wien: Braumüller, 2016.

Bürger, Hans, Rothschild, Kurt W.: „Wie Wirtschaft die Welt bewegt" Wien: Braumüller, 2009.

Fenner, Dagmar: „Das gute Leben" Berlin: De Gruyter Verlag, 2007.

Frankl, Viktor: „Das Leiden am sinnlosen Leben: Psychotherapie für heute" Freiburg: Herder, 2013.

Frankl, Viktor: „Der Mensch vor der Frage nach dem Sinn" München: Piper, 2009.

Frankl, Victor E.: „…trotzdem Ja zum Leben sagen – Ein Psychologe erlebt das Konzentrationslager." München: dtv, 1998.

Freud, Sigmund: „Studienausgabe Band IX: Das Unbehagen in der Kultur" Frankfurt a. M.: Fischer Verlag, 1974.

Fromm, Erich: „Authentisch leben" Freiburg: Herder Verlag, 2017.

Gunermann, Heinz (Hrsg.): „Cicero: De officiis – Vom pflichtgemäßen Handeln." Lateinisch – Deutsch, Stuttgart: Reclam, 1978.

Gross, Peter; Bertschi, Stefan: „Die mobile Multioptionsgesellschaft: Eine Frage der Aufladungstechnik?" in Daumenkultur: Das Mobiltelefon in der Gesellschaft. Bielefeld: transcript, 2006. Oder online unter https://www.degruyter.com/down loadpdf/boos/9783839404737/9783839404737-014/9783839404737-014.pdf

Han, Byung-Chul: „Duft der Zeit." Bielefeld: transcript, 2015.

Harris, Russ: „Wer dem Glück hinterher rennt, läuft daran vorbei." München: Goldmann Verlag, 2013.

Kingwell Mark: „Die Arbeitslüge" in Macht Arbeit glücklich? Stuttgart: Reclam 2017.

Kitzler, Albert: „Denken heilt! Philosophie für ein gesundes Leben" München: Droemer Verlag, 2017.

Kitzler, Albert: „Leben lernen – ein Leben lang: Eine praktische Philosophie" Freiburg: Herder, 2017.

Kitzler, Albert: „Philosophie to go" München: Droemer, 2017.

Kitzler, Albert: „Wie lebe ich ein gutes Leben?" München: Droemer Verlag, 2016.

Koga, Fumitake; Kishimi, Ichiro: „Du musst nicht von allen gemocht werden: Vom Mut, sich nicht zu verbiegen" Hamburg: Rowohlt, 2018.

Kubsch, Ron: „Vom Ende der großen Erzählungen: Jean Francois Lyotard und das ‚Das postmoderne Wissen'" Berlin u.a.: Martin Bucer Seminar, 2004.

Mayer-Schönberger, Viktor; Ramge, Thomas: „Das Digital: Markt, Wertschöpfung und Gerechtigkeit im Datenkapitalismus" Berlin: Econ, 2017.

Meadowns, Dennis L.; Meadows, Donella und Randers, Jørgen: „Die Grenzen des Wachstums" München: Deutsche Verlags-Anstalt, 1972.

Miller, Alice: „Das Drama des begabten Kindes und die Suche nach dem wahren Selbst" Berlin: Suhrkamp, 1979.

Precht, Richard David: „Jäger, Hirten, Kritiker" München: Goldmann-Verlag, 2018.

Precht, Richard David: „Künstliche Intelligenz und der Sinn des Lebens" München: Goldmann Verlag, 2020.

Ramge, Thomas: „Mensch und Maschine: Wie Künstliche Intelligenz und Roboter unser Leben verändern" Stuttgart: Reclam, 2018.

Roetz, Heiner: „Konfuzius" München: C.H.Beck, 2006.

Ruffing, Reiner: „Philosophiegeschichte" Hamburg: UTB Verlag, 2015.

Schmid, Wilhelm: „Dem Leben Sinn geben" Berlin: Suhrkamp, 2014.

Schmid, Wilhelm: „Gelassenheit- was wir gewinnen, wenn wir älter werden" Berlin: Insel Verlag, 2014.

Smith, Emily Esfahani: „Glück allein macht keinen Sinn" München: Mosaik Verlag, 2018.

Schnell, Tatjana: „Psychologie des Lebenssinns" Berlin/Heidelberg: Springer Verlag, 2016.

Schnell, Tatjana; Becker, Peter: „Fragebogen zu Lebensbedeutungen und Lebenssinn." Göttingen: Hogrefe, 2007.

Schweitzer, Friedrich (Hrsg.): „Person – Persönlichkeit – Bildung." Münster: Waxmann Verlag, 2017.

Seel, Martin: „Versuch über die Form des Glücks" Berlin: Suhrkamp/Insel Verlag, 1999.

Seneca, L.A.: „Des Philosophen Werke" Stuttgart: J.B. Metzler'sche Buchhandlung, 1829.

Stengel, Oliver: „Jenseits der Marktwirtschaft, Ökonomie im 21. Jahrhundert" Berlin/Heidelberg: Springer Verlag, 2016.

Söllner, Alfons: „Deutsche Politikwissenschaftler in der Emigration" Berlin/Heidelberg: Springer Verlag, 1996.

Taylor, Charles in Harmut Rosa: „Identität und kulturelle Praxis: Politische Philosophie nach Charles Taylor" Frankfurt: Campus, 1998.

von Weizsäcker, Ernst Ulrich; Wijkmann, Anders: „Wir sind dran" Gütersloh: Gütersloher Verlagshaus, 4. Auflage, 2018.

Weber, Max: „Die protestantische Ethik und der Geist des Kapitalismus" Köln: Anaconda Verlag, 2018.

Wilson, Eric G.: „Unglücklich glücklich – Von europäischer Melancholie und American Happiness" Stuttgart: Klett-Cotta, 2009.

Wörsdörfer, Manuel: „Ethik und Beruf" Gütersloh: Bertelsmann, 2016.

Online:

Altwegg, Jürgen: „Die Niederlage der Denker" in *FAZ*, 01.04.2020, URL: https://www.faz.net/aktuell/feuilleton/franzoesische-kontroverse-niederlage-der-denker-in-corona-krise-16705488.html

Barth, Jonathan: „Wirtschaftswachstum war gestern – Donut ist heute" in *Heinrich Böll Stiftung*, 26.06.2018, URL: https://www.boell.de/de/2018/06/26/wirtschaftswachstum-war-gestern-donut-ist-heute

Beineke, Julius: „Aristoteles' Nikomachische Ethik – Tugend als Voraussetzung für das menschliche Glück" in *GRIN*, 2011, URL: https://www.grin.com/document/174945

Buhse, Malte: „Der kollektive Baby-Blues" in *Zeit online*, 2014, URL: https://www.zeit.de/wirtschaft/2014-03/kinder-machen-ungluecklich?red_suggested=true&page=3

Clark, Gregory: "What is the True Rate of Social Mobility in Sweden? A Surname Analysis, 1700-2012" in *Univ. of California*, 30.12.2013, URL: http://faculty.econ.ucdavis.edu/faculty/gclark/The%20Son%20Also%20Rises/Sweden%202014.pdf

Cummins, Clark: "Surnames and social mobility: England 1230-2012" in *EconPapers*, 2013, URL: https://econpapers.repec.org/paper/ehlwpaper/54515.htm

DGPPN: „Zahlen und Fakten der Psychiatrie und Psychotherapie (Stand Juli 2019)" URL: https://www.dgppn.de/_Resources/Persistent/154e18a8cebe41667ae-22665162be21ad726e8b8/Factsheet_Psychiatrie.pdf

Dilba, Denis: „Der Zeitwächter: Marc Wittmann im Interview" in *Substanz Wissenschaftsmagazin*, 2015, URL: https://www.substanzmagazin.de/der-zeitwaechter-marc-wittmann-ueber-zeitwahrnehmung-im-interview/

Domke, B.: „Mentoring-Guide: Employability" in *Harvard Business Manager*, 12/2007 oder online unter: https://www.th-owl.de/files/webs/iwd/download/studierende/Mentoring-Guide_Berufseinstieg03.pdfs

Ferreras; Méda und Battilana: „Demokratisiert die Wirtschaft" in *Gegenblende*, 18.05.2020, URL: https://gegenblende.dgb.de/artikel/++co++d-2f07a66-98ea-11ea-b6ee-52540088cada

Fitzthum, Gerhard: „Sinn-Suche" in *DIE ZEIT*, 1996, URL: https://www.zeit.de/1996/20/Sinn-Suche

Geisel, Sieglinde: „Warum ein Gutmensch kein guter Mensch ist." In *NZZ online*, 2016, URL: https://www.nzz.ch/panorama/alltagsgeschichten/warum-ein-gutmensch-kein-guter-mensch-ist-1.18676154?reduced=true

Glück, Judith: „Weisheit und Glück: Warum der Weg zum gelingenden Leben steinig ist" in *Kortizes*, 2019, URL: https://kortizes.de/event/14-04-2019_2/

Horx, Matthias: „Die Welt nach Corona – Die Corona-Rückwärts-Prognose: Wie wir uns wundern werden, wenn die Krise „vorbei" ist" in *Zukunftsinstitut Horx*, URL: https://www.horx.com/48-die-welt-nach-corona/

Hurst, Fabienne: „Verordnetes Glück: Wie Unternehmen die Produktivität steigern wollen." *Das Erste*, 2016, URL: https://daserste.ndr.de/panorama/archiv/2016/Verordnetes-Glueck-wie-Unternehmen-die-Produktivitaet-steigern-wollen,happiness112.html

Körner, Ulrich H.J.: „Arbeit ist nur das halbe Leben" in *Die Presse*, 08.09.2017, URL: https://www.diepresse.com/5282511/arbeit-ist-nur-das-halbe-leben?from=rss

Martin, Nicolas: „Geldregen vom Staat?" in *DW*, URL: https://www.dw.com/de/geldregen-vom-staat/av-54612576

McCarthy, Niall: "Where The Super-Rich Inherit Their Wealth" in *statista*, 11.10.2016, URL: https://www.statista.com/chart/6165/where-the-super-rich-inherit-their-wealth/

Merli, Nina: „Anleitung für ein besseres Leben" in *Tagesanzeiger.ch*, 2011, URL: https://www.tagesanzeiger.ch/kultur/buecher/anleitung-fuer-ein-besseres-leben/story/14901892

Nida-Rümelin, Julian: „Rettet er das Politik-Institut?" in *Süddeutsche Zeitung*, 17.05.2010, URL: https://www.sueddeutsche.de/muenchen/julian-nida-ruemelin-rettet-er-das-politik-institut-1.755390

Nietzsche, Friedrich: „Der Antichrist – Fluch auf das Christentum", URL: https://ahipler.home.ktk.de/kritik/antichr3.htm

Nutt, Harry: „Sigard Neckel: ‚Die Polarisierung wird zunehmen'" in Frankfurter Rundschau, 24.03.2020, URL: https://www.fr.de/kultur/gesellschaft/sigard-neckel-polarisierung-wird-zunehmen-13612072.html

O.A. „Charakter", Univ. Zürich, URL: http://www.positive-psychologie.ch/?page_id=27

O.A. „Cloudflght", 2019-2020, URL: https://de.cloudflight.io/

O.A: „Der steinige Weg zur Weisheit" in *AAU News Psychologie*, ad astra 1/2017, News Fakultät KuWi, 13. März 2017, URL: https://www.aau.at/blog/der-steinige-weg-zur-weisheit/

O.A.: „Deutschlang so zufrieden wie noch nie" in *Deutsche Post DHL Group*, URL: https://www.dpdhl.com/de/presse/specials/gluecksatlas.html

O.A. „Die Geschichte der Künstlichen Intelligenz – Von Turing bis Watson: Die Entwicklung der denkenden Systeme" in *Robert Bosch GmbH*, 30.01.2018, URL: https://www.bosch.com/de/stories/geschichte-der-kuenstlichen-intelligenz/

Raabe, Kristin: „Vom Wesen der Weisheit" in *Deutschlandfunk*, 27.April 2008, URL: https://www.deutschlandfunk.de/vom-wesen-der-weisheit.740.de.html?dram:article_id=111655

Saltzwedel, Johannes: „Zweifel in der Seelendrogerie" in *DER SPIEGEL*, URL: https://www.spiegel.de/spiegel/spiegelspecial/d-49626811.html

Schandl, Franz: „Akademische Ausgüsse: In ein Gebetsbuch zelebriert Lisa Herzog einmal mehr Arbeit und Politik" in *Streifzüge*, 29. April 2019, URL: https://www.streifzuege.org/2019/akademische-ausguesse/

Spinney, Laura: „Auf der Suche nach dem Jetzt" in *Substanz Wissenschaftsmagazin*, 02.03.2015, URL: https://www.substanzmagazin.de/so_nimmt_unser_gehirn_zeit_wahr_und_erzeugt_das_gefuehl_von_gegenwart/

Stallmach, Lena: „Wie das Gehirn die Zeit misst" *NZZ*, 23.12.2016, URL: https://www.nzz.ch/wissenschaft/wahrnehmung-des-menschen-wie-das-gehirn-die-zeit-misst-ld.136295?reduced=true

Schwering, Markus: „Jürgen Habermas über Corona: ‚So viel Wissen über unser Nichtwissen gab es noch nie'" in Frankfurter Rundschau, 15.04.2020, URL: https://www.fr.de/kultur/gesellschaft/juergen-habermas-coronavirus-krise-covid19-interview-13642491.html

Tomoff, Michael: "Wie die Zeit vergeht und Sie sie verlangsamen können" in *Tomoff Blog*, 30.11.2011, URL: https://tomoff.de/wie-die-zeit-vergeht-und-sie-sie-verlangsamen-konnen/

Tomoff, Michael: „30-Tage-Experimente, um Ihre gefühlte Lebenszeit zu verlängern" in *Tomoff Blog*, 11.12.2011, URL: https://tomoff.de/30-tage-experimente-um-ihre-gefuehlte-lebenszeit-zu-verlaengern/

Zichy, Michael: „Ist die Wirtschaftskrise eine Krise der Moral? Zeitdiagnostische Anmerkungen zu Kapitalismus und Lebenssinn" Univ. Salzburg, URL: http://unissalzburg.at/fileadmin/multimedia/PHILOSOPHIE%20(Kath.-Theol.%20Fakultaet)/Zichy_Ist_die_Wirtschaftskrise_eine_Krise_der_Moral__3_.pdf

Quellenverzeichnis

1 Kitzler, Albert: „Denken heilt!" München: Droemer Verlag, 2016, S. 45.

2 Keynes, John Maynard: „Am I a Liberal?" in *The Nation and Athenaeum*, London, 1925.

3 Keynes, John Maynard: „Am I a Liberal?" in *The Nation and Athenaeum*, London, 1925.

4 Gross, Peter; Bertschi, Stefan: „Die mobile Multioptionsgesellschaft: Eine Frage der Aufladungstechnik?" https://www.degruyter.com/downloadpdf/boo ks/9783839404737/9783839404737-014/9783839404737-014.pdf

5 Han, Byung-Chul: „Duft der Zeit." Bielefeld: transcript, 2015, S. 15.

6 Gunermann, Heinz (Hrsg.): „Cicero: De officiis – Vom pflichtgemäßen Handeln." Lateinisch – Deutsch, Reclam: Stuttgart, 1978, S. 130–133.

7 Gunermann, Heinz (Hrsg.): „Cicero: De officiis – Vom pflichtgemäßen Handeln." Lateinisch – Deutsch, Reclam: Stuttgart, 1978, S. 130–133.

8 Schweitzer, Friedrich (Hrsg.): „Person – Persönlichkeit – Bildung." Münster: Waxmann Verlag, 2017, S. 20.

9 Weber, Max: „Die protestantische Ethik und der Geist des Kapitalismus" Köln, Anaconda Verlag, 2018.

10 Markwardt, Nils: Berliner Humboldt-Universität, Philosophie-Magazin, Ausgabe 6/2015, S. 73.

11 Hurst, Fabienne: „Verordnetes Glück: Wie Unternehmen die Produktivität steigern wollen." *Das Erste*, 2016, URL: https://daserste.ndr.de/panorama/ archiv/2016/Verordnetes-Glueck-wie-Unternehmen-die-Produktivitaet-steigern-wollen,happiness112.html

12 Markwardt, Nils: Berliner Humboldt-Universität, Philosophie-Magazin, Ausgabe 6/2015, S. 77.

13 Kingwell Mark: „Die Arbeitslüge" in *Macht Arbeit glücklich?* Reclam: Stuttgart, 2017, S. 14.

14 Kingwell Mark: „Die Arbeitslüge" in *Macht Arbeit glücklich?* Reclam: Stuttgart, 2017, S. 9.

15 Fenner, Dagmar: „Das gute Leben" Berlin: De Gruyter Verlag, 2007, S. 18.

16 Kitzler, Albert: „Wie lebe ich ein gutes Leben?" München: Droemer Verlag, 2016, S. 28.

17 Vgl. Seel, Martin: „Versuch über die Form des Glücks" Berlin: Suhrkamp/Insel Verlag, 1999.

18 Ruffing, Reiner: „Philosophiegeschichte" Hamburg: UTB Verlag, 2015, S. 62.

19   Taylor, Charles in Harmut Rosa: „Identität und kulturelle Praxis: Politische Philosophie nach Charles Taylor" Frankfurt: Campus, 1998, S. 109.

20   Fenner, Dagmar: „Das gute Leben" Berlin: De Gruyter Verlag, 2007, S. 124 ff.

21   Vgl. Zichy, Michael: „Ist die Wirtschaftskrise eine Krise der Moral? Zeitdiagnostische Anmerkungen zu Kapitalismus und Lebenssinn" Univ. Salzburg, URL: http://unissalzburg.at/fileadmin/multimedia/ PHILOSOPHIE%20(Kath.-Theol.%20Fakultaet)/Zichy_Ist_die_ Wirtschaftskrise_eine_Krise_der_Moral__3_.pdf

22   Fenner, Dagmar: „Das gute Leben" Berlin: De Gruyter Verlag, 2007, S. 144.

23   Geisel, Sieglinde: „Warum ein Gutmensch kein guter Mensch ist." In *NZZ online*, 2016, URL: https://www.nzz.ch/panorama/alltagsgeschichten/warum- ein-gutmensch-kein-guter-mensch-ist-1.18676154?reduced=true

24   Fenner, Dagmar: „Das gute Leben" Berlin: De Gruyter Verlag, 2007, S. 144./145.

25   Fenner, Dagmar: „Das gute Leben" Berlin: De Gruyter Verlag, 2007, S. 145.

26   O.A. „Charakter", Univ. Zürich, URL: http://www.positive-psychologie. ch/?page_id=27

27   Nuber, Ursula: „Die deprimierende Jagd nach dem Glück" in *Psychologie Heute compact*. Weinheim: Beltz Verlagsgruppe, 49/2017, S. 42.

28   Wilson, Eric G.: „Unglücklich glücklich - Von europäischer Melancholie und American Happiness" Stuttgart: Klett-Cotta, 2009.

29   Wilson, Eric G.: „Unglücklich glücklich - Von europäischer Melancholie und American Happiness" Stuttgart: Klett-Cotta, 2009.

30   Wilson, Eric G.: „Unglücklich glücklich - Von europäischer Melancholie und American Happiness" Stuttgart: Klett-Cotta, 2009, S 52.

31   Nuber, Ursula: „Die deprimierende Jagd nach dem Glück" in *Psychologie Heute compact*. Weinheim: Beltz Verlagsgruppe, 49/2017, S. 43.

32   Vgl. DGPPN: „Zahlen und Fakten der Psychiatrie und Psychotherapie (Stand Juli 2019)" URL: https://www.dgppn.de/_Resources/Persistent/ 154e18a8cebe41667ae22665162be21ad726e8b8/Factsheet_Psychiatrie.pdf

33   Harris, Russ: „Wer dem Glück hinterher rennt, läuft daran vorbei." München: Goldmann Verlag, 2013.

34   Harris, Russ: „Wer dem Glück hinterher rennt, läuft daran vorbei." München: Goldmann Verlag, 2013. S. 118.

35   Nuber, Ursula: „Die deprimierende Jagd nach dem Glück" in *Psychologie Heute compact*. Weinheim: Beltz Verlagsgruppe, 49/2017, S. 44.

36   Freud, Sigmund: „Studienausgabe Band IX: Das Unbehagen in der Kultur" Frankfurt a. M., Fischer Verlag, 1974.

37   Vgl. Merli, Nina: „Anleitung für ein besseres Leben" in *Tagesanzeiger.ch*, 2011, URL: https://www.tagesanzeiger.ch/kultur/buecher/anleitung-fuer-ein-besseres- leben/story/14901892

38 Merli, Nina: „Anleitung für ein besseres Leben" in *Tagesanzeiger.ch*, 2011, URL: https://www.tagesanzeiger.ch/kultur/buecher/anleitung-fuer-ein-besseres-leben/story/14901892

39 von Rönne, Ronja: „Sonntag ist kein schöner Tag" in *Die Presse am Sonntag*, 16.06.2019, S. 17.

40 Diener, E.; Oishi, S.: "Residents of Poor Nations Have a Greater Sense of Meaning in Life Than Residents of Wealthy Nations" in *Psychological Science*, 2013, 9, 1-10.

41 Schnell, Tatjana: „Psychologie des Lebenssinns" Berlin/Heidelber: Springer Verlag, 2016, S. 2.

42 Schnell, Tatjana: „Psychologie des Lebenssinns" Berlin/Heidelber: Springer Verlag, 2016, S. 9.

43 Baumeister, Vohs, Aaker, Garbinsky: "Some Key Differences between a Happy Life and a Meaningful Life" in *Journal of Positive Psychology*, 2013, Vol. 8, 6, S. 505-516.

44 Buhse, Malte: „Der kollektive Baby-Blues" in *Zeit online*, URL: https://www.zeit. de/wirtschaft/2014-03/kinder-machen-ungluecklich?red_ suggested=true&page=3 (erschienen am 27.03.2014).

45 Frankl, Victor E.: "…trotzdem Ja zum Leben sagen – Ein Psychologe erlebt das Konzentrationslager." München: dtv, 1998.

46 Pirol, Moritz: „Halali" Hamburg: Orpheus und Söhne Verlag, 2010. URL: http://www.moritzpirol.de/buch_halali23.html

47 Vgl. Frankl, Viktor: „Der Mensch vor der Frage nach dem Sinn" München: Piper, 2009, S. 47.

48 Frankl, Viktor: „Der Mensch vor der Frage nach dem Sinn" München: Piper, 2009, S. 151.

49 Frankl, Viktor: „Der Mensch vor der Frage nach dem Sinn" München: Piper, 2009, S. 155.

50 Frankl, Viktor: „Der Mensch vor der Frage nach dem Sinn" München: Piper, 2009, S. 235.

51 Schmid, Wilhelm: „Dem Leben Sinn geben" Berlin: Suhrkamp, 2014, S. 389.

52 Schmid, Wilhelm: „Dem Leben Sinn geben" Berlin: Suhrkamp, 2014, S. 424.

53 Schmid, Wilhelm: „Wie Umgehen mit der Endlichkeit? Philosophieren heißt Sterbenlernen", *SWR 2*, 19. Mai 2013, 8.30 Uhr.

54 Schmid, Wilhelm: „Wie Umgehen mit der Endlichkeit? Philosophieren heißt Sterbenlernen", *SWR 2*, 19. Mai 2013, 8.30 Uhr.

55 Schmid, Wilhelm: „Dem Leben Sinn geben" Berlin: Suhrkamp, 2014, S. 389.

56 Smith, Emily Esfahani: „Glück allein macht keinen Sinn" München: Mosaik Verlag, 2018, S. 305.

57   Schnell, Tatjana: „Psychologie des Lebenssinns" Berlin/Heidelberg: Springer Verlag, 2016, S. 12.

58   Schnell, Tatjana: „Psychologie des Lebenssinns" Berlin/Heidelberg: Springer Verlag, 2016, S. 13.

59   Schnell, T.; La Cour, P: „Von der Tiefe im Leben sprechen: Erkenntnisse der empirischen Sinnforschung und Exploration von Lebensbedeutungen mit der LeBe-Kartenmethode." In *Wege zum Menschen, 2018, 70*(1), S. 33-47.

60   O.A. *Sinnesforschung*, URL: http://www.sinnforschung.org/wp-content/uploads/2010/10/lebe_grafik-1.jpg

61   Schnell, T.; La Cour, P: „Von der Tiefe im Leben sprechen: Erkenntnisse der empirischen Sinnforschung und Exploration von Lebensbedeutungen mit der LeBe-Kartenmethode." In *Wege zum Menschen, 2018, 70*(1).

62   Kubsch, Ron: „Vom Ende der großen Erzählungen: Jean Francois Lyotard und das ‚Das postmoderne Wissen'" Berlin: Martin Bucer Seminar, 2004.

63   Engelmann, Peter: „Jean-Francois Lyotard" in *die WELT*, 23.April 1998.

64   Schnell, Tatjana: „Psychologie des Lebenssinns" Berlin/Heidelberg: Springer Verlag, 2016.

65   Schnell, T.; La Cour, P: „Von der Tiefe im Leben sprechen: Erkenntnisse der empirischen Sinnforschung und Exploration von Lebensbedeutungen mit der LeBe-Kartenmethode." In *Wege zum Menschen, 2018, 70*(1).

66   Han, Byung-Chul: „Duft der Zeit." Bielefeld: transcript, 2015, S. 13.

67   Schnell, T.; La Cour, P: „Von der Tiefe im Leben sprechen: Erkenntnisse der empirischen Sinnforschung und Exploration von Lebensbedeutungen mit der LeBe-Kartenmethode." In *Wege zum Menschen, 2018, 70*(1).

68   Van Boven, L., Gilovich, T.: "To do or to have? That is the question." in *Journal of Personality and Social Psychology*, 85, 1193–1202, 2003.

69   Frankl, Viktor: „Der Mensch vor der Frage nach dem Sinn." Vortrag, gehalten am 9. Oktober 1979 an der Universität Wien, 1990, Auditorium Verlag, Schwarzach.

70   O.A. „Was gibt dem Leben Sinn?" in *GEO Wissen*, München: G+J Verlagsgruppe, Nr. 53, 2014.

71   Augstein, Rudolf (Hrsg.): *DER SPIEGEL*, Hamburg: SPIEGEL Verlag, 2. Juni 2018, S. 88.

72   Nietzsche, Friedrich: „Der Antichrist – Fluch auf das Christentum", URL: https://ahipler.home.ktk.de/kritik/antichr3.htm

73   Nietzsche, Friedrich: „Der Antichrist" Berlin: Holzinger, S.43.

74   Fitzthum, Gerhard: „Sinn-Suche" in *DIE ZEIT*, 1996, URL: https://www.zeit.de/1996/20/Sinn-Suche

75   Saltzwedel, Johannes: „Zweifel in der Seelendrogerie" in *DER SPIEGEL*, 2006, URL: https://www.spiegel.de/spiegel/spiegelspecial/d-49626811.html

76 Boyle, Buchman et al.: "Effect of Purpose in Life on the Relation Between Alzheimer Disease Pathologic Changes on Cognitive Function in Advanced Age" in *Arch Gen Psychiatry*, 69(5), S. 499-504, 2012.

77 Boyle, Buchman et al.: "Effect of Purpose in Life on the Relation Between Alzheimer Disease Pathologic Changes on Cognitive Function in Advanced Age" in Arch Gen Psychiatry, 69(5), S. 499-504, 2012.

78 Vgl. Schnell. Tatjana: „Interview mit Prof. Tatjana Schnell: ‚Psychologie des Lebenssinns'" in *SinndesLebens24*, 23.12.2018.

79 Schnell, Tatjana: „Psychologie des Lebenssinns" Berlin/Heidelberg: Springer Verlag, 2016, S. 19.

80 Frankl, Viktor: „Der Mensch vor der Frage nach dem Sinn." Vortrag, gehalten am 9. Oktober 1979 an der Universität Wien, 1990, Auditorium Verlag, Schwarzach.

81 Vgl. Bürger, Hans: „Der vergessene Mensch in der Wirtschaft" Wien: Braumüller, 2012.

82 O.A. „Geld macht doch glücklich!" in *GEO WISSEN*, München: G+J Verlagsgruppe, Nr. 53, 2014, S. 60.

83 Beineke, Julius: „Aristoteles' Nikomachische Ethik – Tugend als Vorraussetzung für das menschliche Glück" in *GRIN*, 2011, URL: https://www.grin.com/document/174945

84 Vgl. Kitzler, Albert: in *Psychologie Heute*, Weinheim: Beltz Verlagsgruppe, 4/2017, S. 20.

85 Roetz, Heiner: „Konfuzius" München: C.H.Beck, 2006, S.7.

86 Fischer, Theo: „Schaffe Leere bis zum Höchsten" in *Die Taobaustelle*, August 2018, URL: https://www.die-taobaustelle.de/taoismus/schaffe-leere-bis-zum-hoechsten/

87 Fischer, Theo: „Schaffe Leere bis zum Höchsten" in *Die Taobaustelle*, August 2018, URL: https://www.die-taobaustelle.de/taoismus/schaffe-leere-bis-zum-hoechsten/

88 Seneca, L.A.: „Des Philosophen Werke" Stuttgart: J.B. Metzler'sche Buchhandlung, 1829, S. 199.

89 Seneca, L.A.: „Des Philosophen Werke" Stuttgart: J.B. Metzler'sche Buchhandlung, 1829, S. 199.

90 Kitzler, Albert: „Wie lebe ich ein gutes Leben?" München: Droemer Verlag, 2016, S. 106.

91 Kitzler, Albert: „Philosophie to go" München: Droemer, 2017, S. 43.

92 Briefe des Seneca zitiert in Kitzler, Albert: „Leben lernen – ein Leben lang: Eine praktische Philosophie" Freiburg: Herder, 2017, S. 64.

93 Briefe des Seneca zitiert in Kitzler, Albert: „Leben lernen – ein Leben lang: Eine praktische Philosophie" Freiburg: Herder, 2017, S. 64.

94 Raabe, Kristin: „Vom Wesen der Weisheit" in *Deutschlandfunk*, 27.April 2008, URL: https://www.deutschlandfunk.de/vom-wesen-der-weisheit.740.de. html?dram:article_id=111655

95 Raabe, Kristin: „Vom Wesen der Weisheit" in *Deutschlandfunk*, 27.April 2008, URL: https://www.deutschlandfunk.de/vom-wesen-der-weisheit.740.de. html?dram:article_id=111655

96 Raabe, Kristin: „Vom Wesen der Weisheit" in *Deutschlandfunk*, 27.April 2008, URL: https://www.deutschlandfunk.de/vom-wesen-der-weisheit.740.de. html?dram:article_id=111655

97 Raabe, Kristin: „Vom Wesen der Weisheit" in *Deutschlandfunk*, 27.April 2008, URL: https://www.deutschlandfunk.de/vom-wesen-der-weisheit.740.de. html?dram:article_id=111655

98 13. März 2017/in AAU News Psychologie, ad astra 1/2017, News Fakultät KuWi/von Forschungskommunikation

99 O.A: „Der steinige Weg zur Weisheit" in *AAU News Psychologie*, ad astra 1/2017, News Fakultät KuWi, 13. März 2017, URL: https://www.aau.at/blog/ der-steinige-weg-zur-weisheit/

100 Glück, Judith: „Weisheit und Glück: Warum der Weg zum gelingenden Leben steinig ist" in *Kortizes*, 2019, URL: https://kortizes.de/event/14-04-2019_2/

101 Konfuzius zitiert in Anonym: „Li Gi - Das Buch der Riten, Sitten und Gebräuche" CreateSpace Independent Publishing Platform, 12. April.

102 Konfuzius zitiert in Anonym: „Li Gi - Das Buch der Riten, Sitten und Gebräuche" CreateSpace Independent Publishing Platform, 12. April.

103 Kitzler, Albert: „Wie lebe ich ein gutes Leben?" München: Droemer Verlag, 2016, S. 57.

104 Kitzler, Albert: „Wie lebe ich ein gutes Leben?" München: Droemer Verlag, 2016, S. 69.

105 Stengel, Oliver: „Jenseits der Marktwirtschaft, Ökonomie im 21. Jahrhundert" Berlin/Heidelberg: Springer Verlag, 2016, S. 251.

106 Stengel, Oliver: „Jenseits der Marktwirtschaft, Ökonomie im 21. Jahrhundert" Berlin/Heidelberg: Springer Verlag, 2016, S. 252.

107 Vgl. Zichy, Michael: „Ist die Wirtschaftskrise eine Krise der Moral? Zeitdiagnostische Anmerkungen zu Kapitalismus und Lebenssinn" Univ. Salzburg, S. 12, URL: http://unissalzburg.at/fileadmin/multimedia/ PHILOSOPHIE%20(Kath.-Theol.%20Fakultaet)/Zichy_Ist_die_ Wirtschaftskrise_eine_Krise_der_Moral__3_.pdf

108 Vgl. Zichy, Michael: „Ist die Wirtschaftskrise eine Krise der Moral? Zeitdiagnostische Anmerkungen zu Kapitalismus und Lebenssinn" Univ. Salzburg, S. 12, URL: http://unissalzburg.at/fileadmin/multimedia/ PHILOSOPHIE%20(Kath.-Theol.%20Fakultaet)/Zichy_Ist_die_ Wirtschaftskrise_eine_Krise_der_Moral__3_.pdf

109 Vgl. Zichy, Michael: „Ist die Wirtschaftskrise eine Krise der Moral? Zeitdiagnostische Anmerkungen zu Kapitalismus und Lebenssinn" Univ. Salzburg, S. 12, URL: http://unissalzburg.at/fileadmin/multimedia/ PHILOSOPHIE%20(Kath.-Theol.%20Fakultaet)/Zichy_Ist_die_ Wirtschaftskrise_eine_Krise_der_Moral__3_.pdf

110 von Weizsäcker, Ernst Ulrich; Wijkmann, Anders: „Wir sind dran" Gütersloh: Gütersloher Verlagshaus, 4. Auflage, 2018, S. 186 f.

111 Vgl. Zichy, Michael: „Ist die Wirtschaftskrise eine Krise der Moral? Zeitdiagnostische Anmerkungen zu Kapitalismus und Lebenssinn" Univ. Salzburg, S. 18, URL: http://unissalzburg.at/fileadmin/multimedia/ PHILOSOPHIE%20(Kath.-Theol.%20Fakultaet)/Zichy_Ist_die_ Wirtschaftskrise_eine_Krise_der_Moral__3_.pdf

112 Glück, Judith: „Weisheitsforscherin" SWR-Sendung Leute, 9. Mai 2017.

113 Glück, Judith: „Weisheitsforscherin" SWR-Sendung Leute, 9. Mai 2017

114 Glück, Judith: „Weisheitsforscherin" SWR-Sendung Leute, 9. Mai 2017

115 O.A.: „Deutschlang so zufrieden wie noch nie" in Deutsche Post DHL Group, URL: https://www.dpdhl.com/de/presse/specials/gluecksatlas.html

116 Precht, Richard David: „Jäger, Hirten, Kritiker" München: Goldmann-Verlag, 2018, S. 134.

117 Martin, Nicolas: „Geldregen vom Staat?" in DW, URL: https://www.dw.com/de/ geldregen-vom-staat/av-54612576

118 Martin, Nicolas: „Geldregen vom Staat?" in DW, URL: https://www.dw.com/de/ geldregen-vom-staat/av-54612576

119 Pennekamp, Johannes: „Das gute Leben" in Frankfurter Allgemeine, Juni 2015.

120 Herzog, Lisa Maria: „Die Arbeit befreien" in DER SPIEGEL, Nr. 43, 2019, S. 126.

121 Herzog, Lisa Maria: „Die Arbeit befreien" in DER SPIEGEL, Nr. 43, 2019, S. 126.

122 Söllner, Alfons: „Deutsche Politikwissenschaftler in der Emigration" Berlin/ Heidelberg: Springer Verlag, 1996, S. 226-248.

123 Schandl, Franz: „Akademische Ausgüsse: In ein Gebetsbuch zelebriert Lisa Herzog einmal mehr Arbeit und Politik" in Streifzüge, 29. April 2019, URL: https://www.streifzuege.org/2019/akademische-ausguesse/

124 Ferreras; Méda und Battilana: „Demokratisiert die Wirtschaft" in Gegenblende, 18.05.2020, URL: https://gegenblende.dgb.de/artikel/++co++d2f07a66-98ea-11ea-b6ee-52540088cada

125 Schuppisser, Raffael: „Sollen Roboter Steuern zahlen?" in Schweiz am Wochenende, 5.11.2016, URL: https://www.schweizamwochenende.ch/ nachrichten/sollen-roboter-steuern-zahlen-131068314

126 Schuppisser, Raffael: „Sollen Roboter Steuern zahlen?" in Schweiz am Wochenende, 5.11.2016, URL: https://www.schweizamwochenende.ch/ nachrichten/sollen-roboter-steuern-zahlen-131068314

127 Vgl. O.A. „Die Geschichte der Künstlichen Intelligenz – Von Turing bis Watson: Die Entwicklung der denkenden Systeme" in *Robert Bosch GmbH*, 30.01.2018, URL: https://www.bosch.com/de/stories/geschichte-der-kuenstlichen-intelligenz/

128 McCarthy, Minsky, Rochester, Shannon: „A Proposal fort he Dartmouth Summer Research Project on Artificial Intelligence" in *Stanford Univ.*, 31. 08.1955, URL: http://www-formal.stanford.edu/jmc/history/dartmouth/dartmouth.html

129 Ramge, Thomas: „Mensch und Maschine: Wie Künstliche Intelligenz und Roboter unser Leben verändern", Stuttgart: Reclam, 2018, S. 25.

130 Ramge, Thomas: „Mensch und Maschine: Wie Künstliche Intelligenz und Roboter unser Leben verändern", Stuttgart: Reclam, 2018, S. 25

131 Mandel, J. in Frankl, Viktor: „Das Leiden am sinnlosen Leben: Psychotherapie für heute" Freiburg: Herder, 2013, S. 33.

132 Vgl. https://www.ifd-allensbach.de/studien-und-berichte/veroeffentlichte-studien/weiterestudien/3.html

133 Mandel, J. in Frankl, Viktor: „Das Leiden am sinnlosen Leben: Psychotherapie für heute" Freiburg: Herder, 2013, S. 33.

134 Vgl. Barth, Jonathan: „Wirtschaftswachstum war gestern – Donut ist heute" in *Heinrich Böll Stiftung*, 26.06.2018, URL: https://www.boell.de/de/2018/06/26/wirtschaftswachstum-war-gestern-donut-ist-heute

135 Mayer-Schönberger, Viktor; Ramge, Thomas: „Das Digital: Markt, Wertschöpfung und Gerechtigkeit im Datenkapitalismus" Berlin: Econ, 2017, S. 231.

136 Mayer-Schönberger, Viktor; Ramge, Thomas: „Das Digital: Markt, Wertschöpfung und Gerechtigkeit im Datenkapitalismus" Berlin: Econ, 2017, S. 231.

137 Mayer-Schönberger, Viktor; Ramge, Thomas: „Das Digital: Markt, Wertschöpfung und Gerechtigkeit im Datenkapitalismus" Berlin: Econ, 2017, S. 239.

138 Mayer-Schönberger, Viktor; Ramge, Thomas: „Das Digital: Markt, Wertschöpfung und Gerechtigkeit im Datenkapitalismus" Berlin: Econ, 2017, S. 243.

139 Plumpe, Gosepath, Wesche: „Haben Sie das bedacht, Herr Piketty?" in *Philosophie Magazin*, 3/2020, S. 59.

140 DIW (Deutsches Institut für Wirtschaftsforschung) und Univ. Potsdam, Reichtum durch Vererbung, auch in : https://www.nfs-netfonds.de/reichtum-kommt-durch-vererbung/#:~:text=Das%20Deutsche%20Institut%20f%C3%BCr%20Wirtschaftsforschung,%E2%80%9CReichtum%20durch%20Vererbung%E2%80%9D%20durchgef%C3%BChrt.&text=Bei%20etwa%2075%20Prozent%20der,Reichtum%20durch%20Schenkung%20oder%20Vererbung.

141 Vgl. Clark, Gregory: "What is the True Rate of Social Mobility in Sweden? A Surname Analysis, 1700-2012" in *Univ. of California*, 30.12.2013, URL: http://faculty.econ.ucdavis.edu/faculty/gclark/The%20Son%20Also%20Rises/Sweden%202014.pdf

142 Cummins, Clark: "Surnames and social mobility: England 1230-2012" in *EconPapers*, 2013, URL: https://econpapers.repec.org/paper/ehlwpaper/54515.htm

143 McCarthy, Niall: "Where The Super-Rich Inherit Their Wealth" in *statista*, 11.10.2016, URL: https://www.statista.com/chart/6165/where-the-super-rich-inherit-their-wealth/

144 Agamben, Giorgio: „Der Ausnahmezustand ist zur Struktur des Regierens geworden" in *Philosophie Magazin*, 06/2019, Seite 19.

145 Agamben, Giorgio: „Der Ausnahmezustand ist zur Struktur des Regierens geworden" in *Philosophie Magazin*, 06/2019, Seite 19.

146 Bürger, Hans, Rothschild, Kurt W.: "Wie Wirtschaft die Welt bewegt" Wien: Braumüller, 2009, S. 231.

147 Precht, Richard David: „Künstliche Intelligenz und der Sinn des Lebens" München: Goldmann Verlag, 2020, S. 45.

148 Precht, Richard David: „Künstliche Intelligenz und der Sinn des Lebens" München: Goldmann Verlag, 2020, S. 45.

149 Domke, B.: „Mentoring-Guide: Employability" in *Harvard Business Manager*, 12/2007 oder online unter: https://www.th-owl.de/files/webs/iwd/download/studierende/Mentoring-Guide_Berufseinstieg03.pdf

150 Vgl. Schäfer, Robert: „Die Komplementarität von innerweltlicher Askese und artistischer Lebensführung: Zur Kritik zeitdiagnostischer Ästhetisierungsthesen" in *Berliner Journal für Soziologie*, 1-2/2015.

151 Vgl. Körner, Ulrich H.J.: „Arbeit ist nur das halbe Leben" in *Die Presse*, 08.09.2017, URL: https://www.diepresse.com/5282511/arbeit-ist-nur-das-halbe-leben?from=rss

152 Vgl. Marwell & Ames 1981; Carter & Irons 1991; Frank et al. 1993; Selten & Ockenfels 1998

153 Wörsdörfer, Manuel: „Ethik und Beruf", Gütersloh: Bertelsmann, 2016, S. 135.

154 Nida-Rümelin, Julian: „Rettet er das Politik-Institut?" in *Süddeutsche Zeitung*, 17.05.2010, URL: https://www.sueddeutsche.de/muenchen/julian-nida-ruemelin-rettet-er-das-politik-institut-1.755390

155 https://de.wikipedia.org/wiki/Edi_Finger

156 Fromm, Erich: „Authentisch leben" Freiburg: Herder Verlag, 2017, S. 147-154.

157 Fromm, Erich: „Authentisch leben" Freiburg: Herder Verlag, 2017, S. 147-154.

158 Fromm, Erich: „Authentisch leben" Freiburg: Herder Verlag, 2017, S. 147-154.

159 Fromm, Erich: „Authentisch leben" Freiburg: Herder Verlag, 2017, S. 147-154.

160 Fromm, Erich: „Authentisch leben" Freiburg: Herder Verlag, 2017, S. 147-154.

161 Spinney, Laura: „Auf der Suche nach dem Jetzt" in *Substanz Wissenschaftsmagazin,* 02.03.2015, URL: https://www.substanzmagazin.de/so_nimmt_unser_gehirn_zeit_wahr_und_erzeugt_das_gefuehl_von_gegenwart/

162 Dilba, Denis: „Der Zeitwächter: Marc Wittmann im Interview" in *Substanz Wissenschaftsmagazin*, 2015, URL: https://www.substanzmagazin.de/der-zeitwaechter-marc-wittmann-ueber-zeitwahrnehmung-im-interview/

163 Stallmach, Lena: „Wie das Gehirn die Zeit misst" *NZZ*, 23.12.2016, URL: https://www.nzz.ch/wissenschaft/wahrnehmung-des-menschen-wie-das-gehirn-die-zeit-misst-ld.136295?reduced=true

164 Tomoff, Michael: "Wie die Zeit vergeht und Sie sie verlangsamen können" in *Tomoff Blog*, 30.11.2011, URL: https://tomoff.de/wie-die-zeit-vergeht-und-sie-sie-verlangsamen-konnen/

165 Bürger, Hans: „Wir werden nie genug haben" Wien: Braumüller, 2016.

166 Bürger, Hans: „Wir werden nie genug haben" Wien: Braumüller, 2016.

167 Tomoff, Michael: „30-Tage-Experimente, um Ihre gefühlte Lebenszeit zu verlängern" in *Tomoff Blog*, 11.12.2011, URL: https://tomoff.de/30-tage-experimente-um-ihre-gefuehlte-lebenszeit-zu-verlaengern/

168 Tomoff, Michael: „30-Tage-Experimente, um Ihre gefühlte Lebenszeit zu verlängern" in *Tomoff Blog*, 11.12.2011, URL: https://tomoff.de/30-tage-experimente-um-ihre-gefuehlte-lebenszeit-zu-verlaengern/

169 Horx, Matthias: „Die Welt nach Corona – Die Corona-Rückwärts-Prognose: Wie wir uns wundern werden, wenn die Krise „vorbei" ist" in *Zukunftsinstitut Horx*, URL: https://www.horx.com/48-die-welt-nach-corona/

170 Horx, Matthias: „Die Welt nach Corona – Die Corona-Rückwärts-Prognose: Wie wir uns wundern werden, wenn die Krise „vorbei" ist" in *Zukunftsinstitut Horx*, URL: https://www.horx.com/48-die-welt-nach-corona/

171 O.A. „Cloudflght", 2019-2020, URL: https://de.cloudflight.io/

172 O.A. „Cloudflght", 2019-2020, URL: https://de.cloudflight.io/

173 O.A. „Cloudflght", 2019-2020, URL: https://de.cloudflight.io/

174 O.A. „Cloudflght", 2019-2020, URL: https://de.cloudflight.io/

175 O.A. „Cloudflght", 2019-2020, URL: https://de.cloudflight.io/

176 O.A. „Cloudflght", 2019-2020, URL: https://de.cloudflight.io/

177 Hartmut, Rosa: „Impulse zur Coronakrise" in *Philosophie-Magazin*, 4/2020, S. 11.

178 O.A.: „Texas Lt. Gov. Dan Patrick: let's get back to work" in *CNN politics*, 23.03.2020.

179 Hampe, Michael: „Die Tragik der Krise" in *Philosophie-Magazin Corona-Newsletter*, 21.04.2020.

180 Jaeggi, Rahel: „Schluss mit dem TINA-Prinzip" *Philosophie-Magazin Corona-Newsletter*, 09.04.2020.

181 Schwering, Markus: „Jürgen Habermas über Corona: ‚So viel Wissen über unser Nichtwissen gab es noch nie'" in Frankfurter Rundschau, 15.04.2020, URL: https://www.fr.de/kultur/gesellschaft/juergen-habermas-coronavirus-krise-covid19-interview-13642491.html

182 Altwegg, Jürgen: „Die Niederlage der Denker" in *FAZ*, 01.04.2020, URL: https://www.faz.net/aktuell/feuilleton/franzoesische-kontroverse-niederlage-der-denker-in-corona-krise-16705488.html

183 Altwegg, Jürgen: „Die Niederlage der Denker" in *FAZ*, 01.04.2020, URL: https://www.faz.net/aktuell/feuilleton/franzoesische-kontroverse-niederlage-der-denker-in-corona-krise-16705488.html

184 Tolstoi, Leo: „Tagebücher Erster Band 1847-1884"

185 Sander, Matthias: in NZZ, 04.02.2020, S. 30–31, URL: https://www.nzz.ch/promoted-content/der-wunsch-nach-selbststaendigkeit-einer-beruflichen-veraenderung-oder-einer-neuen-fuehrungsposition-veraenderungen-die-einen-antreiben-oder-auch-angst-ausloesen-koennen-ld.1538438?reduced=true

186 Glaese, Jana C.: „Warten auf den Kollaps" in *Philosophie Magazin*, 04/2020, S. 56.

187 Rotter, Alexandra: in *die wirtschaft*, 4/2020, S. 8.

188 Nutt, Harry: „Sigard Neckel: ‚Die Polarisierung wird zunehmen'" in Frankfurter Rundschau, 24.03.2020, URL: https://www.fr.de/kultur/gesellschaft/sigard-neckel-polarisierung-wird-zunehmen-13612072.html

189 Bernhard Kittel/Roland Verwiebe, Soziologen an der Universität Wien und Universität Potsdam, in: Die Presse am Sonntag, 24.Mai 2020, S. 17.

190 Eilenberger, Wolfram: „Das Toni-Erdmann-Dilemma" in *Philosophie Magazin*, 05/2017, S. 46.

Gemeinsam mit dem Nationalökonomen und politischen Philosophen Kurt W. Rothschild, der Bürger an der Universität Linz in Volkswirtschaftslehre unterrichtete, übersetzt Bürger seiner Leserschaft die wichtigsten Wirtschaftstheorien der letzten 250 Jahre und macht Schritt für Schritt nachvollziehbar, wie die freie Marktwirtschaft auf die schiefe Bahn geraten ist: Wie funktioniert Wirtschaft wirklich? Was ist Wirtschaft? Gibt es Wirtschaft im bisherigen Sinne überhaupt noch? Ist es wahr, dass multinationale Konzerne Wirtschaft und Macht übernommen haben? Oder kommt Keynes wieder? Was genau ist der Neoliberalismus? Und: Ist er wirklich tot? Bürger und der bekennende Post-Keynesianer Rothschild erklären Begriffe und Strömungen, die wir ständig gebrauchen und die vielen von uns doch nur bedingt geläufig sind.

Hans Bürger / Kurt W. Rothschild
Wie Wirtschaft die Welt bewegt

Hardcover mit Schutzumschlag, 224 Seiten,
ISBN 978-3-99100-009-9
€ 21,90

Zahlen, Daten, Fakten, Statistiken und hochkomplexe mathematische Berechnungsmodelle prägen seit jeher die Wirtschaftswissenschaften. Eines bleibt dabei aber völlig unberücksichtigt – der wichtigste Faktor überhaupt: der Mensch.

Hans Bürger begibt sich in diesem Buch auf eine Reise durch die menschliche Psyche und trifft auf Motive wie Gier, Neid, aber auch auf Fairness und soziales Denken. Eines ist der Mensch jedenfalls nur in den seltensten Fällen: eine fleischgewordene Rechenmaschine, ein rein rationaler Homo oeconomicus. Aber wie verhält er sich in ökonomischen Entscheidungssituationen wirklich? Warum ist er so leicht zu täuschen – auch von sich selbst? Und weshalb sind seine Emotionen nachweislich schneller als seine Gedanken?

Hans Bürger
Der vergessene Mensch in der Wirtschaft

Gebunden, 280 Seiten,
ISBN 978-3-99100-074-7
€ 21,90

Stell dir vor, es ist Kapitalismus und keiner kann mehr mit. Wem nützt es, wenn alles rundherum wächst und wächst, aber die einen zu wenig Geld und die anderen weder Kraft noch Zeit haben, am gewachsenen Wohlstand teilzuhaben. Haben wir zu wenig Zeit, herauszufinden, was für uns gut wäre? Die Zeit und das Leben. Haben wir beides nicht mehr im Griff?

Wir leben heute in einer Gesellschaft ohne Zeit. Mit dieser und noch weiteren Thesen beschäftigt sich der ORF-Journalist Hans Bürger und geht im 2009 geführten Gespräch mit dem langjährigen Doyen der österreichischen Nationalökonomie, Kurt W. Rothschild, unter anderem der Frage nach, warum Unsicherheit der größte Feind des Konsumkapitalismus ist.

Hans Bürger
Wir werden nie genug haben

Softcover, 208 Seiten,
ISBN 978-3-99100-175-1
€ 14,90